시편은 이스라엘의 기도와 찬양으로서 오늘날 우리의 신앙생활에 큰 울림을 주는 귀중한 책이다. 우리는 시인이자 예배자들의 기도에 귀 기울임으로써 이스라엘 백성들이 신앙인으로서 겪는 수많은 고통과 고난을 함께 체험하고 그들의 깨달음을 통해 새로운 영성의 경지에 이르게 된다. 시편은 이 과정을 이끌어주는 친절한 안내서 역할을 한다. 차준희 교수는 이 책에서 시편의 시를 하나하나 풀어서 설명해 줌으로써 자칫 딱딱하고 무거워질 수도 있는 주석 서술의 한계를 훌륭히 극복하였다. 전통적인 주석의 형식을 아우르면서도 술술 읽히게끔 어려운 내용을 친절하게 서술해준다. 이것은 저자의 깊은 학문적 연륜이 바탕이 되었기에 가능한 일이라고 본다. 독자들은 이 책을 통해 각 시편의 핵심이 되는 내용과 메시지를 또렷이 파악할 수 있을 것이다. 시편을 통해 기도와 신앙생활에 도움을 얻고자 하는 목회자와 성도들에게 이 책을 적극 추천한다.

김정훈 | 부산장신대학교 구약학 교수

신학을 공부하기 전에는 시편을 읽으면서 아름다운 시구로 가득한 시집이라고 여겼다. 그런데 공부가 깊어짐에 따라 시편은 찬양시, 탄원시, 감사시 등의 장르를 통해 인간의 희로애락을 표현한 성경임을 깨닫게 되었다. 무엇보다도 인간의 기쁨과 아픔과 슬픔과 절망을 하나님에게 투영하고 있는 시인의 영성이야말로 일반적인 시와는 다른 시편의 독특함을 드러내주는 것이라 하겠다. 차준희 교수의 『시인의 영성 2: 시편 51-100편 해설과 묵상』은 바로 이 점에 착안하여 시편 주석을 제시하였다. 저자는 평신도와 설교자가 시편 각 편의 구조를 직관적으로 파악할 수 있도록 내용을 구성하였고, 각 장이 끝날 때마다 독자의 삶에 적용하여 생각해볼 수 있는 해당 시편의 핵심 메시지를 전달하는 형식을 사용한다. 이에 맞춰 저자의 해설을 읽어 내려가다 보면 각 시편의 유형에 따른 구조와 메시지를 보다 쉽게 알게 되고 그 과정에서 시인의 영성에 한층 가까이 다가갈 수 있을 것이다.

이윤경 | 이화여자대학교 기독교학과 교수

시편은 우리가 호흡하며 일상을 살아가는 이 땅에서 하나님의 하늘 보좌를 향해 올려드리는 수직 상승의 방향성을 지닌 독특한 성경이다. 저자는 시편 51-100편 하나하나를 깊이 묵상하면서 각 시편 조각 안에 울려 퍼지는 다양한 목소리를 수려하게 읽어낸다. 학자연하는 태도와 현학적인 논쟁은 피하되 시편에 관한 필수 제반 지식을 각 시편의 양식, 구조, 내용, 메시지에 근거해 압축적으로 소개한다. 오랜 세월 동안 교회를 섬기는 신학을 구가하기 위해 몸부림친 저자의 삶이 엿보인다. 시편을 깊이 있게 공부하길 원하거나 교회 강단에서 시인의 영성으로 설교하고 몸소 가르치려는 모든 이들에게 기꺼이 추천한다.

주현규 | 백석대학교 신학대학원 구약학 교수

이 책의 저자인 차준희 교수는 많은 책을 저술했는데, 그중에서도 시편에 대한 이 책을 첫 번째로 권하고 싶다. 연구와 강의와 설교를 통해 축적된 경험의 정수가 이 책에 온전히 담겨 있다. 더구나 시편은 우리가 매일 하나님께 드려야 할 찬양과 감사와 기도가 담겨 있는 책이 아닌가? 성경의 다른 책들이 하나님이 하시는 말씀을 주로 전하는 반면, 시편은 우리가 하나님께 올려드리는 말이다. 그렇기 때문에 성경의 어떤 말씀을 듣고 읽더라도 시편 묵상을 매일 병행하면 영성의 균형을 잡는 데 큰 도움이 된다. 하나님의 말씀을 자신의 삶을 통해 내면화하고자 하는 신자들, 심령을 통하는 깊이 있는 기도를 원하는 사람들, 시편의 진수를 알기 쉽게 풀어 전달하기를 소망하는 설교자들은 모두 이 책을 가까이 두고 안내자로 삼아야 할 것 같다. 신학에 뿌리를 둔 목회가 절실한 이 시점에 시편 저자의 심령과 우리 삶의 현장을 잘 연결해주는 이 책을 기쁘게 추천하는 바다.

한기채 | 중앙성결교회 담임목사, 기성 전 총회장

이 책을 읽다 보면 매주 한 장의 시편과 지난한 씨름을 벌였을 저자의 노력이 곳곳에서 느껴진다. 저자는 각 시편의 "양식"과 "구조"를 충실히 관찰한 토대를 바탕으로 본문의 의미를 파악하고 핵심 메시지를 찾아낸다. 일반 독자는 그저 지나치기 쉽지만, 주석 작업을 해본 사람이라면 저자의 성실함과 깐깐함에 감탄하지 않을 수 없을 것이다. 이렇게 종이 위에 고심의 결과물을 풀어내기 위해 오랜 시간 본문과의 씨름이 필요했을 터, 이 책을 엮어내는 과정에서 차라리 주석서를 쓰는 편이 나았겠다고 푸념했을 저자의 탄식 소리가 들리는 것 같다. 끊임없이 시인의 마음을 독자의 맥락과 연결하려는 저자의 노력이 한 권의 작은 주석서와 같은 이 책을 더욱 특별하게 만든다. 저자가 말씀의 심연 속에서 찾아낸 주옥같은 메시지에는 학자의 정제된 언어가 미처 가리지 못한, 저자가 본문과 씨름하며 맛본 눈물과 깨달음과 희열의 흔적이 오롯이 남아 있다. 이 글들이 연재되는 동안 그 절제된 감동을 함께 맛본 독자들에게 축하를 보내며, 그 묵직한 묵상의 여정에 이제라도 동참하고 싶은 분들께 일독을 권한다.

홍국평 | 연세대학교 신과대학 · 연합신학대학원 구약학 교수

시인의 영성 2: 시편 51-100편 해설과 묵상

시인의 영성 2

차준희 지음

시편 51-100편
해설과 묵상

새물결플러스

차례

가난하고 모든 것이 부족했던 독일 유학 시절(1988년 8월-1993년 8월),

타 교단 출신 신학생을

독일 본 순복음교회의 부교역자로 받아주시고

물심양면으로 큰 도움을 주시면서

성경 연구와 독서의 중요성을 일깨워주셨던

전호윤 목사님과 최정숙 사모님께

이 책을 바칩니다.

두 분 덕분에 힘겹고 외로운 유학 생활을 하면서도

기쁨과 보람을 느낄 수 있었습니다.

서문

이 책은 기독교 주간지 『위클리 굿뉴스』에 매주 투고한 원고에서 출발한다(2018년 12월 23일 52호-2020년 3월 22일 104호). 원고를 집필하는 동안 시인의 가르침에 홀려서 정신없이 일주일을 보냈다. 매주 한 편의 시편을 묵상하고 관련 자료를 찾아 세밀하게 살펴본 후 여러 해석을 비교 분석해서 정리하고 탈고하는 일이 일상이 되었다. 매주 독서하고 연구하면서 새롭게 배운 많은 내용을 제한된 지면에 다 담을 수 없어서 아쉬웠다. 탈고하는 순간의 뿌듯함과 황홀함은 글쓰기가 주는 선물이다. 그러나 이를 충분히 즐기고 만끽하기도 전에 늘 다음 주 시편이 순서를 기다리고 있다. 이전 시편을 뒤로한 채 쉬지도 못하고 다음 시편의 문을 두드린다. 또 어떤 메시지를 만나게 될까? 설레는 마음으로 다음 시편을 만난다. 새로운 시편이 보여주는 신기한 세계를 접하다 보면 이전의 감동은 어느새 사라진다. 과거의 감흥이 사라져야 신선한 감흥을 담게 되는 모양이다.

급하게 작성한 원고를 틈틈이 다시 다듬고 지면의 제약으로 인해 덜어낸 부분을 덧붙이는 갈무리 과정을 통해 그럴듯한 책이 만들어졌다. 이후 이 책을 교재로 삼아 한세대학교 신대원의 2020년 2학기 수업에서 학생들과 자세히 독서할 수 있는 기회를 가졌고, 그 과정을 통해 본문을 음독하면서 비판적으로 내용을 검토할 수 있었다. 토론 중

학생들의 탁월한 제안이 툭툭 쏟아져 나왔다. 이 책에는 성실한 제자들의 목소리가 적잖이 담겨 있다. 이 과목을 흔쾌히 수강해준 한세대학교 신대원 학생들에게도 고마움을 전하고 싶다. 또한 연재의 기회를 주고 매주 마감 시간을 기다려준 『위클리 굿뉴스』의 김신규 부장님께도 감사를 드린다.

이와 더불어 헌신적으로 도와준 이들이 있다. 서울신학대학교 대학원에서 구약학 박사과정을 마치고 논문을 작성하고 있는 강수정 전도사, 이화여자대학교 대학원 석사과정을 졸업한 장영옥 목사, 한세대학교 대학원의 구약학 박사과정에 있는 손주환 목사와 조교 김호경 전도사, 구약학 석사인 조교 조덕환 전도사와 정준희 전도사의 "에제르"(도움)가 없었다면 이 책은 세상에 태어나지 못했을 것이다. 이 책을 통해 시인의 영성이 널리 알려지기를 간절히 바란다. 2021년에 『시인의 영성 1: 시편 1-50편 해설과 묵상』이 출간되었는데, 이 책 『시인의 영성 2: 시편 51-100편 해설과 묵상』과 2023년에 나올 『시인의 영성 3: 시편 101-150편 해설과 묵상』 역시 독자들의 지속적인 사랑을 받았으면 좋겠다.

내가 한창 공부하던 시절에는 미국의 학비가 부담스러워서 독일로 유학을 감행하는 신학생들이 제법 있었다. 독일은 학비가 없는 나라여서 그런 신학생들에게는 학문의 꿈을 펼칠 수 있는 은혜의 땅과 같았다. 그러나 생활비만큼은 스스로 충당해야만 했다. 가족의 도움을 조금이라도 받을 수 있는 형편이 아니었기 때문에, 함께 유학했던 아내는 한글 학교에서 주말마다 교사로 일을 하고 나는 교회에서 사역을 해야만 했다.

본(Bonn) 순복음교회 전호윤 목사님은 타 교단 출신의 유학생 전도사를 기꺼이 부교역자로 받아주셨다. 목사님께서 월요일부터 금요일 저녁까지 학업에만 전념할 수 있도록 배려해주신 덕분에, 토요일 청년부 성경 공부와 주일 유초등부 및 중고등부 예배를 인도했다. 금요일 철야 기도회는 한 주간 쌓인 온갖 스트레스와 피로를 기도로 풀어낼 수 있는 회복의 시간이었다.

전 목사님이 전하시는 설교는 그 깊이와 맛이 남달랐다. 개인적으로 순복음교회가 배출한 가장 탁월한 설교자라고 생각한다. 목사님은 폭넓은 독서와 깊이 있는 성경 연구를 기반으로 설교를 준비하고 전달하셨다. 부교역자에게도 예를 갖춰 대해주시는 온화한 성품의 목사님을 가까이서 보면서 많은 것을 배웠다. 때로 배고픈 유학생들과 우리 부부를 집으로 초대해주셔서 맛난 식사를 나누며 위로와 격려를 아끼지 않으셨다. 따뜻한 시선과 맑은 미소로 사람들을 품어 주시는 사모님을 뵐 때면 만남 그 자체로도 마음이 풀어지고 훈훈해지곤 했다. 늦은 감이 있지만 지나온 삶을 되돌아보는 나이가 되어 곰곰이 생각해보니, 두 분을 통해 받은 은혜가 마음속 깊이 각인되어 있음을 다시금 깨닫는다. 존경하는 전호윤 목사님과 최정숙 사모님(더불어 사랑하는 제자들인 전은혜, 전충만, 전지혜)께 이 책을 헌정하고 싶다.

부족한 원고를 멋진 책으로 만들어주는 새물결플러스의 김요한 대표님과 직원 여러분들에게도 감사의 마음을 표현하고 싶다. 한국교회를 일으켜 세우고 건강한 토대를 다지고자 하는 사명을 품고 최전선에서 신학 선교를 당당하게 감당하고 있는 새물결플러스가 함께 있다는 것만으로도 정말 큰 힘이 된다.

2022년 6월 10일

한세대학교 신학관 연구실에서

차준희

1) 시편의 표제는 처음부터 본문과 함께 기록된 것이 아니라 후대에 덧붙여진 것으로서 본문에 대한 최초의 해석이라고 할 수 있다. 표제는 "해석의 기초"가 아닌 "해석의 영향"을 받은 결과물이며 최초의 해석이자 적용이기 때문에, 여기서는 시편 본래의 의미에 주목하기 위해 해석의 범위를 표제를 제외한 시편 본문의 내용에 한정하고자 한다.

2) 학술적인 논쟁을 피하고, 일반인의 시편 묵상과 설교자의 시편 설교를 돕는 해설에 집중한다. 따라서 몇 가지 경우를 제외하고는 일일이 각주를 달지 않았다. 주로 참조한 국내 학자는 김정우(2005, 2010), 김이곤(대한기독교서회 창립 100주년 기념 성서주석, 2007), 이환진(대한기독교서회 창립 100주년 기념 성서주석, 2010), 김태경(대한기독교서회 창립 100주년 기념 성서주석, 2011), 전봉순(2015, 2016, 2022), 송병현(엑스포지멘터리, 2018, 2019)이다. 국외 학자는 H.-J. 크라우스(Biblischer Kommentar Altes Testament, 1989), A. 바이저(국제성서주석, 1992), A. 다이슬러(1993), F.-J. 호스펠트/E. 쳉어(Die Neue Echter Bibel, 1993, 2002), K. 자이볼트(Handbuch zum Alten Testament, 1993), R. 데이빗슨(1998), J. 림버그(Westminster Bible Companion, 2000), 피터 크레이기(WBC 성경주석, 2000), 마빈 E. 테이트(WBC 성경주석, 2002),

M. 웨밍(Neuer Stuttgarter Kommentar Altes Testament, 2000), M. 웨밍/J. 베테(Neuer Stuttgarter Kommentar Altes Testament, 2010, 2016), B. 베버(2001, 2003), 제임스 L. 메이스(현대성서주석, 2002), R. J. 클리포드(Abingdon Old Testament Commentaries, 2002), S. 테리엔(The Eerdmans Critical Commentary, 2003), W. 브루그만/W. H. 벨링저(New Cambridge Bible Commentary, 2014), 앨런 로스(2015, 2016, 2018), 낸시 드클레세-왈포드/롤프 제이콥슨/베스 라닐 태너(NICOT, 2019), D. J. 에스테스(The New American Commentary, 2019), 존 골딩게이(Baker Commentary on the Old Testament Wisdom and Psalms, 2006, 2007, 2008) 등이다.

3) 각 시편은 양식, 구조, 본문의 풀이, 메시지라는 틀에 맞추어 정리한다. 시편은 특정 양식을 갖추고 있으므로, 내용을 이해하기 위해서는 필수적으로 각 시편의 양식을 규정할 필요가 있다. 하지만 양식 규정과 관련하여 학자들마다 주장하는 내용이 다르기 때문에, 이 책에서는 다양한 논의를 검토한 후 그 결과만 간단히 정리하였다. 더불어 시편 전체를 조감할 수 있도록 시편 51-100편의 양식표를 첨부하였다.

4) 각 시편의 메시지는 시편 저자의 의도에 근거를 두고 도출하였다. 또한 하나의 시편에는 단일한 목소리(single voice)보다 다양한 목소리(multi voice)가 담겨 있는 경우가 많으므로, 객관적인 주석에 근거하여 본문 본연의 메시지에 접근하려고 노력하였다. 모든 주석의 과정은 메시지를 향하고 있으며 그 메시지를 통해 시인의 영성이 드러난다.

5) 이 책은 늘 분주한 설교자들이 짧은 시간에 시편의 내용과 메시지를 파악하는 데 도움을 주는 참고자료로 사용되면 좋겠다. 시편을 공부하는 신학도는 물론 시편을 묵상하는 일반 독자들에게도 좋은 안내서가 되길 바란다.

"오늘날의 교회가 시편을 잘 사용하지 않게 되면서 비할 바 없는 보물들이 시편과 함께 교회에서 사라졌습니다. 그러나 시편 기도가 다시 회복되면 상상할 수 없는 힘이 교회 안으로 들어올 것입니다."[1] 독일의 신학자 디트리히 본회퍼(1906-1945)는 신앙 공동체 안에서 시편을 재발견하는 일이 얼마나 절실한지를 이렇게 표현하였다.

구약성경은 크게 오경, 역사서, 시가서, 예언서로 구분된다. 오경과 역사서는 하나님이 이스라엘에서 행하신 구원의 "행동"(God's acts)을 보여주며 예언서는 하나님이 예언자를 통해 주신 "말씀"(God's words)을 기록한다. 반면 시가서는 하나님의 구원 행동과 말씀에 대한 "인간의 응답"(human response)을 담아낸다.

오경, 역사서, 예언서가 위에서 아래로 향하는 "하나님의 계시"(God's revelation)를 담고 있다면, 시가서는 하나님을 계시를 듣고 아래에서 위로 보내는 "인간의 응답"(human response)이라고 할 수 있다. 시가서(욥기, 시편, 잠언, 전도서, 아가) 가운데 가장 대표적인 책은 시편이다. 시편은 모두 다섯 권으로 구성되어 있다. 시편이 다섯 권으로 분류되어 있는 이유는 오경과 관련된 것으로 보인다. 유대 랍비의 가르침

1 디트리히 본회퍼, 『본회퍼의 시편 이해: 기도의 책』, 최진경 역(서울: 홍성사, 2019), 48.

에 따르면, 모세는 이스라엘 백성에게 토라(율법) 다섯 권을 주었고, 다윗은 이스라엘 백성에게 시편집(詩篇集) 다섯 권을 주었다. 위로부터 주어진 다섯 권의 토라와 아래로부터 반응한 다섯 권의 시편이 "5 대 5"로 적절히 상응한다.

시편의 시인들은 하나님이 자신의 삶 속에 찾아오셔서 역사하시고 말씀하실 때는 찬양시(psalm of praise)로 응답했고, 하나님의 부재와 침묵을 경험할 때는 탄원시(psalm of lament)로 반응했다. 찬양시는 기뻐하며 부르는 노래이며 탄원시는 슬픔 가운데 절규하는 기도다. 따라서 시편은 노래(찬양)와 기도(탄원)의 책이라고 할 수 있다. 노래와 기도는 인간이 하나님과 소통할 수 있는 유일한 통로다. 하나님은 찬양 중에 임재하시기 때문이다.

> 이스라엘의 찬양 중에 계시는 주여,
> 주는 거룩하시니이다(시 22:3).

우리는 찬양을 통해 하나님의 임재 안으로 들어간다. 그 속에 머무를 때 비로소 하나님과 대화하는 기도를 할 수 있다. 하나님과 소통하는 일에는 매뉴얼이 필요한데, 이런 측면에서 시편은 인간이 하나님과 어떻게 소통해야 하는지를 자세히 가르쳐주는 교과서 같은 역할을 한다. 따라서 시편을 제대로 알면 하나님과 올바르게 소통(노래와 기도)할 수 있다.

시편은 찬양의 책으로서, 우리에게 찬양의 정도(正道)를 가르쳐준다. 아우구스티누스의 말처럼 우리는 찬양을 통해 찬양하는 대상을 닮

아간다. 우리는 하나님을 찬양하면서 그분의 형상을 닮아간다. 예배를 드리며 거룩하신 하나님을 찬양하면 할수록 우리도 더욱 거룩해진다. 기독교 예배는 이 같은 방식으로 하나님을 영화롭게 할 뿐만 아니라 신자들을 성화의 길로 이끈다.[2]

또한 시편은 기도의 책으로서, 우리에게 기도의 정도(正道)를 보여준다. 칼뱅의 표현에 따르면 시편은 "영혼의 해부도"(anatomy of all parts of the soul)와 같다. 시편의 기도는 인간의 삶에서 일어나는 모든 고통과 기쁨, 불행과 행복, 질병과 죽음, 불의와 배신, 회개와 용서, 하나님을 향한 감사와 고백 등을 총망라한다. 시편에 담긴 한 시인의 심정이 바로 우리의 심정과 정확히 일치한다. 우리의 인생 선배인 시편의 시인들은 희로애락(喜怒哀樂)이 공존하는 일상에서 어떻게 기도를 했을까? 시편은 그 본을 보여줌으로써 우리가 드리는 기도의 방향을 잡아준다.

시편에서 대표적인 장르는 찬양시, 탄원시, 감사시다. 첫째, 찬양시는 "방향 설정의 시"(psalms of orientation)로서 하나님의 창조질서가 자연 세계와 인간사회에서도 오차 없이 작동되는 상태를 전제한다. 둘째, 탄원시는 "방향 상실의 시"(psalms of disorientation)로서 하나님의 창조질서가 인간사회와 역사에서 잘 작동되지 않는 상황을 전제한다. 즉 하나님의 현존이 가려진 "하나님의 일식"(eclipse of God)의 순간을 전제로 한다(M. Buber). 셋째, 감사시는 "방향 재설정의 시"(psalms of

---

2 스탠리 하우어워스/윌리엄 윌리몬, 『주여, 기도를 가르쳐 주소서』, 이종태 역(서울: 복있는사람, 2006), 72-73.

reorientation)로서 길을 잃고 암초에 부딪혀서 헤매던 시인이 다시 길을 찾아 제 자리로 돌아온 이후 부른 시다.[3] 현재 150편으로 구성된 시편은 각기 특정 장르로 구분될 수 있다. 장르 구분이 모호한 시편도 적지 않지만, 시편의 시를 이해하기 위해서는 장르 구분이 필수적이다. 장르를 파악해야 시편의 의도를 알 수 있기 때문이다.

이제 시인의 영성을 찾아가는 여정을 시작해보려 한다. 독자들과 함께 시편의 세계로 떠나는 여행이라면 힘이 날 것 같다.

---

3 W. Brueggemann, "Psalms and the Life of Faith: A Suggested Typology of Function," *JSOT* 17(1980), 3-32, 특히 6.

시편 51-100편 양식

51편	52편	53편	54편	55편
참회시	개인 탄원시	예언시	개인 탄원시	개인 탄원시
56편	57편	58편	59편	60편
개인 탄원시	개인 탄원시	공동체 탄원시	개인 탄원시	공동체 탄원시
61편	62편	63편	64편	65편
개인 탄원시	신뢰시	개인 신뢰시	개인 탄원시	찬양시
66편	67편	68편	69편	70편
찬양시	간구시	찬양시	개인 탄원시	개인 탄원시
71편	72편	73편	74편	75편
개인 탄원시	제왕시	지혜시/교훈시	공동체 탄원시	예언시
76편	77편	78편	79편	80편
시온시	개인 탄원시	역사시	공동체 탄원시	공동체 탄원시
81편	82편	83편	84편	85편
예언시	예언시	공동체 탄원시	시온시	공동체 탄원시
86편	87편	88편	89편	90편
개인 탄원시	시온시	개인 탄원시	제왕시	공동체 탄원시
91편	92편	93편	94편	95편
신뢰시	개인 감사시	야웨 왕권시	공동체 탄원시	찬양시
96편	97편	98편	99편	100편
야웨 왕권시	야웨 왕권시	야웨 왕권시	야웨 왕권시	찬양시

51편

진정한 참회 이후에 맞이하는 새로운 창조:

"내 안에 정직한 영을 새롭게 하소서"

1. 양식

이 시편은 초기 교회가 사용해온 일곱 개의 참회시(시 6, 32, 38, 51, 102, 130, 143편) 가운데 가장 유명한 "참회시"(penitential psalm)다. 시인은 자신의 죄를 고백하고 용서를 구하면서 마음을 새롭게 만들어달라고 간구한다.

2. 구조

1) 1-9절 : 죄 용서를 위한 간구

2) 10-17절: 정결한 마음에 대한 간구

3) 18-19절: 예루살렘 성과 성전 제의의 회복을 비는 기원

3. 내용

1) 죄 용서를 위한 간구(1-9절)

1 하나님이여,

주의 인자를 따라 내게 은혜를 베푸시며

주의 많은 긍휼을 따라 내 죄악을 지워 주소서.

2 나의 죄악을 말갛게 씻으시며

나의 죄를 깨끗이 제하소서.

3 무릇 나는 내 죄과를 아오니

내 죄가 항상 내 앞에 있나이다.

4 내가 주께만 범죄하여

주의 목전에 악을 행하였사오니

주께서 말씀하실 때에 "의로우시다" 하고

주께서 심판하실 때에 "순전하시다" 하리이다.

5 내가 죄악 중에서 출생하였음이여,

어머니가 죄 중에서 나를 잉태하였나이다.

6 보소서. 주께서는 중심이 진실함을 원하시오니

내게 지혜를 은밀히 가르치시리이다.

7 우슬초로 나를 정결하게 하소서. 내가 정하리이다.

나의 죄를 씻어 주소서. 내가 눈보다 희리이다.

8 내게 즐겁고 기쁜 소리를 들려 주시사

주께서 꺾으신 뼈들도 즐거워하게 하소서.

9 주의 얼굴을 내 죄에서 돌이키시고

내 모든 죄악을 지워 주소서.

1-9절은 시인이 자신의 죄를 고백하고 용서를 구하는 내용이다. 시인의 간구는 하나님의 일반적인 성품에 기초한다(1절). 1절에 나오는 "인자"(חֶסֶד, 헤세드)는 "은혜"(חֵן, 헨)와 "긍휼"(רַחֲמִים, 라하밈)을 포함한다. 1절에 나오는 "죄악"(פֶּשַׁע, 페샤)은 "법이나 규칙을 깨뜨리는 것"(to rebel)을 뜻하며, 2절에 나오는 "죄악"(עָוֹן, 아본)은 "길을 잘못 드는 것"(bend, twist)을 말하고, "죄"(חַטָּאת, 하타트)는 "빗나가는 것"(miss a mark or goal)을 의미한다. 여기 사용된 용어들은 모두 "하나님이 지시

하는 길로부터의 이탈"이라는 포괄적인 의미를 지닌다. 시인은 하나님의 성품에 근거하여 자신의 죄를 말갛게 씻어 지워주신 다음 깨끗이 제거해달라고 간구한다.

3-6절은 간구의 이유를 언급한다. 3절에서는 1인칭 주어 "나"(אֲנִי, 아니)가 강조된다. 시인은 "자신"의 죄를 하나님께 솔직하게 인정하면서 "내가 주께만 범죄하여"(4a절)라고 고백한다. 이 표현을 보면 시인이 범한 죄가 오직 하나님께만 영향을 주는 것처럼 느껴진다. 그러나 다른 사람들에게 피해를 주지 않는 죄란 없다. 죄는 공동체에 심각한 상처를 남긴다. 여기에 나오는 "주께만"(לְךָ לְבַדְּךָ, 레카 레바드카)을 직역하면 "오직 당신에게만"이라는 표현이 되는데, 이는 죄에 대한 신학적 의미를 강조한 것이다. 즉 인간의 모든 죄는 근본적으로 하나님의 계명을 위반한 것이라는 뜻이다. 이처럼 인간이 저지른 모든 죄는 하나님께 범죄한 것과 같다.

> 이 집에는 나보다 큰 이가 없으며 주인이 아무것도 내게 금하지 아니하였어도 금한 것은 당신뿐이니 당신은 그의 아내임이라. 그런즉 내가 어찌 이 큰 악을 행하여 하나님께 죄를 지으리이까?(창 39:9)

> 다윗이 나단에게 이르되 "내가 여호와께 죄를 범하였노라" 하매 나단이 다윗에게 말하되 "여호와께서도 당신의 죄를 사하셨나니 당신이 죽지 아니하려니와"(삼하 12:13).

이어지는 4b절은 심판 송영(Gerichtsdoxologie)으로서 하나님의 심판이 정당했음을 인정하고 찬양하는 내용이다.

5절의 “내가 죄악 중에서 출생하였음이여”라는 표현은 유전적 죄를 가리키는 “원죄”(original sin)로 잘못 해석되는 경우가 많다. 그러나 이 구절은 인간이 한순간도 죄에서 벗어날 수 없는 악한 존재임을 의미할 뿐이다. 출생 시점부터 이미 죄악이 힘을 발휘한다. 다시 말해 인간은 태어날 때부터 잘못된 행동이 동반되는, 죄의 피할 수 없는 현실에 놓여 있다.

6절의 “중심”(טֻחוֹת, 투호트)은 “은밀히” 또는 “비밀로”의 의미로 사용되는데 이는 인간의 내부 기관을 묘사하는 것 같다. 하나님은 사람의 내부에 자리 잡은 진리와 지혜를 살피신다. 시인은 다시 한번 죄를 지워달라고 간구하면서(7-9절), 특히 “꺾으신 뼈”(깊은 죄의식)의 고통 속에서조차 자신이 기뻐할 수 있게 해달라고 간원(懇願)한다.

2) 정결한 마음에 대한 간구(10-17절)

10 하나님이여,
내 속에 정한 마음을 창조하시고
내 안에 정직한 영을 새롭게 하소서.
11 나를 주 앞에서 쫓아내지 마시며
주의 성령을 내게서 거두지 마소서.
12 주의 구원의 즐거움을 내게 회복시켜 주시고
자원하는 심령을 주사 나를 붙드소서.
13 그리하면 내가 범죄자에게 주의 도를 가르치리니

죄인들이 주께 돌아오리이다.

14 하나님이여, 나의 구원의 하나님이여,

피 흘린 죄에서 나를 건지소서.

내 혀가 주의 의를 높이 노래하리이다.

15 주여, 내 입술을 열어 주소서.

내 입이 주를 찬송하여 전파하리이다.

16 주께서는 제사를 기뻐하지 아니하시나니

그렇지 아니하면 내가 드렸을 것이라.

주는 번제를 기뻐하지 아니하시나이다.

17 하나님께서 구하시는 제사는 상한 심령이라.

하나님이여, 상하고 통회하는 마음을

주께서 멸시하지 아니하시리이다.

10-17절에서 시인은 하나님께 죄를 용서받은 후 정결한 마음을 달라고 간구한다. 우선 10-12절에서 자신의 타락한 내면을 새롭게 창조해 달라고 기도한다. 10절의 "내 속에 정한 마음을 창조하시고"에서 "정한 마음"(לֵב טָהוֹר, 레브 타호르)은 인간의 "내부"에 있는 "마음과 영"을 새롭게 창조한다는 뜻이다. 완전히 새롭게 창조된 존재는 "정결한 마음과 견고한 영"(10절), "자원하는 심령"(12절), "상한 심령과 통회하는 마음"(17절)을 갖게 될 것이다. "하나님의 거룩한 영(성령)"(רוּחַ קָדְשְׁךָ, 루아흐 코드쉐카)이 임해야만 이런 일이 가능하다(11절). 오직 하나님의 성령을 통한 창조적인 행위만이 "인간의 내부" 곧 "마음과 영"을 새롭게 할 수 있다.

13-15절에서 시인은 죄를 용서받고 정결하게 된 다음에 비로소 자신의 사명을 선언한다. 그는 개인적이거나 이기적인 경건에 머물지 않고 자신의 구원 경험을 널리 증언함으로써 다른 범죄자들을 올바른 길로 안내하고(13절) 주의 의를 공개적으로 드러내며(14절) 주를 찬송하고자 한다(15절).

16-17절은 제사 제도 그 자체가 아니라 영과 마음이 결여된 물질적인 제사를 거부한다는 뜻이다(16절). "상한 심령(영)"과 "상하고 통회하는 마음"이 없으면 죄를 용서받을 수 없다. 자신의 죄악으로 깨어진 인간이 하나님께 바칠 수 있는 유일한 제물은 흠 없는 희생제물이 아니라 자신의 실수와 허물로 인해 깨어진 심령 그 자체다. 따라서 자신이 쌓은 명예나 업적이 아닌 하나님이 주신 정한 마음을 받아들이려는 자세와 각오야말로 진정한 제물이 될 수 있다. 이처럼 우리는 정결하고 정직한 영 없이는 합당한 제사를 드릴 수 없다.

3) 예루살렘 성과 성전 제의 회복을 비는 기원(18-19절)

18 주의 은택으로 시온에 선을 행하시고
예루살렘 성을 쌓으소서.
19 그때에 주께서 의로운 제사와
번제와 온전한 번제를 기뻐하시리니
그때에 그들이 수소를 주의 제단에 드리리이다.

18-19절은 예루살렘 성과 성전 제의가 회복되기를 바라는 기원을 담

고 있다. 예루살렘은 제의의 중심으로서 합당한 희생제사를 드릴 수 있는 유일한 장소다. 이곳은 죄가 정화된 사람만이 "자기 자신"(17절)과 "온전한 번제"(19절)를 하나님께 바칠 수 있는 유일하고 합법적인 제의 장소가 될 것이다.

4. 메시지

진정한 참회는 방어적인 변명을 포기한 채 순수하고 단순하게 하나님의 자비에 의지하면서 그분의 현존(現存)인 성령(聖靈)을 갈망하는 것이다. 루터는 "여기서 진정한 회개의 교리를 발견한다"고 말한다. 한 사람이 저지른 죄는 공동체로 확산되며, 다음 세대에까지 이어진다. 하나님의 자비로운 은택이 없다면 인간의 죄는 결코 도말될 수 없다. 오직 하나님만이 죄악 가운데서 출생한 자들에게 정한 마음과 정직한 영을 부어주셔서 인간의 "내면" 곧 "마음과 영"을 새롭게 창조하실 수 있다. 하지만 이때 인간의 "진정한 참회"가 반드시 필요하다. 진정한 참회가 있어야 비로소 새로운 창조를 맞이할 수 있다.

52편

한순간의 재물 vs 영원한 하나님의 인자하심:

"자기 재물의 풍부함을 의지하며"

1. 양식

이 시편은 "개인 탄원시"(psalm of an individual lament)로 분류된다. 이 시는 영원히 의지해야 할 하나님을 무시하고 한순간에 바람과 같이 사라질 수도 있는 풍부한 재물과 권력만을 신뢰하면서 간사한 혀와 거짓된 입술로 남을 해치는 자들에 대해 탄식하는 내용을 담고 있다.

2. 구조

1) 1-5절: 힘 있는 자의 교만과 그에 대한 하나님의 심판
2) 6-7절: 심판에 대한 의인들의 반응
3) 8-9절: 시인의 신뢰와 찬양

3. 내용

1) 힘 있는 자의 교만과 그에 대한 하나님의 심판(1-5절)

1 포악한 자여,
네가 어찌하여 악한 계획을 스스로 자랑하는가?
하나님의 인자하심은 항상 있도다.
2 네 혀가 심한 악을 꾀하여
날카로운 삭도 같이 간사를 행하는도다.
3 네가 선보다 악을 사랑하며

의를 말함보다 거짓을 사랑하는도다. (셀라)

4 간사한 혀여,

너는 남을 해치는 모든 말을 좋아하는도다.

5 그런즉 하나님이 영원히 너를 멸하심이여,

너를 붙잡아 네 장막에서 뽑아 내며

살아 있는 땅에서 네 뿌리를 빼시리로다. (셀라)

1-5절은 힘 있는 자의 교만을 고발하면서 이에 대한 하나님의 심판을 묘사한다. 이 단락에서 시인은 하나님의 심판을 선포하는 예언자처럼 말한다. 이 시는 악행을 자랑하는 "포악한 자"에게 갑작스럽게 질문을 던지며 포문을 연다(1절). 1절에 나오는 "포악한 자"(גִּבּוֹר 기보르)는 일반적으로 "힘 있는 용사"를 가리킨다.

다윗이 달려가서 블레셋 사람을 밟고 그의 칼을 그 칼집에서 빼내어 그 칼로 그를 죽이고 그의 머리를 베니 블레셋 사람들이 자기 **용사**(기보르)의 죽음을 보고 도망하는지라(삼상 17:51; 참조. 삼하 20:7; 왕하 24:16; 사 21:17).

하지만 여기에 등장하는 "포악한 자"(גִּבּוֹר, 기보르)는 자신의 악함을 스스로 자랑하면서 하나님의 인자하심(חֶסֶד, 헤세드)의 지속성을 무시한다. 그에게 하나님은 안중에도 없다.

그의 혀는 날카로운 삭도처럼 공동체를 파괴한다(2절). 그는 하나님이 중시하는 "선한 것"(טוֹב, 토브)과 "의로운 것"(צֶדֶק, 체데크)을 무시하는 왜곡된 가치관을 가지고 있다(3절). 또한 "악을 버리고 선을 행하라"(시 34:14)는 하나님의 말씀과 정면으로 배치되는 삶을 산다(잠 14:16; 암 5:15). 그러면서 악의적인 말로 타인에게 상처를 준다(4절).

이런 자들에게 하나님의 심판이 예고된다(5절). 개역개정 성경에서 "그런즉 하나님이"라고 번역된 히브리어는 "감-엘"(גַּם־אֵל)인데, 직역하면 "또한 하나님도"라는 구문이 된다. 이는 "하나님의 급작스러운 개입"을 뜻하는 수사적 표현이다. 하나님의 심판은 순식간에 임하고 단호하게 이뤄진다. 시인은 포악한 자가 맞이할 끔찍한 운명을 묘사한다. 5절에서 "멸하다"(נתץ, 나타츠), "붙잡다"(חתה, 하타), "뽑아내다"(נסח, 나사흐), "빼다"(שׁרשׁ, 쇠라쉬)라는 동사를 연속적으로 사용함으로써 하나님의 심판이 급박하게 임한다는 점을 강조한다. 시인은 포악자를 향해 "하나님이 살아 있는 땅에서 네 뿌리를 빼시리로다"라고 선포함으로써 그가 뿌리내린 공동체로부터 추방을 당하거나 갑작스럽게 죽게 될지도 모른다고 말한다. 하나님은 악인의 거만한 거짓말과 속임수를 좌시하시지 않기 때문이다.

2) 심판에 대한 의인들의 반응(6-7절)

6 의인이 보고 두려워하며

또 그를 비웃어 말하기를

7 "이 사람은 하나님을 자기 힘으로 삼지 아니하고

오직 자기 재물의 풍부함을 의지하며

자기의 악으로 스스로 든든하게 하던 자라" 하리로다.

6-7절은 이런 사건에 대한 의인들의 반응을 보여준다. 의인들은 하나님이 "포악한 자"를 심판하시는 모습을 보고 두려워할 것이다(6a절). 이는 포악자에 대한 두려움이 아닌 하나님이 통치하시는 방식에 대한 깊은 존경심이나 경외감을 말한다. 이 부분에서 힘 있는 자의 "과거의 영광"과 "현재의 비참한 상태"가 생생하게 대조된다. 하나님은 "포악한 자"의 삶에 대해 반드시 그 책임을 물으신다. 이때 의인들은 상황이 반전되는 광경을 목격하고 웃음 짓는다(6b절). 그들은 오랫동안 부정되고 무시되었던 하나님의 정의가 마침내 실현되는 것을 반긴다.

의인이 악인의 보복 당함을 보고 기뻐함이여,
그의 발을 악인의 피에 씻으리로다(시 58:10).

의인들은 악인의 운명을 통해 교훈을 발견한다(7절). 포악한 자의 파멸은 무기력해진 의인들에게 소망을 준다. 포악한 자들은 하나님을 무시하고 자신이 소유한 재물의 풍부함과 욕망에 의존해왔다. 하지만 이처럼 하나님을 버리고 재물에만 의지하는 자는 졸지에 망하게 된다.

자기의 재물을 의지하는 자는 패망하려니와
의인은 푸른 잎사귀 같아서 번성하리라(잠 11:28).

3) 시인의 신뢰와 찬양(8-9절)

8 그러나 나는 하나님의 집에 있는 푸른 감람나무 같음이여,

하나님의 인자하심을 영원히 의지하리로다.

9 주께서 이를 행하셨으므로

내가 영원히 주께 감사하고

주의 이름이 선하시므로 주의 성도 앞에서

내가 주의 이름을 사모하리이다.

1-4절이 악인의 패악을 묘사했다면 8-9절은 하나님에 대한 시인의 신뢰와 찬양을 노래한다. 시인은 "그러나 나는"(וַאֲנִי, 바아니)이라는 말로 8절을 시작함으로써 더 이상 관찰자가 아닌 완전한 참여자가 된다. 따라서 여기서부터는 객관적 진술에서 주관적 고백으로 전환된다. 시인은 의인들의 모습을 통해 자기 모습을 본다. 의인들은 "하나님의 집에 있는 푸른(번성하는) 감람나무(올리브 나무)"와 같다. 감람나무는 수 세기 동안(장수성[長壽性]) 열매를 맺는 상록수(상록성[常綠性])다. 이런 특성을 지닌 나무는 본(本) 줄기가 죽더라도 가지들이 자라나 계속 생존할 수 있다.

3 네 집 안방에 있는 네 아내는 결실한 **포도나무** 같으며,

네 식탁에 둘러 앉은 자식들은 어린 **감람나무** 같으리로다.

4 여호와를 경외하는 자는

이같이 복을 얻으리로다.

5 여호와께서 시온에서 네게 복을 주실지어다.

너는 평생에 예루살렘의 번영을 보며

6 네 자식의 자식을 볼지어다.

이스라엘에게 평강이 있을지로다(시 128:3-6).

특히 성전에 있는 나무는 하나님의 축복과 번성을 상징한다. 구약에서 의인은 보통 나무로 표현된다.

12 **의인은 종려나무 같이 번성하며**
레바논의 백향목 같이 성장하리로다.
13 이는 여호와의 집에 심겼음이여,
우리 하나님의 뜰 안에서 번성하리로다(시 92:12-13; 참조 시 1:3).

하나님의 인자하심을 영원히 신뢰하면 의인이 될 수 있다. 이제 시인은 하나님이 행하신 일로 인해 그분을 영원히 찬양하고 예배의 자리에서 하나님의 선하신 이름을 선포하겠다고 맹세한다(9절).

4. 메시지

재물의 풍부함은 영원하지 않다. "재물"도 "재물의 풍부함을 의지하는 자"도 티끌과 같이 한순간에 사라질 수 있다(5절). 재물의 풍부함은 찰나에 불과하다. 이에 반해 하나님의 인자하심은 영원무궁하다(1절). 하나님과 관련된 선한 일들은 끝없이 지속된다(8-9절). 반면 부를 기반으로 온갖 술수를 꾸며 자신이 원하는 일을 독단적으로 성사시키려는 권력자들의 행태는 하나님과 맺은 언약적 관계를 충실히 이행하는 "의인들"(6절)과 "경건한 자들"(9절)에게 항상 심각한 유혹이 된다. 얼핏

보면 영향력 있는 포악한 자들이 마치 하나님께 복을 받은 것처럼 장수하며 형통하고, 그들에게 예속된 경건한 자들은 악한 간계로 인해 심한 고통을 받으며 사는 것 같다. 그러나 구약성경은 하나님이 전(全) 역사를 통치하시고 정의롭게 심판하신다는 사실을 지속적으로 확고하게 말하고 있다. 풍부해 보이지만 한순간에 사라질 수도 있는 재물과 영원한 하나님의 인자하심, 둘 중 어느 것이 우리의 진정한 피난처가 될까?

53편

지각이 있는 자 vs 어리석은 자:

“하나님이 하늘에서 인생을 굽어살피사”

1. 양식

시편 53편은 5절을 제외하면 14편과 거의 동일한 형식으로 구성되어 있다. 그래서 이 두 편의 시를 "쌍둥이 시편"(twin psalm)이라고 부른다. 시편 14편이 하나님을 무시하고 의인을 삼키는 이스라엘 백성에게 주목한다면, 53편은 하나님의 백성을 멸망시킬 수 있다고 생각하는 어리석은 자들에게 초점을 맞추고 있다. 즉 시편 14편은 가난한 의인을 위로하는 데 집중하는 반면, 53편은 악한 자들에 대한 경고를 강조한다. 또한 53편은 예언서의 내용과 유사한 맥락을 담고 있어서 "예언시"(prophetic psalm)로 간주되기도 한다.

2. 구조

1) 1-4절: 어리석은 자들에 대한 고발
2) 5절: 어리석은 자들에게 임할 심판
3) 6절: 이스라엘의 구원을 위한 간구

3. 내용

1) 어리석은 자들에 대한 고발(1-4절)

[1] 어리석은 자는 그의 마음에 이르기를
"하나님이 없다" 하도다.

그들은 부패하며 가증한 악을 행함이여,

선을 행하는 자가 없도다.

2 하나님이 하늘에서 인생을 굽어살피사

지각이 있는 자와 하나님을 찾는 자가 있는가 보려 하신즉

3 각기 물러가 함께 더러운 자가 되고

선을 행하는 자 없으니 한 사람도 없도다.

4 죄악을 행하는 자들은 무지하냐?

그들이 떡 먹듯이 내 백성을 먹으면서

하나님을 부르지 아니하는도다.

1-4절에서 시인은 하나님의 실제와 그분의 능력을 무시하는 어리석은 자들의 가증스러운 행위를 고발한다. 1절에 언급된 "어리석은 자"(נָבָל, 나발)는 하나님이 없다고 여기고 경건하지 않은 삶을 사는데, 이는 "마음"(לֵב, 레브)의 결단에서 비롯된 것이다. 구약에서 "마음"(לֵב, 레브)은 의지와 결단이 이루어지는 곳이다. 이들의 어리석음은 지적(知的)인 것이라기보다 의지적(意志的)인 것이다. 어리석은 자는 하나님을 무시하고 살기로 작정한 사람이다. 이런 자들은 타락하고 가증한 악을 행하는 데 거리낌이 없으며 선한 행위에는 조금도 관심을 가지지 않는다.

2절에서 시인은 하나님이 역사 속에 부재(不在)하신다는 어리석은 자의 주장을 반박한다. 하나님은 인간의 역사에 관심을 갖고 하늘에서부터 우리를 주의 깊게 내려다보고 계신다. 시인은 이곳에서 시편 14:2의 "여호와"(יְהוָה, 야웨)라는 고유 명사를 "하나님"(אֱלֹהִים, 엘로힘)이라는 보통 명사로 대체한다. 이는 야웨 하나님의 우주적인 심판 활동

을 강조하는 것이다. 우리 하나님은 "지각이 있는 자"와 "하나님을 찾는 자"를 굽어살피신다. "지각이 있는 자"(מַשְׂכִּיל, 마스킬)는 지혜와 분별력이 있는 사람, 즉 적절한 지각과 지식을 갖고 지혜로운 선택을 할 수 있는 사람으로서 어리석은 자와 반대되는 존재를 의미한다.

3절은 하나님이 하늘에서 이 땅을 전부 샅샅이 관찰하신 결과를 전한다. 한마디로 "각기 물러가고 선을 행하는 자가 하나도 없다." 하나님을 떠난 어리석은 자들은 모두 부패하고 타락하기 때문이다.

> 11 깨닫는 자도 없고
>
> 하나님을 찾는 자도 없고
>
> 12 다 치우쳐 함께 무익하게 되고
>
> 선을 행하는 자는 없나니 하나도 없도다(롬 3:11-12).

따라서 세상의 모든 사람은 "어리석은 자"(1절)와 "지각이 있는 자"(2절)로 구분되며, 인생의 길은 "하나님을 부정하는 길"과 "하나님을 찾는 길"로 나뉜다.

4절은 어리석은 자의 잘못된 행실을 고발하는 내용인데, 현재의 문맥에서는 그 의미가 불분명하다. 이 구절은 "죄악을 행하는 자들은 무지하냐?"라는 수사적 의문문으로 시작된다. 영적 눈이 어두워진 그들은 자신이 무엇을 행하는지도 모른다. 개역개정 성경에서 "그들이 떡 먹듯이 내 백성을 먹으면서 하나님을 부르지 아니하는도다"라고 번역된 문장의 히브리어 원문을 직역하면 "내 백성을 먹는 자들이 하나님의 떡을 먹으면서 (하나님을) 부르지 않는다"가 된다. 이는 죄악을

"일삼는 자들" 곧 "어리석은 자들"은 하나님의 백성을 함부로 대한다는 것을 의미한다. 그들은 하나님의 백성을 집어삼키면서도(시 27:2; 미 3:3; 잠 30:14) 하나님이 주시는 떡은 기꺼이 받아먹는다. 즉 하나님의 떡은 취하지만 그 떡을 주시는 하나님은 알지 못한다는 것인데, 그들의 행실을 잘 살펴보면 의도적으로 하나님을 외면하고 있을 가능성이 크다.

2) 어리석은 자들에게 임할 심판(5절)

> 5 그들이 두려움이 없는 곳에서 크게 두려워하였으니
> 너를 대항하여 진 친 그들의 뼈를 하나님이 흩으심이라.
> 하나님이 그들을 버리셨으므로
> 네가 그들에게 수치를 당하게 하였도다.

5절은 "어리석은 자들" 곧 "죄악을 행하는 자들"에게 임할 심판을 선고한다. 5a절의 히브리어 원문을 번역하면 "거기서 그들이 매우 두려워하리니, 두려움이 없는 곳에서"가 된다. "거기서"(שָׁם, 샴)는 악인들이 악행을 저지르고 하나님을 생각하지 않는 "순간"이나 "장소"를 가리킨다. 악인들은 거리낌 없이 마음껏 악행을 저지르는 "순간"이나 "장소"에서 갑자기 엄청난 공포와 마주하게 될 것이다. 적군의 진영을 포위하듯 하나님의 백성을 에워싼 잔인한 악인들은 하나님의 심판을 받게 될 것이다. 그리고 그 악인의 뼈는 정상적으로 매장되지 못하고 여기저기 흩어질 것이다.

1 여호와의 말씀이니라. 그때에 사람들이 유다 왕들의 **뼈**와 그의 지도자들의 **뼈**와 제사장들의 **뼈**와 선지자들의 **뼈**와 예루살렘 주민의 **뼈**를 그 무덤에서 끌어내어 2 그들이 사랑하며 섬기며 뒤따르며 구하며 경배하던 해와 달과 하늘의 뭇 별 아래에서 펼쳐지게 하리니, **그 뼈가 거두이거나 묻히지 못하여 지면에서 분토 같을 것이며**(렘 8:1-2).

하나님을 두려워하지 않는 자들은 공포 속에서 수치를 면치 못하게 될 것이다. 사람을 먹는 자들의 뼈만 고스란히 남을 것이다. 하나님은 불의한 억압자들을 반드시 흩으시는 분이기 때문이다.

3) 이스라엘의 구원을 위한 간구(6절)

6 시온에서 이스라엘을 구원하여 줄 자 누구인가?
하나님이 자기 백성의 포로된 것을 돌이키실 때에
야곱이 즐거워하며 이스라엘이 기뻐하리로다.

6절은 이스라엘의 구원을 위한 간구다. 시인은 하나님이 그분의 백성을 구원하고 보호하실 것이라고 확신한다. 바로 이 점이 이스라엘과 야곱의 하나님을 찬양하는 근거가 된다. 시인은 하나님이 개입하셔서 모든 것을 바로잡으실 그날이 도래할 것을 확신하면서 새롭게 맞이할 기쁨을 기대하고 있다.

4. 메시지

“지각이 있는 자”(מַשְׂכִּיל, 마스킬)는 시작부터 하나님을 찾고 결국 그분의 보호하심에 대해 환호하며 기뻐하게 된다. 그러나 “어리석은 자”(נָבָל, 나발, 시 10:4)는 하나님의 존재와 역사하심을 거부하며 불의한 행동과 폭력을 일삼다가 결국 갑작스러운 두려움과 수치감을 느끼며 생을 마감한다. 시인은 청중들을 올바른 길로 인도하기 위해 “하나님을 찾는 길”과 “하나님을 부정하는 길”을 대조하여 제시한다. 사람이라면 결국 둘 중 한 가지 길에 이르게 된다. 악행이 만연한 곳에 있다 보면 하나님이 활동하시지 않는 것처럼 느낄 수도 있다. 그러나 하나님은 실제로 모든 것을 다 관찰하시며 움직이고 계신다.

> 13 여호와께서 하늘에서 굽어보사
> 모든 인생을 살피심이여.
> 14 곧 그가 거하시는 곳에서
> 세상의 모든 거민들을 굽어살피시는도다.
> 15 그는 그들 모두의 마음을 지으시며
> 그들이 하는 일을 굽어살피시는 이로다(시 33:13-15).

그렇기 때문에 자신의 힘을 과시하려는 시도는 하나님의 능력에 대한 불신으로 여겨져 비판받는다(삼상 25:30-33). 하지만 “하나님을 찾는 자”는 자신의 능력이 아닌 하나님의 능력이 “어리석은 자”의 불의한 행동을 막아낼 것이라는 믿음을 고수하면서, 하나님이 개입하시기

전에 경솔하게 움직이거나 나대지 않는다. 우리 앞에 "하나님을 찾는 길"과 "하나님을 부정하는 길"이 놓여 있다. 어떤 길을 선택할 것인가?

54편

하나님을 외면하는 자의 삶:

"하나님을 자기 앞에 두지 아니하였음이니이다"

1. 양식

시편 54편은 전형적인 "개인 탄원시"(psalm of an individual lament)다. 시인은 포악한 적들이 가하는 박해로 인해 죽음의 위협을 느끼는 상황에서 하나님께 탄원한다.

2. 구조

1) 1-2절: 하나님을 향한 부름과 간구
2) 3절: 불평
3) 4-5절: 신뢰의 고백
4) 6-7절: 찬양의 맹세

3. 내용

1) 하나님을 향한 부름과 간구(1-2절)

1 하나님이여,
주의 이름으로 나를 구원하시고
주의 힘으로 나를 변호하소서.
2 하나님이여,
내 기도를 들으시며
내 입의 말에 귀를 기울이소서.

1-2절은 하나님을 향한 부름과 간구다. 시인은 하나님을 부르며 시작한다(1절). 이는 탄원시의 특징이다. 이 절박한 간구는 아래와 같은 사중 반복을 통해 묘사된다.

구원하소서! → 변호하소서! → 들으소서! → 기울이소서!

시인은 하나님의 이름(שֵׁם, 쉠)에 의지하여 간절하게 호소한다. 하나님의 이름에 의거하여 기도하는 것은 이 시의 독특한 점이다. 여기서 하나님의 "이름"(שֵׁם, 쉠)과 "힘"(גְּבוּרָה, 게부라)은 동의어로 사용되는데, 이는 하나님의 이름이 그분의 능력으로 이해되기 때문이다. 하나님의 이름에는 그분의 본질적인 속성과 권능이 담겨 있다. 따라서 하나님의 이름을 부르는 것은 하나님의 임재를 요청하는 것과 같다.

인간의 능력으로는 아무것도 기대할 수 없는 무기력한 상황에서 시인은 하나님의 우월하신 능력을 신뢰하며 간절히 기도한다(2절). 그는 오직 하나님께만 시선을 집중한다.

2) 불평(3절)

3 낯선 자들이 일어나 나를 치고
포악한 자들이 나의 생명을 수색하며
하나님을 자기 앞에 두지 아니하였음이니이다. (셀라)

3절에서 시인은 자신의 상황을 불평조로 털어놓는다. 이 구절을 통해 시인이 고통 받는 원인과 그가 하나님의 개입을 간구하는 이유를 알 수 있다. 시인은 원수들로 인한 환난 때문에 괴롭다. "낯선 자들"(זָרִים, 자림)은 보통 "이방인"을 의미하지만, 여기서는 하나님과의 언약 관계에서 벗어난 이스라엘 사람을 가리킨다. 또는 적대적인 감정을 갖고 시인의 생명을 노리는 가까운 이웃으로 볼 수도 있다.

포악한 원수들은 두 가지 특징을 갖고 있다. 첫째, 그들은 노골적으로 시인의 생명을 노린다. 둘째, 그들은 하나님을 자기 앞에 두지 아니한다. "하나님을 자기 앞에 두지 아니한다"라는 표현은 하나님에 대해 전혀 관심이 없다는 뜻이다. 이는 "내가 여호와를 항상 내 앞에 모심이여"(시 16:8)라고 고백하는 의인의 삶과 완전히 대조된다. 이 시는 시인이 당하는 고통이 무엇인지를 정확하게 언급하지 않는다. 그러나 추측건대 시인의 생명을 위협하는 일이 발생했던 것 같다.

3) 신뢰의 고백(4-5절)

> 4 하나님은 나를 돕는 이시며
> 주께서는 내 생명을 붙들어 주시는 이시니이다.
> 5 주께서는 내 원수에게 악으로 갚으시리니
> 주의 성실하심으로 그들을 멸하소서.

4-5절은 곤경 가운데 있으면서도 하나님을 신뢰하는 시인의 고백을 담고 있다. 시인은 원수들이 자신의 생명을 노리는 상황에 대해 불평하면서도(3절) 하나님께서 자신의 생명을 붙들어주실 것이라고 고백

한다(4절). 이처럼 기도자의 도움이자 옹호자가 되시는 하나님에 대한 믿음은 이 시편의 중심 메시지다.

5a절을 보면 시인은 원수들이 자신에게 가했던 모든 해악이 결국 그들에게 되돌아갈 것이라고 믿는다.

> 주의 인자하심으로 나의 원수들을 끊으시고
> 내 영혼을 괴롭게 하는 자를 다 멸하소서.
> 나는 주의 종이니이다(시 143:12).

5b절 "주의 성실함으로 그들을 멸하소서"는 5a절의 맥락에서 이해해야 한다. 하나님은 "성실" 곧 "진실"(אֱמֶת, 에메트)하시기 때문에 악인들을 벌하실 것이다. 즉 세상이 하나님을 자기 앞에 두지 아니하는 자들의 패악으로 인해 엉망이 되어 있더라도 하나님은 결국 이 세상을 올바르게 만드실 것이다. 인생이란 예측이 불가능하다. 인과응보의 원칙이 기계적으로 작동되지 않기에 늘 예외가 있다. 따라서 5절은 사실에 대한 명백한 진술이라기보다는 믿음을 가진 기도의 표현이다. 하나님만이 인생과 역사를 온전히 이끄시는 유일한 분이다.

> 사람이 마음으로 자기의 길을 계획할지라도
> 그의 걸음을 인도하시는 이는 여호와시니라(잠 16:9).

4) 찬양의 맹세(6-7절)

6 내가 낙헌제로 주께 제사하리이다.
여호와여, 주의 이름에 감사하오리니
주의 이름이 선하심이니이다.
7 참으로 주께서는 모든 환난에서 나를 건지시고
내 원수가 보응 받는 것을
내 눈이 똑똑히 보게 하셨나이다.

6-7절은 찬양의 맹세다. 시인은 마지막 단락에서 제사와 찬송을 통해 감사를 드리겠다고 약속하면서 확신을 표출한다. 6절의 "낙헌제"(נְדָבָה, 네다바)는 자발적으로 드리는 자원 제물(a freewill offering)을 말한다. 이는 특별한 약속이나 서약과 관계없이 자원하여 드려지는 별도의 제의 행위로서 시인의 자발성을 강조한다. 시인은 하나님의 이름이 선하심(טוֹב, 토브)을 찬양하고 있다.

7절은 응답의 확신을 말한다. 이 구절에 나오는 두 개의 동사는 모두 완료형으로서 구원이 이미 이루어진 상황을 묘사하는 것이 아니라 구원이 이루어질 것이라는 굳건한 확신을 드러낸다. 그래서 이것을 소위 "확신의 완료형"(perfect of confidence)이라고 한다. 시인이 기도할 때는 아직 구원이 일어나지 않았다. 일반적으로 기도하는 가운데 응답의 확신을 얻게 되고, 찬양의 맹세를 통해 미래의 구원을 현재적으로 선취(先取)한다. 이처럼 분위기가 급변되는 현상은 탄원시의 특징이기도 하다. 포악한 자들에게 위협받던 시인은 이미 궁지에서 벗어나 승자가 되어 원수들을 관망(觀望)한다.

> 여호와를 바라고 그의 도를 지키라.
> 그리하면 네가 땅을 차지하게 하실 것이라.
> 악인이 끊어질 때에 네가 똑똑히 보리로다(시 37:34).

이는 원수의 불행을 보며 쾌락을 느끼는 것이라기보다는 하나님이 내리신 심판의 의로움이 행사되었음을 기뻐하는 광경이라고 할 수 있겠다. 즉 하나님의 이름과 명예가 입증된 것을 즐거워하면서 자신의 믿음이 잘못되지 않았음을 재차 확인하고 하나님께 감사와 영광을 돌리는 것이다.

4. 메시지

시인은 거짓이 승리하는 것처럼 보이는 세상 속에서도 하나님의 성실하심과 선하심이 결국 승리할 것이라고 확신한다. 하나님이 이 땅의 진정한 통치자이신지 아닌지의 여부는 우리 삶의 한가운데서 결정된다. 이는 최종적으로 악인이 승리하지 못한다는 점을 통해 증명된다. 믿음이 없어 하나님을 외면하는 자(3절)의 눈에는 세상이 약육강식(弱肉强食), 승자독식(勝者獨食), 무한경쟁(無限競爭), 경제우선(經濟優先)의 논리로만 작동되는 것처럼 보인다. 그들은 세상을 오직 승자의 세상으로 인식하기 때문에 약자를 밟고 승자가 되기 위해 아우성을 친다. 그러나 끝까지 믿음을 부여잡고 하나님을 자기 앞에 모신 자(4절)의 눈에는 이웃을 외면하는 악인의 멸망이 보인다. 이처럼 하나님의 성실하심과 선하심의 렌즈를 통해서 본 세상이 참세상이다.

55편

“배신”과 “신뢰” 사이의 인생:

“네 짐을 여호와께 맡겨라”

1. 양식

시편 55편은 전형적인 "개인 탄원시"(psalm of an individual lament)다. 경건한 시인은 원수와 악인으로 인해 경험한 좌절과 낙담 및 고통을 토해내듯 절규하며 탄원한다.

2. 구조

1) 1-5절: 죽음의 공포 속에서 하나님을 향해 부르짖음
2) 6-11절: 강포와 분쟁의 성내에서 도피하기를 간구함
3) 12-18절: 친구의 배신으로 인해 고통스러워함
4) 19-23절: "하나님을 경외하지 않는 자"와 "의인"의 운명

3. 내용

1) 죽음의 공포 속에서 하나님을 향해 부르짖음(1-5절)

1 하나님이여,
내 기도에 귀를 기울이시고
내가 간구할 때에 숨지 마소서.
2 내게 굽히사 응답하소서.
내가 근심으로 편하지 못하여 탄식하오니
3 이는 원수의 소리와 악인의 압제 때문이라.

그들이 죄악을 내게 더하며

노하여 나를 핍박하나이다.

4 내 마음이 내 속에서 심히 아파하며

사망의 위험이 내게 이르렀도다.

5 두려움과 떨림이 내게 이르고

공포가 나를 덮었도다.

1-5절은 시인이 죽음의 공포 속에서 하나님을 향해 부르짖는 장면을 묘사하고 있다. 1-2절은 하나님을 향한 간구다. 1절에서 "귀를 기울이시고"와 "숨지 마소서", 2절에서 "굽히사"와 "응답하소서"라는 단어를 연속적으로 사용한 것은 "기도의 긴박성"을 묘사하기 위함이다.

3-5절은 시인을 압도하고 있는 고통의 내용을 진술한다. "원수의 소리, 악인의 압제, 죄악의 더함, 핍박"(3절), "사망의 위험"(4절), "두려움, 떨림, 공포"(5절) 등이 시인을 옥죄고 있다. 4절에서 시인은 죽음의 공포를 느끼며 "심히 아파하는"(יָחִיל, 야힐) 해산의 고통을 경험한다. 그는 여기서 죽음의 공포와 같은 외적 압박과 마음속이 뒤틀리는 내적 불안을 모두 기술함으로써 자신이 느끼는 공포가 얼마나 큰지를 강하게 부각시킨다.

2) 강포와 분쟁의 성내에서 도피하기를 간구함(6-11절)

6 나는 말하기를

"만일 내게 비둘기 같이 날개가 있다면

날아가서 편히 쉬리로다.

7 내가 멀리 날아가서 광야에 머무르리로다. (셀라)

8 내가 나의 피난처로 속히 가서

폭풍과 광풍을 피하리라" 하였도다.

9 내가 성내에서 강포와 분쟁을 보았사오니

주여, 그들을 멸하소서.

그들의 혀를 잘라 버리소서.

10 그들이 주야로 성벽 위에 두루 다니니

성 중에는 죄악과 재난이 있으며

11 악독이 그중에 있고

압박과 속임수가 그 거리를 떠나지 아니하도다.

6-11절은 성읍 주거지에서 발생한 패악으로 인해 도피를 원하는 시인의 자조적(自嘲的) 독백이다. 6-8절은 수난 속에서 피난처로 도피하기를 간절히 바라는 시인의 심리적 상황을 묘사한다. 그는 "비둘기같이 날개가 있다면" 멀리 날아가 접근 불가능한 벼랑의 틈새에 둥지를 틀고 안전하게 쉬고 싶어 한다(6절).

또한 시인은 사람이 살지 않는 "광야"에서 차라리 홀로 야영하기를 원한다(7절). "광야"(מִדְבָּר, 미드바르)는 사람이 거주할 수 있는 "비옥한 정착 지대"와 사람이 거주할 수 없는 "황폐한 사막" 사이에 위치한 지역이다. 광야는 불모의 땅으로서 사람이 정착하거나 곡식을 재배하기에 적합하지 않아 인구밀도가 매우 희박하다. 따라서 자신의 생명을 노리는 자들의 손길이 닿지 않는 피난처로 적합하기 때문에 그곳으로 날아가 "폭풍"과 "광풍"을 피하고 싶은 것이 시인의 간절한 소망이다(8절).

9-11절은 시인이 거주지를 떠나고 싶어 하는 이유를 명확히 제시한다. 그러면서 성읍의 일곱 가지 악의 특성인 "강포", "분쟁", "죄악", "재난", "악독", "압박", "속임수"를 의인화하여 표현한다. 그는 거주하는 성읍에 강포와 분쟁이 가득하기 때문에 그곳에서 벗어나고 싶다(9a절). 이스라엘에서 성문은 상업적인 매매가 이루어지는 시장이자 시시비비를 가리는 법정 역할을 수행하던 곳이다. 하지만 이제 그곳에서는 공평한 매매가 이루어지지 않고 공정한 법도 실종되어버렸다. 힘에 의해 공평함과 공정함이 왜곡되었고 오직 부패만 가득하다. "그들의 혀를 잘라 버리소서"(9b절)라는 시인의 간구는 문제의 주된 요인이 "말"에 있음을 보여준다.

10절에 따르면 "강포(אָוֶן, 아벤)와 분쟁(עָמָל, 아말)"이 의인화되어 성벽을 돌아다닌다. "강포"와 "분쟁"이 성읍의 성벽을 돌아다니다가 슬며시 성읍 안쪽으로 스며들어 확산되었다. 이들은 "주야"(יוֹמָם וָלַיְלָה, 요맘 바라일라) 곧 일상이 되었다. 성읍이 완전히 악의 소굴로 전락한 것이다(11절). 이처럼 이 단락은 성읍의 총체적인 부패를 고발한다.

3) 친구의 배신으로 인해 고통스러워함(12-18절)

12 나를 책망하는 자는

원수가 아니라.

원수일진대

내가 참았으리라.

나를 대하여 자기를 높이는 자는

나를 미워하는 자가 아니라.

미워하는 자일진대

내가 그를 피하여 숨었으리라.

13 그는 곧 너로다. 나의 동료,

나의 친구요, 나의 가까운 친우로다.

14 우리가 같이 재미있게 의논하며

무리와 함께 하여 하나님의 집 안에서 다녔도다.

15 사망이 갑자기 그들에게 임하여

산 채로 스올에 내려갈지어다.

이는 악독이 그들의 거처에 있고

그들 가운데에 있음이로다.

16 나는 하나님께 부르짖으리니

여호와께서 나를 구원하시리로다.

17 저녁과 아침과 정오에

내가 근심하여 탄식하리니

여호와께서 내 소리를 들으시리로다.

18 나를 대적하는 자 많더니

나를 치는 전쟁에서

그가 내 생명을 구원하사 평안하게 하셨도다.

12-18절은 시인이 가까운 친구에게 배신을 당하고 고통스러워하는

상황을 묘사한다. 12-14절은 가중된 고통이 친한 친구의 배신에서 비롯되었음을 밝힌다. 차라리 원수가 비웃고 조롱했다면 상대적으로 견디기 쉬웠을 것이다(12절). 하지만 안타깝게도 외부의 적이 아닌 내부의 동료이자 동지가 시인을 모욕했다(13절). 그것도 아주 가까운 친구가 말이다. 13절에서 "나의 동료"(עֶרְכִּי, 에르키), "나의 친구"(אַלּוּפִי, 알루피), "나의 가까운 친우"(מְיֻדָּעִי, 메유다이)라는 호칭을 사용한 것을 보면 이 사실을 알 수 있다. 시인은 친구에 대해 "너"(אַתָּה, 아타)라는 2인칭을 사용하면서 옛 우정을 회상한다.

두 사람은 신앙적 동지로서 하나님의 집에서 허심탄회하게 대화를 나눴으며, 많은 무리 속에서도 각별한 사이를 유지했었다(14절).

15-18절에서 시인은 갑자기 구원에 대한 확신을 표명한다. 그러면서 지금까지 드러난 절망적인 "좌절과 탄식"에서 "구원 응답에 대한 확신"으로 분위기가 급전환된다. 시인은 악의 소굴에서 안주하는 자들에게 조기(早期) 사망을 선포한다(15절).

16절은 1인칭 주어 "나는"(אֲנִי, 아니)으로 시작하는데, 이 첫 단어는 "이전"과 "이후", "악인"과 "시인"을 대조시킨다. 시인은 하나님을 의지하면서 그분이 간구에 응답하시고 자신을 구원해주실 것이라고 확신하게 된다(17-18절).

4) "하나님을 경외하지 않는 자"와 "의인"의 운명(19-23절)

19 옛부터 계시는 하나님이 들으시고
그들을 낮추시리이다. (셀라)

그들은 변하지 아니하며

하나님을 경외하지 아니함이니이다.

20 그는 손을 들어 자기와 화목한 자를 치고

그의 언약을 배반하였도다.

21 그의 입은 우유 기름보다 미끄러우나

그의 마음은 전쟁이요,

그의 말은 기름보다 유하나

실상은 뽑힌 칼이로다.

22 네 짐을 여호와께 맡기라.

그가 너를 붙드시고

의인의 요동함을 영원히 허락하지 아니하시리로다.

23 하나님이여,

주께서 그들로 파멸의 웅덩이에 빠지게 하시리이다.

피를 흘리게 하며 속이는 자들은

그들의 날의 반도 살지 못할 것이나,

나는 주를 의지하리이다.

19-23절은 악인의 운명과 의인의 운명을 대조한다. 하나님은 "옛부터(좌정하여) 계시는 하나님"으로서 태고 때부터 지금까지 살아계시면서 역사를 주목(注目)하고 주관(主管)하신다. 하지만 원수들은 그들을 주목하고 계신 하나님을 일관되게 경외하지 않는다(19절). 시인을 배신하고 원수가 된 절친(切親)은 이전에 자신과 맺었던 신성한 약속("요나단은 다윗을 자기 생명 같이 사랑하여 더불어 언약을 맺었으며", 삼상 18:3)을 파

기하였다(20절).

21절은 친구의 특성을 세밀하게 묘사한다. 그의 본 모습은 가면으로 철저히 가려 있었다. 입으로는 부드러운 말을 하면서도 마음속으로는 전쟁을 계획하고 칼을 갈고 있었다. 시인은 오직 하나님만이 인생의 짐을 맡길 수 있는 진정한 피난처임을 깨닫고(22절), 하나님의 정의가 실현되기만을 기원하며 자신의 신뢰를 고백한다(23절). 시인은 하나님에 대한 신앙고백으로 이 시를 매듭짓는다.

4. 메시지

시인은 "악인" 즉 자신을 "배신한 친구"가 갑작스럽게 죽음을 맞이하기를 원한다(15, 23절). 그는 단순히 보복(報復)을 원하는 것이 아니라 하나님의 정의가 만천하에 드러나길 바란다. 시인은 원수에 대한 하나님의 보복을 간청하면서도 그 심판의 집행을 오롯이 하나님께 맡긴다. 보복은 인간의 소관이 아니다.

> 그들이 실족할 그때에 내가 보복하리라.
> 그들의 환난날이 가까우니
> 그들에게 닥칠 그 일이 속히 오리로다(신 32:35).

> 내 사랑하는 자들아, 너희가 친히 원수를 갚지 말고 하나님의 진노하심에 맡기라 기록되었으되 "원수 갚는 것이 내게 있으니 내가 갚으리라"고 주께서 말씀하시니라(롬 12:19).

이 시는 미해결(未解決) 상태로 끝난다. 시인은 하나님께서 부르짖는 사람의 탄원을 듣고 반드시 응답하신다는 사실을 믿고 확신하는 선에서 멈춘다. 그는 "광야의 오두막" 같은 도피처를 원했다. 하지만 놀랍게도 하나님이 고통 받는 자를 인도하여 구원하실 것이라는 "확고한 믿음" 속에서 오아시스를 발견했다. 인생의 피난처는 "먼 곳" 곧 "광야"(מִדְבָּר, 미드바르)가 아닌 야웨 하나님 안에 있다(시 11:1; 46:7, 11). 하나님에 대한 믿음이 모든 문제의 해결책이다. 시편 55편의 시인은 친한 친구의 배신으로 인해 겪는 고통에 대비하여 어떤 상황 속에서도 함께하시는 하나님에 대한 신뢰를 두드러지게 표현하고 있다.

56편

두려움을 이기는 믿음:
"하나님이 내 편이심을 내가 아나이다"

1. 양식

시편 56편은 전형적인 "개인 탄원시"(psalm of an individual lament)다. 이 시의 시인은 대적들로 인한 두려움 속에서 하나님을 신뢰하며 구원을 간청한다. 그는 "의지하다"(בטח, 바타흐)라는 단어를 세 번이나 사용함으로써(3, 4, 11절) 자신의 신뢰 고백을 강조한다.

2. 구조

1) 1-2절: 하나님을 향한 부름과 간구
2) 3-4절: 신뢰의 고백
3) 5-8절: 대적들로 인한 탄원
4) 9-11절: 신뢰의 고백
5) 12-13절: 서원 기도

3. 내용

1) 하나님을 향한 부름과 간구(1-2절)

1 하나님이여,
내게 은혜를 베푸소서.
사람이 나를 삼키려고
종일 치며 압제하나이다.

2 내 원수가 종일 나를 삼키려 하며
나를 교만하게 치는 자들이 많사오니

1-2절에서 시인은 하나님을 부른 후 바로 간구의 내용을 말한다. 개역개정 성경에서는 "하나님이여"로 시작되지만, 히브리어 성경은 일반적인 간구인 "내게 은혜를 베푸소서"(חָנֵּנִי, 한네니)로 서두를 연 다음(1a절) 이유를 제시한다(1b절). 여기 언급된 "사람"(אֱנוֹשׁ, 에노쉬)은 보통 "허약한 인간"을 가리킨다.

사람(에노쉬)이 무엇이기에
주께서 그를 생각하시며
인자가 무엇이기에
주께서 그를 돌보시나이까?(시 8:4)

인생(에노쉬)은 그날이 풀과 같으며
그 영화가 들의 꽃과 같도다(시 103:15).

하나님의 눈에 비친 시인의 대적들은 그저 무기력한 존재에 불과한 나약한 사람(에노쉬)일 뿐이다.

또한 이 시편에는 "종일"(כָּל־הַיּוֹם, 콜-하욤)이라는 표현이 세 번이나 반복적으로 등장함으로써(1, 2, 5절) 대적들이 시인을 지속적으로 괴롭히고 있음을 강조한다.

2) 신뢰의 고백(3-4절)

3 내가 두려워하는 날에는
내가 주를 의지하리이다.
4 내가 하나님을 의지하고(원문: "하나님 안에서")
그 말씀을 찬송하올지라.
내가 하나님을 의지하였은즉
두려워하지 아니하리니
혈육을 가진 사람이 내게 어찌하리이까?

3-4절에는 지속적으로 억압받고 있는 상황 속에서도 하나님을 신뢰한다는 시인의 고백이 담겨 있다. "두려움"과 "믿음"은 시차를 두고 이어지는 상태가 아니라 병존(竝存) 관계다. 이 둘은 서로 분리되어 있는 것처럼 보이지만 함께 존재한다. 시인은 이 두 가지 가운데 "믿음"을 선택한다(3절).

또한 그는 두려운 날에도 하나님의 말씀을 붙잡는다(4a절). 이 "말씀"(דָּבָר, 다바르)은 "하나님의 약속" 혹은 "구원 신탁"을 의미한다.

나 곧 내 영혼은 여호와를 기다리며
나는 주의 말씀을 바라는도다(시 130:5).

하나님에 대한 믿음은 두려움을 몰아낸다. 감히 "혈육을 가진 사람"이 하나님을 확고하게 믿는 자를 어찌하겠는가? "혈육을 가진 사람"은 히브리어로 "바사르"(בָּשָׂר)라고 칭하며 "살덩이"라는 뜻을 갖는다. 이 단어는 하나님의 본성과 대비되는 인간의 "유한성", "나약함", "덧없음"을 의미한다. 이 "바사르"(혈육을 가진 사람)는 "에노쉬"(허약한 인간)보다 더 강한 대비를 드러내는 용어다.

애굽은 **사람**(아담)이요 신(엘)이 아니며
그들의 말들은 **육체**(바사르)요 영(루아흐)이 아니라.
여호와께서 그의 손을 펴시면 돕는 자도 넘어지며
도움을 받는 자도 엎드러져서 다 함께 멸망하리라(사 31:3).

여호와께서 이와 같이 말씀하시니라.
"무릇 **사람**(아담)을 믿으며
육신(바사르)으로 그의 힘을 삼고
마음이 여호와에게서 떠난 그 사람은
저주를 받을 것이라"(렘 17:5).

3) 대적들로 인한 탄원(5-8절)

5 그들이 종일 내 말을 곡해하며
나를 치는 그들의 모든 생각은 사악이라.
6 그들이 내 생명을 엿보았던 것과 같이
또 모여 숨어 내 발자취를 지켜보나이다.
7 그들이 악을 행하고야 안전하오리이까?

하나님이여, 분노하사 뭇 백성을 낮추소서.

8 나의 유리함을 주께서 계수하셨사오니

나의 눈물을 주의 병에 담으소서.

이것이 주의 책에 기록되지 아니하였나이까?

5-8절은 대적들로부터 고통 받는 시인의 탄원을 담고 있다. 5-6절에서 시인은 대적들이 자신을 치려고 음모를 꾸미는 과정을 다음과 같이 묘사한다. 그들은 "모든 생각"(כָּל־מַחְשְׁבֹתָם, 콜-마흐쉐보탐)을 모아 음모를 꾸미며(5절), 은밀히 "모여 숨어"(יָגוּרוּ יִצְפִּינוּ, 야구루 야츠피누) 나를 칠 기회를 노리려고 "내 발자취를 지켜보나이다"(עֲקֵבַי יִשְׁמֹרוּ, 아케바이 이쉬모루)(6절). 대적들은 마치 맹수가 사냥감을 찾는 것처럼 시인을 호시탐탐 노리고 있다.

7절에서 시인은 하나님을 향해 이 대적들 곧 "뭇 백성"(עַמִּים, 아밈)에게 분노를 쏟아부어달라고 간구한다. 이는 1절에서 하나님의 은혜를 간구한 것에 이어지는 연속적 행위다. 하나님의 은혜와 분노는 시인의 눈에 모순되어 보이지 않는다. 왜냐하면 "하나님의 분노"를 간구하지 않음으로써 "악에 대한 적극적인 저항"을 하지 않았다면 하나님의 은혜도 기대할 수 없기 때문이다. "거룩한 저항" 없이는 "거룩한 은혜"도 없다.

그는 이어서 억압당하는 자의 고통을 헤아리고 계신 하나님을 향해 악을 심판하기 위한 행동에 나서달라고 말한다. 하나님은 시인의 지속되는 고통을 인지하실 뿐만 아니라 그 수치를 계산하고 계신다. "나의 눈물을 주의 병에 담으소서"에서 "눈물을 담는 병"의 비유는 오직 이 시에서만 언급되고 구약성경 다른 부분에서는 나오지 않는다. 하나님은 고통을 당하는 자의 눈물을 단 한 방울도 놓치지 않고 물병이나 자루에 소중히 담아두신다. 억울한 눈물은 값비싼 것이다. 억울한 자들의 눈물에는 그들의 한(恨)이 응축되어 있기 때문이다. "주의 책에"(בְּסִפְרָתֶךָ, 베시프라테카) 기록하는 것은 비망록(備忘錄)을 쓰는 것과 유사하게 시인의 처지를 "하나님의 책" 안에 기록함으로써 영구히 잊혀지지 않게 하기 위함이다.

> 그때에 여호와를 경외하는 자들이 피차에 말하매
> "여호와께서 그것을 분명히 들으시고
> 여호와를 경외하는 자와
> 그 이름을 존중히 여기는 자를 위하여
> **여호와 앞에 있는 기념책에 기록하셨느니라**"(말 3:16).

억울한 자의 고통은 귀하게 보존되고 영원히 기억되어야 한다.

4) 신뢰의 고백(9-11절)

> 9 내가 아뢰는 날에 내 원수들이 물러가리니
> 이것으로 하나님이 내 편이심을 내가 아나이다.
> 10 내가 하나님을 의지하여(원문: "하나님 안에서")
> 그의 말씀을 찬송하며
> 여호와를 의지하여(원문: "여호와 안에서")

그의 말씀을 찬송하리이다.

11 내가 하나님을 의지하였은즉

두려워하지 아니하리니

사람이 내게 어찌하리이까?

9-11절에서는 시인의 신뢰 고백이 다시 한번 언급된다. 이처럼 극단적인 고통의 상황이 지속되는 가운데서도 시인은 하나님이 자신의 편에 서 계심을 인식한다(9절).

6 여호와는 내 편이시라.

내가 두려워하지 아니하리니

사람이 내게 어찌할까?

7 여호와께서 내 편이 되사

나를 돕는 자들 중에 계시니

그러므로 나를 미워하는 자들에게 보응하시는 것을

내가 보리로다(시 118:6-7).

그런즉 이 일에 대하여 우리가 무슨 말 하리요? 만일 하나님이 우리를 위하시면 누가 우리를 대적하리요?(롬 8:31)

하나님이 우리가 겪는 모든 고통을 속속들이 알고 계신다는 깨달음을 얻게 되면, 제아무리 억눌린 자라 할지라도 결국 나의 편이 되시는 하나님이 억압자들을 물리쳐주실 것임을 확신하게 된다. 이제 억울한 자들의 눈물에 주목하던 "증인"이 그 눈물을 손수 닦아주시는 "재판관"이 되실 것이다.

10절의 "말씀"(דָּבָר, 다바르)은 4절의 "그 말씀"(דְּבָרוֹ, 데바로)과 같이 "하나님의 말씀"이나 "구원 신탁"을 의미한다. 시인은 매우 짧은 표현을 사용하여 하나님의 구원 약속이 그분의 실제적인 개입의 표지(標識)임을 드러내고 찬양한다.

11절의 "사람"(אָדָם, 아담)은 1절의 "사람"(אֱנוֹשׁ, 에노쉬) 및 4절의 "혈육을 가진 사람"(בָּשָׂר, 바사르)과 동일한 의미로서 허약하고 덧없는 인간을 가리킨다. 시인은 하나님이 대적 곧 "사람"(אֱנוֹשׁ, 에노쉬), "혈육을 가진 사람"(בָּשָׂר, 바사르), "사람"(אָדָם, 아담)보다 더 강한 분이라는 사실을 확신하며 이 단락을 끝맺는다.

5) 서원 기도(12-13절)

12 하나님이여,
내가 주께 서원함이 있사온즉
내가 감사제를 주께 드리리니
13 주께서 내 생명을 사망에서 건지셨음이라.
주께서 나로 하나님 앞,
생명의 빛에 다니게 하시려고
실족하지 아니하게 하지 아니하셨나이까?

12-13절은 하나님께 드리는 서원 기도다. 시인은 자신의 서원에 따라

감사제를 드리기로 결단한다(12절). 감사제는 병에서 치유받거나 고통에서 구원받은 자들이 진심을 다해 바치는 찬양의 제사다. 감사제를 약속하는 시인의 행위는 하나님의 행동을 유발(誘發)하는 동기이자 그분에 대한 사랑의 표현이다.

13절은 감사제를 드리는 이유를 언급한다. 시인은 하나님의 개입으로 말미암아 죽음의 영역인 "사망"에서 생명의 영역인 "생명의 빛"으로 옮겨질 것이다. 13절의 "건지셨음이니라"(נצל, 나찰)는 동사 완료형으로서, 비록 이 사건이 아직 이루어지지 않았으나 미래에 반드시 이루어질 것이라는 예언적 확신을 드러낸다.

4. 메시지

이 시편에서는 "두려움"과 "믿음"이 서로 경쟁한다. 시인은 "종일"(כָּל־הַיּוֹם, 콜-하욤), 즉 오랫동안 고통에 시달렸다. 그러나 시인은 두려움 가운데서 하나님을 더욱 의지한다. 그렇게 하나님을 의지함으로써 밀려드는 두려움에서 벗어난다. 믿음이 두려움을 밀어낸다. 하나님과 그분의 말씀에 대한 확신은 인간들의 악한 행위로 인한 두려움보다 더 큰 힘을 발휘한다. 인간은 고통에 처했을 때 하나님이 부재(不在)하신다고 여긴다. 하지만 하나님은 그 순간에도 우리의 탄식 소리를 들으시면서 우리가 흘리는 눈물을 한 방울도 놓치지 않고 그 양을 일일이 측량하고 계신다. 고통 가운데서 눈물을 흘리는 사람은 하나님께 귀한 존재이기 때문이다. 믿음은 두려움을 완전히 몰아낼 수는 없지만 우리가 이 세상을 당당하게 살아갈 수 있는 힘을 준다. 이처럼 하나님을 의지하는 강력한 믿음이 세상이 주는 큰 두려움을 이긴다.

57편

두려움의 유일한 해독제인 주의 날개 그늘:

"나를 위하여 모든 것을 이루시는 하나님"

1. 양식

시편 57편은 "개인 탄원시"(psalm of an individual lament)로 분류된다. 박해받는 무죄한 시인은 하나님께 간구하다가 장황한 신뢰 고백으로 시를 끝맺는다(7-11절).

2. 구조

1) 1-2절: 하나님을 향한 부름과 간구
2) 3절: 신뢰의 고백
3) 4-6절: 원수들로 인한 탄원
4) 7-11절: 찬양의 맹세

3. 내용

1) 하나님을 향한 부름과 간구(1-2절)

1 하나님이여,
내게 은혜를 베푸소서.
내게 은혜를 베푸소서.
내 영혼이 주께로 피하되
주의 날개 그늘 아래에서
이 재앙들이 지나기까지 피하리이다.

2 내가 지존하신 하나님께 부르짖음이여,

곧 나를 위하여 모든 것을 이루시는 하나님께로다.

1-2절은 하나님께 은혜를 간구하는 내용이다. 1절에서는 "내게 은혜를 베푸소서"라는 표현이 반복되면서 사태의 긴박성을 강조한다. "주께로 피하되"에서 "피하되"는 완료형이다. 이는 시인이 과거에 주를 의지했음을 뜻한다. "이 재앙들이 지나기까지 피하리이다"에서 "피하리이다"는 미완료형으로서 계속 의지하겠다는 시인의 의향을 드러낸다. "주의 날개 그늘"은 "하나님의 보호"에 대한 은유적 표현으로서, 어린 새가 위협을 받을 때 어미 새의 날개 아래로 피함으로써 위협으로부터 보호받는 모습을 연상시킨다.

10 여호와께서 그를 황무지에서,

짐승이 부르짖는 광야에서

만나시고 호위하시며 보호하시며

자기의 눈동자 같이 지키셨도다.

11 마치 독수리가 자기의 보금자리를 어지럽게 하며

자기의 새끼 위에 너풀거리며

그의 날개를 펴서 새끼를 받으며

그의 날개 위에 그것을 업는 것 같이(신 32:10-11; 참조. 마 23:37; 눅 13:34)

2절의 "나를 위하여 모든 것을 이루시는 하나님"은 문자적으로 "나를 위하여 보복을 해주시는(גמר, 가마르) 하나님"을 뜻한다.

여호와께서 나를 위하여 보상해 주시리이다.
여호와여, 주의 인자하심이 영원하오니
주의 손으로 지으신 것을 버리지 마옵소서(시 138:8).

이처럼 하나님은 무죄한 이들을 대신하여 원수들에게 보복해주시는 분이다. 따라서 하나님만이 진정한 피난처(1절)이자 억울함을 풀어주는 해결사가 되실 수 있다(2절).

2) 신뢰의 고백(3절)

3 그가 하늘에서 보내사
나를 삼키려는 자의 비방에서 나를 구원하실지라. (셀라)
하나님이 그의 인자와 진리를 보내시리로다.

3절은 하나님에 대한 시인의 신뢰를 보여준다. 그는 지극히 높으신 하나님이 원수들과 대항하여 싸우심과 동시에 "인자"(חֶסֶד, 헤세드)와 "진리"(אֱמֶת, 에메트)를 보내주심으로써 자신을 안전하게 지켜주실 것이라는 확신을 표명한다. "인자"와 "진리"의 하나님은 자신에게 피신한 이들을 힘껏 도우신다.

3) 원수들로 인한 탄원(4-6절)

4 내 영혼이 사자들 가운데에서 살며

내가 불사르는 자들 중에 누웠으니

곧 사람의 아들들 중에라.

그들의 이는 창과 화살이요,

그들의 혀는 날카로운 칼 같도다.

5 하나님이여,

주는 하늘 위에 높이 들리시며

주의 영광이 온 세계 위에 높아지기를 원하나이다.

6 그들이 내 걸음을 막으려고 그물을 준비하였으니

내 영혼이 억울하도다.

그들이 내 앞에 웅덩이를 팠으나

자기들이 그중에 빠졌도다. (셀라)

원수들로 인한 탄원을 담고 있는 4-6절은 이 시의 중심 부분이다. 4절에서 원수들은 악독한 이빨로 먹이를 취하려고 덮치는 사자에 비유된다. 또한 시인은 "불사름의 위기" 앞에 놓여 있다. "사자들"과 "불사름"은 다니엘서의 사자굴 사건(단 6:16-24)과 풀무불 사건(단 3:19-27)에서 드러난 극적인 구원을 연상시킨다. 이 시인은 "시편의 다니엘" 혹은 "시편의 사드락-메삭-아벳느고"라고 할 수 있다. 여기서 "이"(שֵׁן, 쉔)와 "혀"(לָשׁוֹן, 라숀)는 "험담"과 "거짓 고소" 같은 해를 끼치는 말을 지칭한다.

그들이 칼 같이 자기 **혀**를 연마하며

화살 같이 독한 **말**로 겨누고(시 64:3).

칼로 찌름 같이 함부로 **말**하는 자가 있거니와

지혜로운 자의 **혀**는 양약과 같으니라(잠 12:18).

5절에서 시인은 하나님의 현현(顯現) 속에서 그분의 영광이 나타나기를 간구한다. 즉 "하나님의 임재하시는 영광"과 "구원하시는 권능"이 하늘과 땅 위에 드러나기를 소원한다. 하나님이 개입하시면 이 땅의 악은 사라지고 세상이 정의롭게 세워질 것이기 때문이다.

6절은 "그물"(רֶשֶׁת, 레쉐트)과 "웅덩이"(שִׁיחָה, 쉬하)라는 사냥의 표상을 통해 시인이 맞닥뜨린 위기를 묘사한다. 교활하고 전략적인 원수들의 무장과 시인의 무방비 상태가 서로 대조된다. 천지 만물을 지으신 하나님은 창조의 질서를 정하신다. 악한 행위는 이런 창조 질서에 근거하여 행위자 자신에게로 돌아가게 마련이다. 시인은 하나님이 개입하신 결과로 그런 부메랑 효과가 나타나기를 간절히 기대한다.

이방 나라들은 자기가 판 웅덩이에 빠짐이여,

자기가 숨긴 그물에 자기 발이 걸렸도다(시 9:15).

악이 악인을 죽일 것이라.

의인을 미워하는 자는 벌을 받으리로다(시 34:21).

멸망이 순식간에 그에게 닥치게 하시며

그가 숨긴 그물에 자기가 잡히게 하시며

멸망 중에 떨어지게 하소서(시 35:8).

6절의 "빠졌도다"(נָפַל, 나팔)는 동사 완료형이자 앞으로 일어날 일에 대한 확신을 나타내는 "예언자적 완료형"이다. 이는 악인의 심판에 대한 강한 확신을 표현한다.

4) 찬양의 맹세(7-11절)

7 하나님이여,
내 마음이 확정되었고
내 마음이 확정되었사오니
내가 노래하고 내가 찬송하리이다.
8 내 영광아, 깰지어다.
비파야, 수금아, 깰지어다.
내가 새벽을 깨우리로다.
9 주여,
내가 만민 중에서 주께 감사하오며
뭇 나라 중에서 주를 찬송하리이다.
10 무릇 주의 인자는 커서 하늘에 미치고
주의 진리는 궁창에 이르나이다.
11 하나님이여,
주는 하늘 위에 높이 들리시며
주의 영광이 온 세계 위에 높아지기를 원하나이다.

7-11절은 시인의 찬양이다. 이 마지막 단락에서 표현된 강력한 확신

은 탄원시에서 흔하게 나타나지 않는 의외적인 요소다. 시인은 자기의 불안을 하나님 앞에 낱낱이 털어놓은 다음 하나님이 자기를 도우실 것이라고 확신한다. 7절에서 시인은 그분에 대한 믿음이 확고하게 정해졌다고 고백한다. "내 마음이 확정되고 내 마음이 확정되었사오니"라는 반복 선언은 원수에 대한 두려움이 완전히 사라지고 마음속에 새로운 확신이 생겼음을 공적으로 당당하게 선포하는 표현이다.

8절에서 시인은 "내 영광아, 깰지어다"라고 말한다. 이 "영광"(כָּבוֹד, 카보드)은 가장 깊은 곳에 있는 존재를 상징적으로 표현하는 단어다(시 4:2). 즉 "내 영광"(כְּבוֹדִי, 케보디)은 "내 영혼" 또는 "내 자신"과 같은 의미다. 또한 새벽 시간은 보통 시편에서 구원과 도움이 입증되는 시간으로 묘사된다.

하나님이 그 성 중에 계시매
성이 흔들리지 아니할 것이라.
새벽에 하나님이 도우시리로다(시 46:5; 참조. 시 90:14; 143:8).

"검증의 시간"인 "밤"(לַיְלָה, 라일라)이 지나고(시 17:3; 57:4) "입증의 시간"인 "새벽"(שַׁחַר, 샤하르)이 되면, 하나님이 구원의 판정을 내려주신다.

5 나 곧 내 영혼은 여호와를 기다리며
나는 주의 말씀을 바라는도다.
6 파수꾼이 **아침**을 기다림보다
내 영혼이 주를 더 기다리나니

참으로 파수꾼이 **아침**을 기다림보다 더하도다(시 130:5-6).

구원은 고통과 기도의 긴밤이 지난 뒤 밝아오는 아침에 찾아온다(시 5:3; 30:5; 88:13). 시인은 찬양을 통해 고통의 밤을 끝내는 새벽을 깨우고 불러들인다.

이제 시인은 "만민들과 뭇 나라 중에서" 주님을 찬송한다(9절). 10절은 찬양의 이유를 제시한다. 그는 하나님의 인자와 진리가 측량할 수 없을 정도로 많다고 말하며 찬양을 올린다. 그 인자와 진리는 하늘로부터 땅에 보내진 것이다(3절). 이제 그 인자와 진리가 온 땅에 가득하다. 하나님의 "인자"(חֶסֶד, 헤세드)와 "진리"(אֱמֶת, 에메트)가 무궁하여 하늘과 땅을 이어도 부족할 정도다. 시인은 이 땅에서 "인자"와 "진리"가 갖는 유효성(有效性)과 편재성(遍在性)을 인정하고 찬양한다.

11절의 마지막 간구는 하나님의 구원을 재차 확신하는 표현이다. 후렴구에 해당하는 5절과 11절은 기본적으로 동일하지만 5절은 일반적인 간구의 기능을 수행하는 반면, 11절은 하나님의 보호에 대한 확신을 강조한다는 차이점이 있다.

4. 메시지

시인 앞에 놓인 세상은 "재앙, 삼킴, 비방, 사자의 위협, 불사름, 그물, 웅덩이"와 같은 위험이 가득한 곳이다. 그러나 시인은 이런 위험에 초점을 맞추지 않는다. 대신 그는 이 시에서 "하늘"(שָׁמַיִם, 샤마임)을 네 번이나 언급한다(3, 5, 10, 11절). "하늘"은 하나님이 거주하시는 공간이자 온 세상을 통치하시는 장소다. 시인은 여기서 "하늘" 곧 하나님께 속한 "천상(天上)의 세계"가 이 땅의 신실한 자들을 위한 도우심의 원천임을 강조한다. 그래서 시인은 피난처이신 하나님의 보호 안에서 은혜와 구원을 보여달라고 간청하면서 인자와 진리로 응답하실 하나님을 응시하고 굳은 신뢰를 나타낸다.

우리의 진정한 피난처이신 하나님은 세상과 멀리 떨어진 곳이 아닌 "적들의 공격"과 "우리의 아픔"이 있는 "고통의 현장" 및 "우리의 경험" 안에서 늘 함께하신다. 우리는 그 사실을 알기 때문에 오직 하나님께만 신뢰를 둔다. 인간이 만든 가시적(可視的) 보호 장치나 사회적 안전망이 아닌 하나님에 대한 비가시적(非可視的) 믿음에 의지할 때 비로소 온전한 피난처를 찾을 수 있다. 온전한 피난처이신 "주의 날개 그늘 아래" 거하며 하나님을 신뢰하고 찬양하는 것이 우리의 두려움을 몰아내는 유일한 해독제가 됨을 기억하자.

58편

용서보다 앞선 분노의 표출:

“진실로 의인에게 갚음이 있고”

1. 양식

시편 58편은 "공동체 탄원시"(psalm of a communal lament)로 분류된다. 이 시는 불의한 통치자들의 억압으로 인해 고통 받는 공동체의 탄원을 담고 있다.

2. 구조

1) 1-5절: 불의한 통치자들로 인한 공동체의 탄원
2) 6-9절: 악인에 대한 심판 간구
3) 10-11절: 의인들의 신뢰 확신

3. 내용

1) 불의한 통치자들로 인한 공동체의 탄원(1-5절)

1 통치자들아,
너희가 정의를 말해야 하거늘
어찌 잠잠하냐?
인자들아,
너희가(원문: "너희가 인자들을") 올바르게 판결해야 하거늘
어찌 잠잠하냐?
2 아직도 너희가 중심에 악을 행하며

땅에서 너희 손으로 폭력을 달아 주는도다.

3 악인은 모태에서부터 멀어졌음이여,

나면서부터 곁길로 나아가 거짓을 말하는도다.

4 그들의 독은 뱀의 독 같으며

그들은 귀를 막은 귀머거리 독사 같으니

5 술사의 홀리는 소리도 듣지 않고

능숙한 술객의 요술도 따르지 아니하는 독사로다.

1-5절은 불의한 통치자들에 대한 고발조의 탄원이다. 1b절의 "인자들"(בְּנֵי אָדָם, 베네 아담)은 시편 49:2("낮은 자[בְּנֵי אָדָם, 베네 아담]도 높은 자[בְּנֵי־אִישׁ, 베네 이쉬]도", 새번역, 개역개정은 "베네 이쉬"를 "귀"[貴]로, 베네 아담을 "천"[賤]으로 번역함)에서와 같이 "비천한 자들"을 가리킨다. 또한 이 부분은 히브리어 성경 원문을 살려서 "너희가 인자들을 올바르게 판결해야 하거늘"로 번역하는 것이 더 적절하다. 1절은 권력을 쥐고 있는 불의한 "통치자들"이 스스로를 방어할 힘이 없는 "비천한 자들" 곧 "인자들"(개역개정)을 억압하고 있는 현실을 고발한다.

2절의 "중심"(לֵב, 레브: 마음)과 "손"(יָד, 야드)은 총칭 용법(merism)으로서 인간의 총체적 행동을 가리킨다. "마음"은 범죄가 시작되는 원천(原泉)이며 "손"은 죄를 실행하는 도구다.

그는 그의 침상에서 죄악을 꾀하며

스스로 악한 길에 서고

악을 거절하지 아니하는도다(시 36:4).

1 그들이 침상에서 죄를 꾀하며 악을 꾸미고
날이 밝으면 그 손에 힘이 있으므로
그것을 행하는 자는 화 있을진저.
2 밭들을 탐하여 빼앗고
집들을 탐하여 차지하니
그들이 남자와 그의 집과 사람과 그의 산업을 강탈하도다(미 2:1-2).

통치자들의 모든 신체 기능은 악을 꾸미고 실행하려는 불의와 연관된다.

3절에서 불의한 통치자들은 악인으로 간주된다. 악인은 출생의 순간부터 변질되어 일탈을 꾀한다. 그들은 계속해서 거짓을 말한다. 그들의 내면 깊숙한 곳에 독이 똬리를 틀고 있다(4절). 그 독은 사람의 본성을 마비시켜 악인의 길을 가게 한다. 그래서 악인들은 귀먹은 독사와 같다.

5절의 "뱀을 다루는 술사"는 이집트 및 바빌로니아 문헌뿐만 아니라 구약성경에서도 언급된다.

여호와의 말씀이니라.
"내가 술법으로도 제어할 수 없는 뱀과
독사를 너희 가운데 보내리니
그것들이 너희를 물리라" 하시도다(렘 8:17).

주술을 베풀기 전에 뱀에게 물렸으면

술객은 소용이 없느니라(전 10:11).

제아무리 노련한 술사라 할지라도 악의 치명적인 독을 통제하거나 약화시킬 수 없다. 선천적으로 악한 악인들은 완전히 "귀먹은" 코브라와 같기 때문에 어떤 주문을 걸어도 그들이 뿜어내는 독을 제거하기 어렵다. 이런 부패한 통치자들은 사람들이 아무리 의롭고 옳은 말로 간청해도 독한 행실을 멈추지 않는다.

2) 악인에 대한 심판 간구(6-9절)

6 하나님이여,
그들의 입에서 이를 꺾으소서.
여호와여,
젊은 사자의 어금니를 꺾어 내시며
7 그들이 급히 흐르는 물 같이 사라지게 하시며
겨누는 화살이 꺾임 같게 하시며
8 소멸하여 가는 달팽이 같게 하시며
만삭 되지 못하여 출생한 아이가 햇빛을 보지 못함 같게 하소서.
9 가시나무 불이 가마를 뜨겁게 하기 전에
생나무든지 불 붙는 나무든지 강한 바람으로 휩쓸려가게 하소서.

6-9절은 악인에 대한 하나님의 심판을 간구하는 내용이다. 6절은 이 시의 중심에 해당한다. 여기서 처음으로 "하나님"(אֱלֹהִים, 엘로힘)과 "여

호와"(יְהוָה, 야웨)가 함께 언급된다. 시인은 부패하고 위험해 보이는 세상에 살면서도 온 천하를 통치하시는 하나님만 응시하며 그분께 부르짖는다. 그는 하나님만이 정의의 침묵을 끝장낼 수 있는 분이라고 확신한다. 궁극적인 권력은 오직 하나님의 손안에 있다. 오직 하나님만 악인을 처벌하실 수 있다.

7-9절은 악인의 심판에 대한 비유적인 표현이다. 시인은 메마른 와디(wadi)의 물이 신속히 사라지는 것처럼, 화살이 힘없이 중간에 떨어지는 것처럼 그들의 힘이 소진되고 탕진되기를 간구한다(7절).

이어서 시인은 악인들의 힘을 달팽이처럼 녹여 없애달라고 간청한다(8a절). 심한 가뭄이 닥치면 달팽이는 말라 죽고 껍데기만 남는다. 살아 있더라도 지나가면서 남긴 점액 자국 역시 오래 남지 않는다. 또한 시인은 악인들의 힘이 마치 유산된 태아와 같이 사라져버리길 기도한다(8b절).

> 또는 낙태되어 땅에 묻힌 아이처럼
> 나는 존재하지 않았겠고
> 빛을 보지 못한 아이들 같았을 것이라(욥 3:16; 참조. 전 6:3-6).

메마른 가시덤불에는 순식간에 불이 붙는다. 시인은 불타는 가시덤불이 가마를 데우는 속도보다 더 빠른 돌풍에 악인들의 힘이 휩쓸려가게 해달라고 빈다(9절).

3) 의인들의 신뢰 확신(10-11절)

> 10 의인이 악인의 보복 당함을 보고 기뻐함이여,
>
> 그의 발을 악인의 피에 씻으리로다.
>
> 11 그때에 사람의 말이 "진실로 의인에게 갚음이 있고
>
> 진실로 땅에서 심판하시는 하나님이 계시다" 하리로다.

10-11절은 하나님에 대한 의인들의 신뢰 확신을 보여준다. 의인들은 하나님이 직접 개입하셔서 불의한 권력자들을 심판하실 것이고 그 결과 가슴에 맺힌 원한이 풀려 구원의 기쁨을 찬양하게 될 것이라고 확신한다(10a절). "의인의 발을 악인의 피에 씻는다"라는 10b절의 표현은 매우 과장된 은유다.

> 네가 그들을 심히 치고
>
> 그들의 피에 네 발을 잠그게 하며
>
> 네 집의 개의 혀로
>
> 네 원수들에게서 제 분깃을 얻게 하리라 하시도다(시 68:23).

이 은유는 하나님이 의인의 피를 흘리게 하는 악인에 맞서 행동하심으로써 의인을 위험에서 구원하신다는 의미를 내포한다.

그때가 되면 사람들은 "진실로 의인에게 갚음이 있고 진실로 땅에서 심판하시는 하나님이 계신다"고 고백할 것이다(11절). 여기에 두 번 나오는 "진실로"(אַךְ, 아크)는 일반 사람들의 예상과는 다른 정반대

의 결과가 나올 것임을 강조하는 부사(副詞)다.

> 내 평생에 선하심과 인자하심이 **반드시**(아크) 나를 따르리니
> 내가 여호와의 집에 영원히 살리로다(시 23:6).

> 하나님이 **참으로**(아크) 이스라엘 중
> 마음이 정결한 자에게 선을 행하시나(시 73:1).

보통 사람들의 예상과는 달리, 의인들의 승리와 하나님의 심판은 확실한 미래다. 즉 갑작스럽고 예기치 못한 악인의 비참한 죽음은 그 자체가 하나님이 개입하셨다는 증표다. 그들은 결국 악한 행실에 대해 보응(報應)을 받음으로써 정의로운 하나님께서 살아계심을 널리 입증하게 된다.

4. 메시지

시인의 간구는 술객의 저주만큼 악인에게 직접적인 영향을 미치지 못한다. 그는 그저 하나님께 개입해달라고 호소할 뿐이다. 시인은 자신이 악한 힘에 아무런 영향을 줄 수 없음을 잘 알고 있다. 그는 하나님께서 나서서 그 악한 힘을 심판해주시길 바라고 있다. 우리는 이 시편의 시인이 원수에 대한 개인적인 보복이 아닌 모든 악한 세력의 제거를 간구한다는 점에 주목해야 한다. 시인은 "사람"이 아닌 "악"과 "악의 세력"이 제거되어야 한다고 여긴다.

불의가 감당할 수 없는 지경에 이르렀을 때 하나님의 개입을 요청하는 것은 당연한 일이다. 이는 어찌 보면 적극적으로 권장해야 할 일이다. 악인이 보복당하는 모습을 보고 기뻐하는 것은 "남의 고통에 대한 즐김"(Schadenfreude)도 아니고 "보복에 대한 만족"도 아니다. 시인은 이런 바람직하지 않은 태도로 원수를 대한 것이 아니었다.

> 내가 언제 나를 미워하는 자의 멸망을 기뻐하고
> 그가 재난을 당함으로 즐거워하였던가?(욥 31:29)

> 네 원수가 넘어질 때에 즐거워하지 말며
> 그가 엎드러질 때에 마음에 기뻐하지 말라(잠 24:17).

시인은 겸손한 태도로 하나님의 정의로운 심판을 기대했다. 고대하던 그 일이 실행되었을 때 기뻐하고 즐거워하는 것은 어찌 보면 당연한 신뢰의 표현이라 할 수 있겠다.

> 하늘과 성도들과 사도들과 선지자들아,
> 그로 말미암아 즐거워하라.
> 하나님이 너희를 위하여
> 그에게 심판을 행하셨음이라 하더라(계 18:20).

하나님의 심판이 임하는 날에 오랫동안 억압받았던 의인들의 삶이 드디어 보상받는다.

10 너희는 의인에게 "복이 있으리라" 말하라.

그들은 그들의 행위의 열매를 먹을 것임이요,

11 악인에게는 화가 있으리니

이는 그의 손으로 행한 대로

그가 보응을 받을 것임이니라(사 3:10-11; 참조. 눅 18:7-8; 갈 6:7).

우리는 분노와 상처를 내면에 꾹꾹 눌러 담기보다는 하나님께 잘 표출하는 법을 배워야 한다. 두려움, 상처, 분노, 복수심은 인간의 삶을 구성하는 기본 요소다. 누구든 원수를 절대 용서하지 않으리라 다짐하곤 하지만, 우리의 상처와 분노를 받아주시고 어루만져주시는 하나님의 손길을 경험하게 되면 용서의 마음이 열리기 시작한다. 하나님 앞에 자신의 상황과 고통을 토로함으로써 현실을 새롭게 직시하고 하나님을 더욱 의지할 수 있는 믿음이 생긴다. 그러다 보면 자신이 원수를 직접 응징하려는 마음을 내려놓고 하나님께 온전히 순복하게 된다. 이처럼 복수를 하나님께 전적으로 맡기는 사람은 결국 스스로 복수하려는 마음을 거둬들이게 된다.

내 사랑하는 자들아, 너희가 친히 원수를 갚지 말고 하나님의 진노하심에 맡기라. 기록되었으되 "원수 갚는 것이 내게 있으니 내가 갚으리라"고 주께서 말씀하시니라(롬 12:19).

59편

개인의 구원에서 하나님의 정의로:
“나의 원수가 보응 받는 것을 내가 보게 하시리이다”

1. 양식

시편 59편은 "개인 탄원시"(psalm of an individual lament)로 분류된다. 이 시는 절박한 위험으로부터 구원해달라고 하나님께 탄원하는 기도다.

2. 구조

1) 1-5절: 하나님을 향한 부름과 구원 간구
2) 6-7절: 적의 공격에 대한 탄원
3) 8-10절: 신뢰 고백
4) 11-13절: 적의 심판을 통한 구원 간구
5) 14-15절: 적의 행동에 대한 탄원
6) 16-17절: 신뢰 고백과 찬양

3. 내용

1) 하나님을 향한 부름과 구원 간구(1-5절)

1 나의 하나님이여,
원수에게서 나를 건지시고
일어나 치려는 자에게서 나를 높이 드소서.
2 악을 행하는 자에게서 나를 건지시고
피 흘리기를 즐기는 자에게서 나를 구원하소서.

3 그들이 나의 생명을 해하려고 엎드려 기다리고

강한 자들이 모여 나를 치려 하오니

여호와여,

이는 나의 잘못으로 말미암음이 아니요,

나의 죄로 말미암음도 아니로소이다.

4 내가 허물이 없으나

그들이 달려와서 스스로 준비하오니

주여,

나를 도우시기 위하여 깨어 살펴 주소서.

5 주님은 만군의 하나님 여호와,

이스라엘의 하나님이시오니,

일어나 모든 나라들을 벌하소서.

악을 행하는 모든 자들에게 은혜를 베풀지 마소서. (셀라)

1-5절은 하나님에게 구원을 간구하는 내용이다. 시인은 적들로부터 자신을 구원해달라고 간구한다(1절). 1-2절에서는 자신의 적을 "나의 원수", "나를 치려는 자", "악을 행하는 자", "피 흘리기를 즐기는 자"라고 묘사한다.

이들은 "강한 자들"로서 시인의 생명을 해치는 데 혈안이 되어 있다(3절). 시인은 적들의 공격이 이유 없이 자행(恣行)된 것이라고 불평한다. 그는 자신에게 "잘못"(פֶּשַׁע, 폐샤), "죄"(חַטָּאת, 하타트), "허물"(עָוֹן, 아본)이 없으며 자신은 범죄를 저지르지 않았다고 주장한다.

그는 이렇게 결백을 주장하면서 하나님의 개입을 촉구한다. 시인은 하나님을 향해 구원의 행동에 나서달라고 재촉한다(4절). 5절의 "만군의 하나님 여호와, 이스라엘의 하나님"이라는 특이한 칭호는 성경에 딱 두 번 등장한다.

> 견고하게 하시고 사람에게 영원히 주의 이름을 높여 이르기를 "**만군의 여호와는 이스라엘의 하나님** 곧 이스라엘에게 하나님이시라" 하게 하시며 주의 종 다윗의 왕조가 주 앞에서 견고히 서게 하옵소서(대상 17:24).

이 표현은 하나님에 대한 군사적인 칭호다. 5절에서 시인이 부르는 하나님은 "전쟁을 이끄시는 하나님"인 "만군의 하나님 여호와"(יְהוָה־אֱלֹהִים צְבָאוֹת, 야웨-엘로힘 체바오트)이며, 정의를 세우기 위해 모든 나라를 "심판하시는 하나님"을 뜻하는 "이스라엘의 하나님"(אֱלֹהֵי יִשְׂרָאֵל, 엘로헤 이스라엘)이다.

2) 적의 공격에 대한 탄원(6-7절)

> 6 그들이 저물어 돌아와서 개처럼 울며
> 성으로 두루 다니고
> 7 그들의 입으로는 악을 토하며
> 그들의 입술에는 칼이 있어 이르기를
> "누가 들으리요?" 하나이다.

6-7절에서 시인은 적의 공격에 대해 아뢴다. 적들은 먹잇감을 찾아 성

안을 돌아다니는 더럽고 무서운 개들로 비유된다(6절).

개들이 나를 에워쌌으며
악한 무리가 나를 둘러 내 수족을 찔렀나이다(시 22:16).

성경에서 "개"(כֶּלֶב, 켈레브)는 대부분 부정적인 의미로 사용된다. 구체적으로 "사람을 얕잡아 보거나"(삼상 17:43), "자기를 비하할 때"(삼하 9:8), "다른 사람을 경멸할 때"(삼하 16:9), "악인에 대해 묘사"(사 56:10-11)할 때 사용된다.

적들은 안하무인격(眼下無人格)으로 방자한 태도를 취하면서 "누가 들으리요?"라고 지껄인다(7절). 그들은 하나님의 징벌을 우습게 여긴다.

악인은 그의 교만한 얼굴로 말하기를
"여호와께서 이를 감찰하지 아니하신다" 하며
그의 모든 사상에 "하나님이 없다" 하나이다(시 10:4).

말하기를 "하나님이 어찌 알랴?
지존자에게 지식이 있으랴?" 하는도다(시 73:11).

말하기를 "여호와가 보지 못하며
야곱의 하나님이 알아차리지 못하리라" 하나이다(시 94:7).

3) 신뢰 고백(8-10절)

8 여호와여,

주께서(원문: "그러나 당신 여호와는") 그들을 비웃으시며

모든 나라들을 조롱하시리이다.

9 하나님은 나의 요새이시니

그의 힘으로 말미암아 내가 주를 바라리이다.

10 나의 하나님이 그의 인자하심으로 나를 영접하시며

하나님이 나의 원수가 보응 받는 것을 내가 보게 하시리이다.

8-10절은 하나님에 대한 시인의 신뢰를 보여준다. 우리말 성경에는 생략되어 있지만 8절은 원래 "그러나 당신은"(וְאַתָּה, 베아타)이라는 문구로 시작됨으로써 "두려움과 걱정"에서 "승리의 기대"로 넘어가는 분위기의 전환을 만든다. 적들은 "하나님이 듣지 않는다"고 생각하는 반면, 시인은 "하나님이 들으신다"고 확신한다. 하나님은 자신에게 충실한 자들에게 해(害)를 끼치는 원수들을 비웃으신다(8a절). 이 구절은 이 세상의 권력자들을 향한 하나님의 조소(嘲笑)를 생각나게 한다.

하늘에 계신 이가 웃으심이여,

주께서 그들을 비웃으시리로다(시 2:4).

시인은 모든 나라를 다스리시는 하나님(8b절)이 자신의 "힘"이자 "요새"임을 확신한다고 고백한다(9절). 그는 더 나아가 원수가 하나님으

로부터 벌을 받게 될 것이라고 선포한다(10절).

4) 적의 심판을 통한 구원 간구(11-13절)

> 11 그들을 죽이지 마옵소서.
> 나의 백성이 잊을까 하나이다.
> 우리 방패 되신 주여,
> 주의 능력으로 그들을 흩으시고 낮추소서.
> 12 그들의 입술의 말은 곧 그들의 입의 죄라.
> 그들이 말하는 저주와 거짓말로 말미암아
> 그들이 그 교만한 중에서 사로잡히게 하소서.
> 13 진노하심으로 소멸하시되 없어지기까지 소멸하사
> 하나님이 야곱 중에서 다스리심을 땅 끝까지 알게 하소서. (셀라)

11-13절은 하나님께 적들을 심판해달라고 요청하면서 구원을 간구하는 내용이다. 시인은 원수들이 갑작스럽게 죽음을 맞기보다는 점차 힘을 잃다가 소멸되기를 간구한다(11a절). 그가 원수들의 점진적인 소멸을 간구하는 이유는 그들을 향한 징벌이 갖는 경고적 가치가 오랫동안 기억되기를 원하기 때문이다. 원수들이 흩어지고 낮추어지다가(11b절) 사로잡히고(12절) 결국 하나님의 진노하심으로 소멸되면(13a절) 하나님의 정의가 온 천하에 입증될 것이다(13b절).

앞의 1-5절에서 시인은 오직 자신의 구원만을 원했으나 11-13절에서는 적의 멸망을 요구한다. 적의 멸망으로 인해 열방이 야웨 하나님의 정의를 목격하게 될 것이다. 이 단락에서 우리는 개인적인 구원에서 하나님의 정의로운 통치권으로 시인의 초점이 바뀌는 것을 감지하게 된다.

5) 적의 행동에 대한 탄원(14-15절)

14 그들에게 저물어 돌아와서 개처럼 울며
성으로 두루 다니게 하소서.
15 그들은 먹을 것을 찾아 유리하다가
배부름을 얻지 못하면 밤을 새우려니와

14-15절에서 시인은 적의 행동을 개에 비유하면서 다시 한번 탄원한다. 6-7절에서는 "적들"을 무섭고 두려운 "개"로 묘사하는 반면, 14-15절에서는 굶주린 "개"처럼 먹이를 찾아 헤매는 배회자(徘徊者)라고 칭한다.

6) 신뢰 고백과 찬양(16-17절)

16 나는(원문: "그러나 나는") 주의 힘을 노래하며
아침에 주의 인자하심을 높이 부르오리니
주는 나의 요새이시며
나의 환난 날에 피난처심이니이다.
17 나의 힘이시여,

내가 주께 찬송하오리니

하나님은 나의 요새이시며

나를 긍휼히 여기시는 하나님이심이니이다.

16-17절은 신뢰 고백과 찬양을 보여준다. 우리말 성경에는 나오지 않지만 16절은 "그러나 나는"(וַאֲנִי, 바아니)이라는 말로 시작된다. 접속사(וְ, 베)+인칭대명사(אֲנִי, 아니)로 구성된 이 표현은 과거 상황에서 새로운 상황으로의 전환을 강조하기 위한 방식이다. 그래서 8절은 2인칭 대명사인 "그러나 당신은"(וְאַתָּה, 베아타)으로 시작하고, 16절은 1인칭 대명사인 "그러나 나는"(וַאֲנִי, 바아니)으로 단락의 문을 연다. 시인은 이런 방식을 통해 이전의 "걱정"에서 벗어나 구원의 "희망"으로 상황이 급반전되었음을 표현한다. 그는 어두운 밤을 몰아내는 일출을 학수고대한다. 밤은 혼돈과 하나님의 부재를 상징한다. 하지만 혼돈의 밤이 지나면 구원의 새벽이 밝아오는 법이다.

17절은 9절의 후렴구를 반복한다. 그런데 여기에 중요한 변화가 나타난다. "내가 주를 바라리이다"(9절)라는 기대가 "내가 주께 찬송하오리니"(17절)라는 찬양으로 바뀐다.

마지막 단락(16-17절)에서 시인은 노래하고 외치며 찬송한다. 이제 적에 대한 언급은 사라지고 주님에 대한 찬양이 그 자리를 채운다. 시인은 이 세상의 창조주이신 하나님께서 왕으로 오셔서 모든 사람에게 정의를 베푸실 것을 신뢰하며 찬양하기에 이른다.

4. 메시지

죄 없이 비방을 받고 박해를 당하던 무기력한 시인은 야웨께 도움을 요청한다. 그런데 출구조차 보이지 않았던 지난한 박해 속에서 모든 적을 심판하실 야웨의 권능에 대한 무한 신뢰를 갖게 된다. 이 시는 간구→탄원→신뢰(1-10절)와 또 한 번의 간구→탄원→신뢰(11-17절)라는 이중 구조로 되어 있다. 또한 유사한 후렴구를 반복 사용한다(9, 17절). 이런 구조를 통해 시인의 확연한 심적 변화를 표현한다. 시인은 "개인의 구원을 갈망"하는 단계에서 "하나님의 정의, 희망, 찬양에 대한 열망"에 이른다. 시편 59편의 시인은 적들로부터 공격을 받는 상황에서도 하나님에 대한 열정적인 믿음을 기반으로 적들이 심판이 받게 될 것임을 확신하며 하나님의 정의가 도래하기를 간절히 기다린다.

60편

하나님이 대신 밟아주심:

"사람의 구원은 헛됨이니이다"

1. 양식

시편 60편은 "공동체 탄원시"(psalm of a communal lament)로 분류된다. 이 시는 전쟁에서의 대패와 같은 국가적 대위기(大危機)에서 죽은 이들을 애도하고 처참한 상황을 탄원하면서 부른 노래다. 이 탄원을 함께 하는 사람들은 하나님의 도우심이 있다면 패배를 극복하고 궁극적 승리를 얻을 수 있다고 확신한다.

2. 구조

1) 1-4절: 탄원과 간구
2) 5-8절: 구원 신탁
3) 9-12절: 간구와 확신

3. 내용

1) 탄원과 간구(1-4절)

1 하나님이여,
주께서 우리를 버려 흩으셨고 분노하셨사오나
지금은 우리를 회복시키소서.
2 주께서 땅을 진동시키사 갈라지게 하셨사오니
그 틈을 기우소서. 땅이 흔들림이니이다.

3 주께서 주의 백성에게 어려움을 보이시고

비틀거리게 하는 포도주를 우리에게 마시게 하셨나이다.

4 주를 경외하는 자에게 깃발을 주시고

진리를 위하여(원문: "화살 때문에", 혹은 "화살 앞에서") 달게 하셨나이다. (셀라)

1-4절은 하나님께 탄원하고 간구하는 내용이다. 이 단락은 불평으로 시작된다(1절). 시인은 전투에서의 패배를 슬퍼하며 하나님이 이 고난을 허락한 장본인이라고 언급하면서도 하나님만이 지금의 고난을 끝낼 수 있는 분임을 인정한다.

2절은 재앙을 은유적으로 묘사한다. 군사적인 패배는 하나님께 버림받은 결과인데, 그 증거는 지진으로 나타난다. 시인은 지진으로 갈라진 땅의 틈을 메워달라고 기도한다. 이는 벌어진 하나님과의 관계를 회복시켜달라는 간청이다.

백성들이 어려움을 겪고 "비틀거리게 하는 포도주"를 마시도록 허락하신 분은 하나님이다(3절). 그런 하나님이지만 자신을 경외하는 자에게는 "깃발"(נֵס, 네스)을 주셨다(4절). 이는 도시로 피신하라고 보내는 신호다.

시온을 향하여 **깃발**을 세우라,

도피하지 마라,

지체하지 말라,

내가 북방에서 재난과 큰 멸망을 가져오리라(렘 4:6).

깃발은 활 앞에 놓인 백성이 도망갈 수 있게끔 인도하는 역할을 한다. 따라서 4절의 "진리를 위하여"(개역개정)는 히브리어 원문의 뜻을 살려서 "화살 때문에" 혹은 "화살 앞에서"(מִפְּנֵי קֹשֶׁט, 미프네 코쉐트)로 번역해야 한다. 하나님은 "보호의 손길"인 "깃발"을 보이심으로써 그분을 경외하는 자들이 화살을 피해 구원받을 수 있도록 인도하신다.

2) 구원 신탁(5-8절)

5 주께서 사랑하시는 자를 건지시기 위하여
주의 오른손으로 구원하시고 응답하소서.
6 하나님이 그의 거룩하심으로 말씀하시되
"내가 뛰놀리라.
내가 세겜을 나누며
숙곳 골짜기를 측량하리라.
7 길르앗이 내 것이요,
므낫세도 내 것이며
에브라임은 내 머리의 투구요,
유다는 나의 규이며
8 모압은 나의 목욕통이라.
에돔에는 나의 신발을 던지리라.
블레셋아, 나로 말미암아 외치라" 하셨도다.

5-8절은 고통 속에 있는 공동체를 구원해주실 것이라는 하나님의 말

씀을 진술한다. 시인은 사랑하시는 자를 건져달라고 주께 간구한다(5절). "하나님을 경외하는 자"와 "하나님이 사랑하시는 자"는 전쟁터에서도 화를 면하고 "남은 자"가 된다.

6절의 "하나님이 그의 거룩하심으로 말씀하시되"는 "하나님이 그의 성소에서(בְּקָדְשׁוֹ, 베코드쇼) 말씀하시되"라고 번역할 수도 있다. 이는 성소에서 제사장이나 예언자가 하나님을 대신하여 전달하는 구원 신탁(Heilsorakel)을 이끄는 도입 공식이다. 따라서 6-8절은 하나님의 구원 신탁으로 볼 수 있다. "내가 뛰놀리라(עָלַז, **알라즈**)"(6절)는 전투의 승리를 기뻐할 때 주로 사용되는 표현이다.

> 이 일을 가드에도 알리지 말며
> 아스글론 거리에도 전파하지 말지어다.
> 블레셋 사람들의 딸들이 즐거워할까,
> 할례 받지 못한 자의 딸들이 **개가를 부를까(알라즈)** 염려로다(삼하 1:20).

> 여호와는 나의 힘과 나의 방패이시니
> 내 마음이 그를 의지하여 도움을 얻었도다.
> 그러므로 내 마음이 **크게 기뻐하며(알라즈)**
> 내 노래로 그를 찬송하리로다(시 28:7).

이제 하나님은 정복한 땅을 그분의 백성에게 나누어주신다. "세겜"과 "숙곳"은 북이스라엘의 요단강 서쪽과 동쪽 땅 전체를 가리킨다.

7절의 "길르앗"은 요단강 동쪽의 산악 지역이고 "므낫세"는 요단

강 서쪽 산지에서부터 세겜에 이르는 지역이다. "에브라임"은 북 왕국의 중심지이고 "유다"는 남 왕국의 중심지다. 하나님은 에브라임을 당신의 "투구"로, 유다를 "규(지휘봉)"로 삼으셨다.

8절은 이스라엘과 유다의 주변 나라들을 언급한다. 모압은 "하나님의 목욕탕" 즉 발을 씻는 대야에 불과하다. "나의 신발(נַעֲלִי, 나알리)을 던지리라"는 표현은 소유권을 증명하는 상징적 행위다.

> 옛적 이스라엘 중에는 모든 것을 무르거나 교환하는 일을 확정하기 위하여 사람이 그의 신을 벗어 그의 이웃에게 주더니 이것이 이스라엘 중에 증명하는 전례가 된지라(룻 4:7).

따라서 이는 "에돔"이 "하나님의 소유"임을 드러내는 표현임을 알 수 있다. 또한 강력한 "블레셋"마저도 하나님께 굴복한다.

이 단락(5-8절)은 하나님이 가나안 및 에돔, 모압, 블레셋을 포함한 온 땅의 주인이심을 강조한다.

3) 간구와 확신(9-12절)

> 9 누가 나를 이끌어 견고한 성에 들이며
> 누가 나를 에돔에 인도할까?
> 10 하나님이여,
> 주께서 우리를 버리지 아니하셨나이까?
> 하나님이여,

주께서 우리 군대와 함께 나아가지 아니하시나이다.

11 우리를 도와 대적을 치게 하소서.

사람의 구원은 헛됨이니이다.

12 우리가 하나님을 의지하고 용감하게 행하리니

그는 우리의 대적을 밟으실 이심이로다.

9-12절은 시인의 간구와 확신을 담고 있다. 9절은 에돔을 정복하는 상황을 묘사한다. 여기서 "견고한 성"은 에돔의 수도인 "보스라"를 가리키는 것으로 보인다.

에돔에서 오는 이 누구며

붉은 옷을 입고 **보스라**에서 오는 이 누구냐?

그의 화려한 의복 큰 능력으로 걷는 이가 누구냐?

그는 나이니

공의를 말하는 이요,

구원하는 능력을 가진 이니라(사 63:1).

이 구절은 에돔의 천연 요새를 정복할 수 있도록 인도해달라는 간구다.

시인은 또다시 "하나님의 버리심"을 언급한다(10절). 전쟁에서의 패배는 하나님께 버림받은 것으로 해석된다. 하나님이 도와주시지 않으면 백전백패다.

"사람의 구원은 헛되다"(11절)는 말은 구원받기 위해 사람을 신뢰하는 것은 쓸모없는 짓임을 고백하는 표현이다.

16 많은 군대로 구원 얻은 왕이 없으며

용사가 힘이 세어도 스스로 구원하지 못하는도다.

17 구원하는 데에 군마는 헛되며

군대가 많다 하여도 능히 구하지 못하는도다(시 33:16-17).

귀인들을 의지하지 말며

도울 힘이 없는 인생도 의지하지 말지니(시 146:3).

시인은 폭력의 은유를 사용하여 신뢰와 확신을 고백하면서 이 시를 끝낸다(12절). 실제로 원수들을 물리치고 짓밟을 분은 오직 하나님뿐이다.

나는 내 활을 의지하지 아니할 것이라.

내 칼이 나를 구원하지 못하리이다(시 44:6).

4. 메시지

"하나님의 백성" 곧 "주를 경외하는 자"와 "주께서 사랑하시는 자"들은 한때 적의 공격을 받으며 신음하더라도 곧 적의 계곡을 척량하게 될 것이다. 때가 차면 하나님이 그들의 대적을 밟으실 것이다. 시인은 고통 중에서도 하나님께서 강력한 구원의 행동에 나서주시길 기대하며 기다린다. 하지만 원수들이 판을 치는 상황 가운데 있다 보면 하나님께 버림 받은 것이 아닌가 의구심이 든다. 신앙 공동체는 불신과 의심이 밀려올지라도 포기하지 않고 하나님께 간구하며 고백함으로써 하나님을 신뢰해야 한다. 권능을 행사하는 것은 전적으로 하나님의 주권에 달려 있다. 이에 대해 인간은 아무런 영향을 끼칠 수 없다. 인간은 하나님께서 주도적으로 일을 행하시리라는 믿음을 가지고 기다려야 한다. 하나님이 우리의 대적을 짓밟으실 것이다. 하나님은 우리에게 잠시의 고통을 허용하시지만 때가 차면 반드시 우리를 구해주신다.

그의 노염은 잠깐이요,
그의 은총은 평생이로다.
저녁에는 울음이 깃들일지라도
아침에는 기쁨이 오리로다(시 30:5).

61편

거리감을 몰아내고 친밀감으로 채우는 기도:

"땅 끝에서부터 주께 부르짖으오리니"

1. 양식

시편 61편은 "개인 탄원시"(psalm of an individual lament)로 분류된다. 시인은 하나님께 구원과 피난처를 간구한다.

2. 구조

1) 1-2절: 하나님을 향한 부름과 간구
2) 3-5절: 신뢰 고백
3) 6-7절: 왕을 위한 간구
4) 8절: 서원

3. 내용

1) 하나님을 향한 부름과 간구(1-2절)

1 하나님이여,
나의 부르짖음을 들으시며
내 기도에 유의하소서.
2 내 마음이 약해 질 때에
땅 끝에서부터 주께 부르짖으오리니
나보다 높은 바위에 나를 인도하소서.

1-2절은 하나님을 부르며 간구하는 내용이다. 이 시는 전형적인 탄원시의 형식을 따라 "하나님"을 부르며 시작한다(1절). 시인은 "들으시며"(שְׁמַע, 샤마)와 "유의하소서"(קָשַׁב, 카샤브)를 반복함으로써 간절함과 다급함을 드러낸다.

> 여호와여,
> 의의 호소를 들으소서.
> 나의 울부짖음에 주의하소서.
> 거짓 되지 아니한 입술에서 나오는
> 나의 기도에 귀를 기울이소서(시 17:1).

2절의 "땅 끝"(מִקְצֵה הָאָרֶץ, 미크체 하아레츠)은 지정학적으로 "먼 곳"을 의미할 수도 있고(신 28:49; 사 5:26; 43:6), 시인이 하나님으로부터 떨어져 있음을 느끼는 "심리적인 거리감"을 뜻할 수도 있다. 어느 쪽이든 그가 하나님으로부터 공간적, 심리적으로 떨어져 있음을 표현하고 있다.

"내 마음이 약해질 때에"에서 "약해지다"(עָטַף, 아타프)는 무기력하고 쇠약한 상태를 의미한다(시 97:4; 142:3; 143:4; 욘 2:7). 시인은 현재 낙심하고 좌절한 상태에서 "나보다 높은 바위에 나를 인도하소서"라고 간구한다. "높은 바위"는 적들이 타고 오를 수 없는 안전한 지대다. 따라서 "나보다(מִמֶּנִּי, 미메니) 높은 바위"는 시인조차도 홀로 도달할 수 없는 구원의 장소를 뜻한다. 시인은 자신의 힘으로 안전한 피난처에 도달할 수 없음을 자인하고 하나님의 절대적인 도움에 온전히 의존하려 한다.

2) 신뢰 고백(3-5절)

> 3 주는 나의 피난처시요
> 원수를 피하는 견고한 망대이심이니이다.
> 4 내가 영원히 주의 장막에 머물며
> 내가 주의 날개 아래로 피하리이다. (셀라)
> 5 주 하나님이여,
> 주께서 나의 서원을 들으시고
> 주의 이름을 경외하는 자가 얻을 기업을 내게 주셨나이다.

3-5절에서 시인은 하나님께 대한 신뢰를 고백한다. 3절의 "피난처"(מַחְסֶה, 마흐세)와 "견고한 망대"(미그달-오즈), 4절의 "장막"(אֹהֶל, 오헬)과 "날개"(כְּנָף, 카나프)는 하나님의 성전이나 거주처를 표현하는 은유다. 시인은 멀리 떨어진 땅 끝, 곧 공간적, 심리적 거리감을 느끼는 곳에서부터 하나님이 임재하시는 중심으로 옮겨가고자 한다. 그는 하나님과 멀리 떨어져 있는 외곽에서 하나님이 계시는 한가운데로 이동하기를 원한다. 3절의 "견고한 망대"(מִגְדַּל־עֹז, 미그달-오즈)는 적이 성 안으로 진입했을 때 마지막 보호막 역할을 하는 도성 안의 내성(內城)을 의미하는 것으로 보인다.

> 성읍 중에 **견고한 망대**(미그달-오즈)가 있으므로 그 성읍 백성의 남녀가 모두 그리로 도망하여 들어가서 문을 잠그고 **망대** 꼭대기로 올라간지라 (삿 9:51).

여호와의 이름은 **견고한 망대**(미그달-오즈)라.

의인은 그리로 달려가서 안전함을 얻느니라(잠 18:10).

4절의 “장막”(אֹהֶל, 오헬)은 “성전”을 가리키는 전통적인 표현이다.

여호와여, 주의 **장막**(오헬)에 머무를 자 누구오며

주의 성산에 사는 자 누구오니이까?(시 15:1)

5 여호와께서 환난 날에

나를 그의 초막 속에 비밀히 지키시고

그의 **장막**(오헬) 은밀한 곳에 나를 숨기시며

높은 바위 위에 두시리로다.

6 이제 내 머리가 나를 둘러싼 내 원수 위에 들리리니

내가 그의 **장막**(오헬)에서 즐거운 제사를 드리겠고

노래하며 여호와를 찬송하리로다(시 27:5-6).

그러나 여기서 장막은 “성전”이라기보다 매우 밀접한 공간에서 이루어지는 친밀한 공동 생활을 뜻한다. 4절에서 하나님은 날개를 치며 둥지에서 새끼 새들을 보호하는 “어미 새”로 비유된다.

하나님이여,

내게 은혜를 베푸소서.

내게 은혜를 베푸소서.

내 영혼이 주께로 피하되

주의 날개 그늘 아래에서

이 재앙들이 지나기까지 피하리이다(시 57:1).

10 여호와께서 그를 황무지에서,

짐승이 부르짖는 광야에서 만나시고

호위하시며 보호하시며

자기의 눈동자 같이 지키셨도다.

11 마치 독수리가 자기의 보금자리를 어지럽게 하며

자기의 새끼 위에 너풀거리며

그의 날개를 펴서 새끼를 받으며

그의 날개 위에 그것을 업는 것 같이(신 32:10-11).

새가 날개 치며 그 새끼를 보호함 같이

나 만군의 여호와가 예루살렘을 보호할 것이라.

그것을 호위하며 건지며

뛰어넘어 구원하리라 하셨느니라(사 31:5).

5절에서 시인은 이제 하나님이 자신을 위해 행동하실 것이라고 확신한다. 왜냐하면 하나님이 이전에도 자신을 구원해주셨기 때문이다(3절). 3절에서 사용된 동사는 완료형이다. 그런데 4절의 동사는 미완료형으로 바뀌었다가 5절에서 다시 동사 완료형이 된다. 이런 시제 변화를 통해 시인은 하나님이 과거에 자신의 피난처이셨음을 상기한다

(3절). 그런 다음 미래의 구원을 간구하다가(4절) 불현듯 예전에 경험한 하나님의 구원 사건을 생각해내고 앞으로도 하나님께서 자신을 반드시 구원해주실 것임을 확신하며 완료형으로 고백한다(5절). 이런 완료형의 표현을 "확신의 완료형"(perfect of confidence)이라고 한다. 이는 미래에 일어날 사건이 매우 확실하기 때문에 이미 일어난 사건처럼 표현하는 어법이다.

"서원"(נֶדֶר, 네데르)은 보통 곤란할 때 하는 약속이다. 때로 서원은 하나님과 간구자 사이의 거래(bargain)를 의미하기도 한다. 그러나 여기에 언급된 "서원"은 보다 높은 차원의 행위를 가리킨다. 이 구절에 쓰인 서원은 선물을 내건 조건적인 약속이 아니라 하나님께서 기도를 들어주신다는 확실한 믿음의 표현이다. "주의 이름을 경외하는 자"는 당신의 이름 안에서 현존하는 하나님의 살아계심을 실제로 경험하게 된다. 그 예로 이들에게는 "기업"(יְרֻשָּׁה , 예루샤)이 주어진다.

> 그들과 다투지 말라. 그들의 땅은 한 발자국도 너희에게 주지 아니하리니 이는 내가 세일 산을 에서에게 **기업**(예루샤)으로 주었음이라(신 2:5).

3) 왕을 위한 간구(6-7절)

> 6 주께서 왕에게 장수하게 하사
> 그의 나이가 여러 대에 미치게 하시리이다.
> 7 그가 영원히 하나님 앞에서 거주하리니
> 인자와 진리를 예비하사 그를 보호하소서.

6-7절은 왕을 위한 간구다. 시인은 개인적인 보호를 요청하다가 갑자기 왕을 위한 기도로 넘어간다. "왕의 장수"(6절)와 "왕의 지속적 통치"(7절)는 그 나라와 백성을 위한 하나님의 호의를 드러내는 표시다. 왕이 장수하면서 지속적으로 나라를 통치할 수 있을 때 공동체의 안녕이 이루어지기 때문이다. 즉 왕의 장수와 그의 올바른 통치를 바라는 기도는 공동체의 안녕을 위한 기도와 매한가지다. 하나님은 "인자"(חֶסֶד, 헤세드)와 "진리"(אֱמֶת, 에메트)로 당신 앞에 거하는 자를 보호하고 도우신다.

그가 하늘에서 보내사
나를 삼키려는 자의 비방에서 나를 구원하실지라. (셀라)
하나님이 그의 **인자**(חֶסֶד, 헤세드)와 **진리**(אֱמֶת, 에메트)를 보내시리로다(시 57:3).

인애(חֶסֶד, 헤세드)와 **진리**(אֱמֶת, 에메트)가 같이 만나고
의와 화평이 서로 입맞추었으며(시 85:10).

의와 공의가 주의 보좌의 기초라.
인자함(חֶסֶד, 헤세드)과 **진실함**(אֱמֶת, 에메트)이 주 앞에 있나이다(시 89:14).

4) 서원(8절)

> 8 그리하시면 내가 주의 이름을 영원히 찬양하며
> 매일 나의 서원을 이행하리이다.

8절은 하나님에 대한 서원이다. 시인은 서원을 이행함으로써 지속적으로 하나님의 이름을 찬양하겠다고 약속하며 이 시를 마무리한다.

4. 메시지

이 시의 중요한 특징은 시인과 하나님 사이의 거리감을 공간적, 심리적으로 표현한다는 점이다. 하나님과의 거리감, 즉 하나님의 현존으로부터의 멀어짐은 "땅 끝"에 선 시인의 경험으로 표현된다. 기도는 시인과 하나님 사이의 거리감을 좁히고 제거해준다. 또한 하나님에 대한 인식의 거리감을 없애고 내적 친밀감과 충만함을 강화하고 재창조한다. 하나님은 공간을 가득 채운 공기처럼 획일적인 방식으로 이 세상에 현존하시는 것이 아니라 특별한 순간과 독특한 장소에서 다양한 형태로 나타나신다. 우리는 기도하면서 하나님과 특별한 교제를 나눈다. 기도는 하나님과의 거리감을 제거하고 그 자리를 친밀감으로 가득 채운다. 거기서부터 문제 해결의 실마리가 싹튼다.

62편

믿음을 재충전해주는 토설 기도:

"그의 앞에 마음을 토하라"

1. 양식

시편 62편은 "신뢰시"(psalm of trust)로 분류된다. 이 시의 시인은 하나님에 대한 신뢰와 확신을 고백한다.

2. 구조

1) 1-2절: 하나님에 대한 신뢰 고백
2) 3-4절: 대적들에게 받은 고통 진술
3) 5-8절: 하나님을 향한 신뢰 촉구
4) 9-12절: 지혜의 가르침

3. 내용

1) 하나님에 대한 신뢰 고백(1-2절)

[1] 나의 영혼이 잠잠히 하나님만 바람이여,
나의 구원이 그에게서 나오는도다.
[2] 오직 그만이
나의 반석이시요
나의 구원이시요
나의 요새이시니
내가 크게 흔들리지 아니하리로다.

1-2절에서 시인은 하나님에 대한 자신의 신뢰와 확신을 고백한다. 1절의 "영혼"(נֶפֶשׁ, 네페쉬)은 인간 내면의 한 부분이 아닌 인간 전체를 의미한다. "네페쉬"로서의 인간은 감정적이고 상처를 받기도 하지만 생에 대한 의지를 지닌 존재다. "잠잠함"(דּוּמִיָּה, 두미야)이라는 용어는 고단한 영적 혼돈의 시간을 보내고 있음을 드러낸다. 이런 상황에서 "잠잠히 하나님만 바란다"는 표현은 하나님에 대한 깊은 신뢰를 보여 주는 말이다.

2절에서 시인은 하나님을 안전과 안녕을 상징하는 "반석", 적들로부터의 구출을 의미하는 "구원", 약한 자에게 피신처가 되는 "요새"로 비유한다. 시인은 이런 하나님으로 인해 흔들리지 않겠다고 굳게 다짐한다.

2) 대적들에게 받은 고통 진술(3-4절)

> 3 넘어지는 담과 흔들리는 울타리 같이 사람을 죽이려고
> 너희가 일제히 공격하기를 언제까지 하려느냐?
> 4 그들이 그를 그의 높은 자리에서 떨어뜨리기만 꾀하고
> 거짓을 즐겨 하니
> 입으로는 축복이요,
> 속으로는 저주로다. (셀라)

3-4절은 시인이 대적들로 인해 겪은 고통을 진술하고 있다. 3절은 원수로 인한 고통을 전쟁의 은유로 표현한다. 시인은 자신이 적들의 포

위와 공격으로 인해 무기력하게 "넘어지는 담"과 "흔들리는 울타리"와 같은 모습으로 원수의 위협을 받고 있다고 진술한다. 3절의 "일제히"로 번역된 히브리어 단어를 직역하면 "너희 모두"(כֻּלְּכֶם, 쿨레켐)인데, 이는 모든 사람이 일제히 "각 사람"(אִישׁ, 이쉬)을 공격하는 전쟁을 뜻한다. 즉 많은 적들이 각 개인을 억압하고 있는 상황을 진술한다.

3절은 적들이 공개적으로 공격하는 모습을 묘사했다면, 4절은 적의 은밀한 전략을 고발한다. 대적의 음흉한 전략은 "꾀"과 "거짓"으로 폭로된다. 그들은 입으로는 축복하지만 속으로는 저주한다. 대적의 이런 이중적인 행동은 상황을 더욱 악화시킨다. 대적들은 자신이 공격하는 사람의 지위나 권위를 조금도 존경하지 않는다. 그들은 상대를 가리지 않고 닥치는 대로 공격한다.

3) 하나님을 향한 신뢰 촉구(5-8절)

5 나의 영혼아, 잠잠히 하나님만 바라라.
무릇 나의 소망이 그로부터 나오는도다.
6 오직 그만이
나의 반석이시요
나의 구원이시요
나의 요새이시니
내가 흔들리지 아니하리로다.
7 나의 구원과 영광이 하나님께 있음이여,
내 힘의 반석과 피난처도 하나님께 있도다.

8 백성들아,

시시로 그를 의지하고

그의 앞에 마음을 토하라.

하나님은 우리의 피난처시로다. (셀라)

5-8절에서 시인은 자신과 백성을 향해 하나님을 신뢰하라고 권고한다. 이 단락은 본 시편의 중심으로서 하나님과 시인의 관계에 초점을 맞추고 있다. 5-6절은 1-2절의 반복이지만 약간 다른 점이 눈에 띈다. 1절의 "나의 영혼아, 잠잠히 하나님만 바라라"는 현실적 상태를 진술하는 서술문이고, 5절의 "나의 영혼아 잠잠히 하나님만 바라라"는 자신에게 권고하는 명령문이다. 5a절을 보면 시인은 적의 습격에 노출되어 있다. 5b절은 적의 공격 앞에서도 잠잠히 하나님만 바라보아야 하는 이유를 제시한다. 5절의 "나의 소망"과 1절의 "나의 구원"이 하나님으로부터 나오기 때문이다. 시인은 2절의 내용을 6절에서 반복한다.

7절은 하나님의 호의를 "구원"과 "영광"으로 집약하여 표현한다. 시인의 "구원"과 "영광"(명예)은 사람에 의해 파기될 수 없다. 구원과 영광은 오직 하나님에게서만 나오기 때문이다. 시인에게 힘이 되는 반석과 피난처도 하나님으로부터 주어지는 것이다.

8절에서 시인은 자신에게 머물던 시선을 백성으로 돌리면서 하나님을 신뢰하라고 촉구한다. 그는 "하나님 앞에 마음을 토하라(샤파크)"고 권면한다. 이는 진솔한 마음으로 자신의 고통과 어려움을 토해내듯이 기도하라는 것이다.

한나가 대답하여 이르되 “내 주여, 그렇지 아니하니이다. 나는 마음이 슬픈 여자라. 포도주나 독주를 마신 것이 아니요, 여호와 앞에 내 심정(네페쉬)을 **통한 것뿐**(샤파크)이오니”(삼상 1:15).

그래서 이 시를 일종의 “토설(吐說) 기도”라고 한다.

4) 지혜의 가르침(9-12절)

9 아, 슬프도다.
사람은 입김이며 인생도 속임수이니
저울에 달면 그들은 “모두”(우리말 개역개정은 생략됨) 입김보다 가벼우리로다.
10 포악을 의지하지 말며
탈취한 것으로 허망하여지지 말며
재물이 늘어도 거기에 마음을 두지 말지어다.
11 하나님이 한두 번 하신 말씀을 내가 들었나니
“권능은 하나님께 속하였다” 하셨도다.
12 주여, 인자함은 주께 속하오니
주께서 각 사람이 행한 대로 갚으심이니이다.

9-12절은 지혜의 가르침을 진술한다. 9-10절은 5-8절의 권고에 대한 근거가 된다. 9절의 “사람”(בְּנֵי־אָדָם, 베네-아담)은 “평범한 사람”(common people)을, “인생”(בְּנֵי אִישׁ, 베네 이쉬)은 “권력이 있는 사람”(the upper class)

을 가리킨다.

인생(베네 이쉬)들아,

어느 때까지 나의 영광을 바꾸어 욕되게 하며

헛된 일을 좋아하고 거짓을 구하려는가? (셀라)(시 4:2)

귀(베네 이쉬) **천**(베네-아담)

빈부를 막론하고

다 들을지어다(시 49:2).

여기서 "사람"과 "인생"은 모든 계층의 인간을 지칭한다. 또한 사람이 오직 하나님만 의지해야 하는 이유가 9절에 제시된다. 9a절에 따르면 모든 인간은 "입김"(הֶבֶל, 헤벨: "헛됨")과 "속임수"(כָּזָב, 카자브: "거짓")이며, 9b절에 의하면 모두 저울에 달아도 입김보다 더 가벼운 하찮은 존재들이다. 이들은 "아무것도 아닌 것"(הֶבֶל, 헤벨)보다 더 가볍다. 이처럼 인간의 무게와 가치는 하나님 앞에서 아무것도 아닌 것이 된다.

15 보라,

그에게는 열방이 통의 한 방울 물과 같고

저울의 작은 티끌 같으며

섬들은 떠오르는 먼지 같으리니

16 레바논은 땔감에도 부족하겠고

그 짐승들은 번제에도 부족할 것이라.

17 그의 앞에는 모든 열방이 아무것도 아니라.

그는 그들을 없는 것 같이,

빈 것 같이 여기시느니라(사 40:15-17).

인간의 삶은 매우 짧으며 본질적으로 헛되고 헛되다. 마치 저울에 단 입김만큼이나!

10절은 재물 그 자체에 절대적으로 의지해선 안 된다는 경고다. 이는 포악을 부리거나 강압적인 힘으로 남의 재물을 얻은 사람이나 열심히 노력하고 운이 좋아 재물을 취득한 사람 모두를 향한 말이다. 사람과 재물은 결단코 삶의 허무를 막아줄 근본적인 구원의 방책이 되지 못하기 때문이다.

19 또 내가 내 영혼에게 이르되 "영혼아, 여러 해 쓸 물건을 많이 쌓아 두었으니 평안히 쉬고 먹고 마시고 즐거워하자 하리라" 하되 20 하나님은 이르시되 "어리석은 자여, 오늘 밤에 네 영혼을 도로 찾으리니 그러면 네 준비한 것이 누구의 것이 되겠느냐?" 하셨으니(눅 12:19-20).

네가 이 세대에서 부한 자들을 명하여 마음을 높이지 말고 정함이 없는 재물에 소망을 두지 말고 오직 우리에게 모든 것을 후히 주사 누리게 하시는 하나님께 두며(딤전 6:17).

진정한 구원의 방책은 11-12절에 나오는 하나님의 "권능"과 "인자함"에 있다. 8절은 긍정적인 어조로 하나님을 신뢰하라고 촉구하는 반면,

9-10절은 부정적인 어조로 사람과 재물을 의지하지 말라고 경고한다.

"이 사람은 하나님을 자기 힘으로 삼지 아니하고
오직 자기 재물의 풍부함을 의지하며
자기의 악으로 스스로 든든하게 하던 자라" 하리로다(시 52:7).

11-12절은 결론으로 "하나님이 한두 번 하신 말씀"이라는 "숫자 잠언"(numerical sayings)을 사용한다. 시편의 인생론은 하나님의 계시로 주어진 "지혜"다. 이에 따르면 "권능"(עֹז, 오즈: power)과 "인자함"(חֶסֶד, 헤세드: steadfast love)은 오직 하나님께 속한 것이다. 따라서 하나님의 "권능"과 "인자함"이 진정한 구원의 방책이다. 하나님 안에서 "권능"과 "인자함"이라는 양극단의 활동 방식이 긴장감 있게 통일성을 이루고 있다. 하나님은 권능으로 악인을 벌주시며 인자함으로 의인을 이끄신다. 또한 하나님은 각 사람이 행한 대로 갚으신다.

그들이 하는 일과 그들의 행위가 악한 대로 갚으시며
그들의 손이 지은 대로 그들에게 갚아
그 마땅히 받을 것으로 그들에게 갚으소서(시 28:4).

너희 모든 성도들아,
여호와를 사랑하라.
여호와께서 진실한 자를 보호하시고
교만하게 행하는 자에게 엄중히 갚으시느니라(시 31:23).

그들의 죄악을 그들에게로 되돌리시며

그들의 악으로 말미암아 그들을 끊으시리니

여호와 우리 하나님이 그들을 끊으시리로다(시 94:23).

4. 메시지

강탈과 도적질로 불의한 재물을 축적하는 사람들이 심심찮게 발견된다. 하지만 성숙한 사람이라면 진정한 권능이 오직 하나님께 속해 있다는 믿음으로 그분의 개입과 판결을 잠잠히 기다려야 한다. 기다림의 과정에서 힘이 길러진다. 씨앗은 땅을 뚫고 나올 힘을 만든다. 알은 껍데기를 뚫고 나올 힘을 만든다. 번데기도 허물을 벗고 나올 힘을 만든다. 이처럼 기다림은 마냥 손 놓고 있는 상태가 아니다.

기다림에는 애간장을 녹이는 "토설 기도"가 동반된다. 이해할 수 없는 환경 속에서 믿음이 흔들릴 때 "시시로"(בְּכָל־עֵת, 베콜-에트: 그때마다) 하나님을 절대 의지하고, 더 나아가 자신의 마음을 솔직하게 드러내는 토설 기도를 함으로써 믿음을 재충전시켜야 한다. 우리는 이 시편을 통해 힘을 모으는 기다림과 마음을 토하는 토설 기도가 사람을 성숙한 자리로 이끈다는 사실을 배운다.

63편

미래의 희망을 여는 은혜로운 과거의 기억과 묵상:

“주의 인자하심이 생명보다 나으므로”

1. 양식

시편 63편은 "개인 신뢰시"(psalm of an individual trust)로 분류된다. 이 시편의 시인은 기도의 형태로 하나님에 대한 신뢰와 확신을 표현한다.

2. 구조

1) 1-3절: 기도자의 갈망
2) 4-8절: 하나님에 대한 신뢰 고백
3) 9-11절: 기도자의 확신

3. 내용

1) 기도자의 갈망(1-3절)

1 하나님이여,
주는 나의 하나님이시라.
내가 간절히 주를 찾되
물이 없어 마르고 황폐한 땅에서 내 영혼이 주를 갈망하며
내 육체가 주를 앙모하나이다.
2 내가 주의 권능과 영광을 보기 위하여
이와 같이 성소에서 주를 바라보았나이다.
3 주의 인자하심이 생명보다 나으므로

내 입술이 주를 찬양할 것이라.

1절의 표현을 보면 시인은 현재 한여름의 열기나 장기간의 기근으로 인해 완전히 메말라 버려 생명력이 소진된 죽음의 땅과 같은 상태다. "영혼"(נֶפֶשׁ, 네페쉬)은 전(全) 존재로서 특히 "갈망하는 존재로서의 사람"을 뜻하고, "육체"(בָּשָׂר, 바사르)는 "육체적인 존재로서의 사람"을 의미한다.

9 이러므로 나의 마음이 기쁘고

나의 영도 즐거워하며 내 **육체**(바사르)도 안전히 살리니

10 이는 주께서 내 영혼을 스올에 버리지 아니하시며

주의 거룩한 자를 멸망시키지 않으실 것임이니이다(시 16:9-10).

내 영혼이 여호와의 궁정을 사모하여 쇠약함이여,

내 마음과 **육체**(바사르)가 살아 계시는 하나님께 부르짖나이다(시 84:2).

시인의 영혼은 하나님을 갈망하고 그의 육체 역시 하나님의 존재를 필요로 한다.

2절을 보면 시인은 성소에서 하나님의 구원을 고대하고 있다. "주의 권능과 영광"은 성소에 현존하시면서 혼돈의 세력을 몰아내고 생명을 공급하는 야웨의 강력함을 상징한다.

3절은 1-2절과 마찬가지로 시인이 왜 하나님을 갈망하는지에 대한 이유를 제시한다. 이는 "주의 인자하심이 생명보다 낫기 때문"이다.

3절에서 "인자하심"(חֶסֶד, 헤세드)과 "생명"(חַיִּים, 하임)을 서로 분리하는 것은 구약성경에서 매우 이례적인 표현이다. 이 표현은 문맥상 성소에서 하나님의 인자하심(חֶסֶד, 헤세드)을 찬양하는 것이 황폐한 땅에서 근근이 생존(חַיִּים, 하임)하는 것보다 나음을 의미한다. 또한 주의 인자하심은 특별한 방식으로 활동하는 최고의 자산(資産)이다. 다시 말해 육체적인 생명보다 하나님과의 은혜로운 교제(חֶסֶד, 헤세드)가 인간이 얻을 수 있는 최고의 가치라는 뜻이다.

2) 하나님에 대한 신뢰 고백(4-8절)

4 이러므로 나의 평생에 주를 송축하며

주의 이름으로 말미암아 나의 손을 들리이다.

5 골수와 기름진 것을 먹음과 같이

나의 영혼이 만족할 것이라.

나의 입이 기쁜 입술로 주를 찬송하되

6 내가 나의 침상에서 주를 기억하며

새벽에 주의 말씀을 작은 소리로 읊조릴 때에 하오리니

7 주는 나의 도움이 되셨음이라.

내가 주의 날개 그늘에서 즐겁게 부르리이다.

8 나의 영혼이 주를 가까이 따르니

주의 오른손이 나를 붙드시거니와

4-8절은 하나님에 대한 시인의 신뢰 고백을 담고 있다. 4절에 표현된

대로 손을 드는 몸짓으로 하나님께 기도하는 것(시 28:2; 119:48; 134:2; 141:2)과 5절에 언급된 제의적 식사와 공동체 찬양은 성소 제의에서 공적으로 실행되는 의례를 묘사한 것이다. 또한 5절의 "골수"(חֵלֶב, 헬레브)와 "기름진 것"(דֶּשֶׁן, 데쉔)은 사실상 동의어다. "골수"(חֵלֶב, 헬레브)는 최고의 음식이다.

> 너희 아버지와 너희 가족을 이끌고 내게로 오라. 내가 너희에게 애굽의 좋은 땅을 주리니 너희가 나라의 **기름진 것**(헬레브)을 먹으리라(창 45:18).

또한 이것은 하나님의 몫으로 돌려지는 구별된 제물의 한 부분을 뜻한다.

> 제사장은 그것을 제단 위에서 불사를지니 이는 화제로 드리는 음식이요 향기로운 냄새라. 모든 **기름**(헬레브)은 여호와의 것이니라(레 3:16).

> 이스라엘 자손에게 말하여 이르라. 너희는 소나 양이나 염소의 **기름**(헬레브)을 먹지 말 것이요(레 7:23).

"기름진 것"(דֶּשֶׁן, 데쉔)은 고기의 가장 좋은 부위이기도 하다.

> 그들이 주의 집에 있는 **살진 것**(데쉔)으로 풍족할 것이라.
> 주께서 주의 복락의 강물을 마시게 하시리이다(시 36:8).
> 그러므로 하나님이 그대를 환난에서 이끌어 내사

좁지 않고 넉넉한 곳으로 옮기려 하셨은즉

무릇 그대의 상에는 **기름진 것**(데쉔)이 놓이리라(욥 36:16).

시인은 자신이 체험한 하나님의 인자하심을 최상의 음식을 먹고 만족해하는 것으로 표현한다. 1절에 언급된 "목마른 영혼"은 5절에서 "만족한 영혼"으로 변한다. "영혼의 부족함"이 "영혼의 충만함"으로 채워진다.

4-5절의 공적인 예배는 6절에서 개인적인 경건으로 바뀐다. 공동 식탁(table)에서 개인 침상(bed)으로 장면이 옮겨지는 것이다. 시인은 밤에도("나의 침상에서") 낮에도("새벽에") 변함없이 하나님을 기억하고 "주의 말씀을 작은 소리로 읊조리면서" 하나님을 묵상한다. 시편 6:6에 등장한 "침상"(מִטָּה, 미타)이 눈물로 흠뻑 적은 장소라면, 여기에 나온 "침상"(יָצוּעַ, 야추아)은 하나님을 기억하고 묵상함으로써 주의 날개 그늘에서 쉼을 경험하는 장소다. "기억"과 "묵상"이 위기를 기회로 만드는 전기를 마련해준 것이라 하겠다.

7-8절에서 시인은 하나님을 신뢰하는 근거를 제시한다. 그는 자신에게 도움이 되신 하나님의 날개 그늘 안에서 어린 새들과 같이(신 32:11) 보호받고 즐거워할 수 있다(7절).

또한 자신의 영혼이 하나님께 달라붙어 있기 때문에(דבק, 다바크) 하나님의 오른손이 자신을 붙들어 주신다고 말한다(8절). "달라붙다"(דבק, 다바크)라는 단어는 남편과 아내의 친밀한 관계를 가리킬 때 쓰인다("그의 아내와 합하여", 창 2:24). 시인은 완전히 한 몸을 이룬 부부처럼 하나님께 밀착되어 있다.

3) 기도자의 확신(9-11절)

9 나의 영혼을 찾아 멸하려 하는
그들은 땅 깊은 곳에 들어가며
10 칼의 세력에 넘겨져
승냥이의 먹이가 되리이다.
11 왕은 하나님을 즐거워하리니
주께 맹세한 자마다 자랑할 것이나
거짓말하는 자의 입은 막히리로다.

9-11절은 시인의 확신을 보여준다. 시인의 목숨을 노리는 원수들은 멸망하여 깊은 땅속으로 들어가게 될 것이다(9절). 그들은 곧 죽음을 맞이할 것인데 죽어서도 시체가 땅에 묻히지 못하고 짐승들의 먹이가 될 것이다. 이것은 가장 끔찍한 저주다.

> 30 예후가 이스르엘에 오니 이세벨이 듣고 눈을 그리고 머리를 꾸미고 창에서 바라보다가 31 예후가 문에 들어오매 이르되 "주인을 죽인 너 시므리여, 평안하냐?" 하니 32 예후가 얼굴을 들어 창을 향하고 이르되 "내 편이 될 자가 누구냐? 누구냐?" 하니 두어 내시가 예후를 내다보는지라. 33 이르되 "그를 내려던지라" 하니 내려던지매 그의 피가 담과 말에게 튀더라. 예후가 그의 시체를 밟으니라. 34 예후가 들어가서 먹고 마시고 이르되 "가서 이 저주 받은 여자를 찾아 장사하라. 그는 왕의 딸이니라" 하매 35 가서 장사하려 한즉 그 두골과 발과 그의 손 외에는 찾지 못한지라.

36 돌아와서 전하니 예후가 이르되 "이는 여호와께서 그 종 디셉 사람 엘리야를 통하여 말씀하신 바라. 이르시기를 '이스르엘 토지에서 개들이 이세벨의 살을 먹을지라. 37 그 시체가 이스르엘 토지에서 거름같이 밭에 있으리니 이것이 이세벨이라고 가리켜 말하지 못하게 되리라' 하셨느니라" 하였더라(왕하 9:30-37).

그들은 결국 이런 저주를 받게 될 것이다(10절).

11절에서 시인은 왕이 올바른 판단을 할 것이라고 확신한다. 왕은 소송의 판결자로서 시인과 그의 원수들 사이의 갈등을 법과 정의에 준하여 하나님 앞에서 책임지고 판결해야 한다. "주께 맹세한 자"와 "거짓말하는 자"의 운명이 서로 대조된다. 시인의 입은 영원히 열리게 되지만(4-5절, 11절), 원수들의 입은 굳게 닫히게 될 것이다.

4. 메시지

시인은 위기 가운데서 하나님을 기억하고 묵상하는 것만이 자신을 하나님의 보호 아래 놓아두는 행위임을 안다. 그래서 기억과 묵상을 통해 하나님께 더 가까이 다가갈 수 있다고 가르친다. 어느 순간 하나님이 멀리 떠나버리신 것처럼 여겨질 때가 있다. 그럴 때마다 하나님의 임재를 바라며 간절히 기도하면 인자하신 하나님에 대한 과거의 기억이 떠오른다. 하나님께서 과거에 그리하셨던 것처럼 이번에도 반드시 나를 축복해주실 것을 앞당겨 확신함으로써 미래의 구원을 현실적 경험으로 선포하게 된다. 특히 시인은 하나님의 인자하심이 최고의 가치라고 고백한다. “주의 인자하심이 생명보다 낫다.” 이 땅의 최고 자산인 생명조차도 사람에게 만족함과 배부름을 선사하는 하나님의 인자하심이 내뿜는 광채 앞에서는 초라해진다. 사람이 인생에서 누릴 수 있는 그 어떤 것들도 하나님의 인자하심에 비할 수 없다. 이 시는 하나님과의 교제를 통해 경험하는 그분의 “인자하심”을 최고의 가치로 평가한다. 과거에 경험한 하나님의 인자하신 도우심을 기억해내고 묵상하다 보면 현실을 대처하는 새로운 힘을 얻을 수 있다. 시인은 과거에 하나님이 하셨던 일들을 기억하고 묵상하는 가운데 하나님이 지금도 여전히 자신을 사랑하고 보호하고 계심을 확신한다. 이처럼 과거에 대한 기억과 묵상은 미래의 희망을 열어주는 역할을 한다.

64편

“원수 활 꾼” 앞에서 “하나님 활 꾼”을:

“그들의 혀가 그들을 해함이라”

1. 양식

시편 64편은 "개인 탄원시"(psalm of an individual lament)로 분류된다. 이 시의 시인은 원수들의 말로 인한 공격으로부터 구원받기를 간구한다.

2. 구조

1) 1-2절: 하나님을 향한 부름과 간구
2) 3-6절: 적의 행태에 대한 탄원
3) 7-8절: 적에 대한 하나님의 심판 확신
4) 9-10절: 신뢰와 찬양

3. 내용

1) 하나님을 향한 부름과 간구(1-2절)

1 하나님이여,
내가 근심하는 소리를 들으시고
원수의 두려움에서 나의 생명을 보존하소서.
2 주는 악을 꾀하는 자들의 음모에서 나를 숨겨 주시고
악을 행하는 자들의 소동에서 나를 감추어 주소서.

1-2절은 하나님을 부르면서 간구하는 내용이다. 이 시는 "들으소서,

하나님!"(שְׁמַע־אֱלֹהִים, 쉐마-엘로힘)으로 시작한다(1절). 신명기 6:4에 나오는 "들으라"(שְׁמַע, 쉐마)의 대상은 "이스라엘"이지만, 시편 64편의 시인은 하나님을 향해 "들으소서"(שְׁמַע, 쉐마)라고 한 다음 자신의 탄원 내용을 아뢴다. 그는 하나님을 향해 "들으시고" "보존하소서"라고 간청한다. 이 단락에서 시인이 원수에 대해 느끼는 감정은 "단순한 두려움"을 넘어선 "공포"(פַּחַד, 파하드)다.

2절에서는 원수의 정체가 드러난다. 그들은 "악을 꾀하고 행하는 자들"로서 의도를 갖고 계획적으로 악행을 벌인다. 그들은 "음모"를 꾸미고 패를 지어 "소동"을 일으킨다. 그런데 시인의 원수는 한 명이 아니다. 그 원수들은 "여럿"인데 오직 시인 "한 사람"만을 목표물로 삼고 있다. 이처럼 기도하는 한 사람이 수적으로 절대적인 열세에 몰린 채 누군가의 도움을 절실히 구하고 있다. 무고한 한 사람이 불순한 의도를 가진 집단으로부터 왕따를 당하는 모습과 비슷하다. 이런 상황에서 시인은 하나님의 도움을 애타게 간구한다.

2) 적의 행태에 대한 탄원(3-6절)

3 그들이 칼 같이 자기 혀를 연마하며

화살 같이 독한 말로 겨누고

4 숨은 곳에서 온전한 자를 쏘며

갑자기 쏘고 두려워하지 아니하는도다.

5 그들은 악한 목적으로 서로 격려하며

남몰래 올무 놓기를 함께 의논하고 하는 말이

"누가 우리를 보리요?" 하며

6 그들은 죄악을 꾸미며 이르기를

"우리가 묘책을 찾았다" 하나니

각 사람의 속 뜻과 마음이 깊도다.

3-6절은 적의 행태를 진술하며 탄원하는 내용이다. 원수들은 파괴적인 언어를 사용한다(3절). 여기서 "혀"(לָשׁוֹן, 라숀)는 "칼"(חֶרֶב, 헤레브)로, "독한 말"(דָּבָר מָר, 다바르 마르)은 "화살"(חֵץ, 헤츠)로 묘사된다.

> 내 영혼이 사자들 가운데에서 살며
> 내가 불사르는 자들 중에 누웠으니
> 곧 사람의 아들들 중에라.
> 그들의 이는 창과 화살이요,
> 그들의 혀는 날카로운 칼 같도다(시 57:4).

> 칼로 찌름 같이 함부로 말하는 자가 있거니와
> 지혜로운 자의 혀는 양약과 같으니라(잠 12:18).

"혀"는 치명적인 무기가 될 수 있는 강력한 기관이다(시 12:1-4; 약 3:1-12). 이를 잘 아는 원수들은 비방과 거짓말을 무기처럼 휘두른다.

그들은 "숨어서" "갑자기" "온전한 자"를 공격한다(4절). 악인의 공격 대상인 "온전한 자"(תָּם, 탐)는 "죄 없는 자"를 가리킨다. 이는 10절의 "의인"(צַדִּיק, 차디크)과 "마음이 정직한 자"(כָּל־יִשְׁרֵי־לֵב, 콜-이슈

레-레브)와 동일시된다. 악인으로 인해 고통 받는 사람들은 모두 무고하다. 그러나 악인들은 "두려워하지 않는다." 그들의 오만함은 극에 달했다. 두려움이 전혀 없는 그들은 일말의 주저함이나 거리낌 없이 온갖 악행을 저지르고 있다.

5절에 따르면 그들은 함께 모의하여 서로 힘을 모은다. 비밀리에 설치한 덫이 절대 발견될 리 없다고 확신하면서 자신들의 철두철미함을 뿌듯하게 여긴다. "그 누군가가 애써 파헤치더라도 우리가 은밀히 모의해서 남몰래 설치한 올무들을 찾아내지 못할 것이다." 이는 악인들의 전형적인 태도다.

> 그가 그의 마음에 이르기를
> "하나님이 잊으셨고
> 그의 얼굴을 가리셨으니
> **영원히 보지 아니하시리라"** 하나이다(시 10:11).

> 그들의 입으로는 악을 토하며
> 그들의 입술에는 칼이 있어 이르기를
> **"누가 들으리요?"** 하나이다(시 59:7).

그들은 하나님의 능력에 도전하는 것도 모자라 하나님의 존재를 거부하기에 이른다.

> 자기의 계획을 여호와께 깊이 숨기려 하는 자들은 화 있을진저.

그들의 일을 어두운 데에서 행하며 이르기를

"누가 우리를 보랴?

누가 우리를 알랴?" 하니(사 29:15).

6절은 5절에 이어 악인들의 은밀한 행태를 계속 진술하는 것으로 해석된다. 6b절의 "각 사람의 속 뜻과 마음이 깊도다"라는 표현은 "사람들의 속내는 깊이 숨겨져 있어서 쉽게 파악되지 않는다"는 속담이나 격언으로 보인다.

만물보다 거짓되고 심히 부패한 것은 마음이라.

누가 능히 이를 알리요마는(렘 17:9).

이 구절은 "열 길 물속은 알아도 한 길 사람 속은 모른다"는 우리나라 속담과 일맥상통한다. 시인은 원수들이 어떻게 그런 황당하고 악한 행동을 하는지 도무지 이해할 수 없다.

3) 적에 대한 하나님의 심판 확신(7-8절)

7 그러나 하나님이 그들을 쏘시리니

그들이 갑자기 화살에 상하리로다.

8 이러므로 그들이 엎드러지리니

그들의 혀가 그들을 해함이라.

그들을 보는 "모든"(우리말 개역개정에는 생략됨) 자가 다 머리를 흔들리로다.

7-8절은 적에 대한 하나님의 심판을 확신하는 내용이다. 하나님이 뜻하지 않는 시점에 화살을 쏘셔서 대적들은 갑자기 상처를 입게 될 것이다(7절). 시인에게 "갑자기" 화살을 쏜 원수들(4절) 역시 하나님이 "갑자기" 쏘신 화살에 맞게 될 것이다. 하나님의 행동은 대적들의 행동에 상응한다. 하나님은 동일한 방식으로 그들에게 되돌려 주신다. 결국 악인들이 쏘는 화살은 자신들을 향해 쏘는 화살이 된다.

8절에 의하면 원수들의 사악한 말들이 결국 그들 위로 덮쳐서 그들을 망하게 만들 것이다.

함정을 파는 자는 그것에 빠질 것이요,
돌을 굴리는 자는 도리어 그것에 치이리라(잠 26:27).

그들은 "은밀하게" 혀를 놀렸지만(4절) "그들을 보는 모든 자들" 앞에서 공개적으로 조롱을 당할 것이다(8절). "머리를 흔드는 것"은 충격이나 조롱을 나타내는 행동이다.

나를 보는 자는 다 나를 비웃으며
입술을 비쭉거리고
머리를 흔들며 말하되(시 22:7)

주께서 우리를 뭇 백성 중에 이야기거리가 되게 하시며
민족 중에서 **머리 흔듦**을 당하게 하셨나이다(시 44:14).

하나님의 심판에는 두 가지 방식이 있다. 첫째는 하나님이 직접 행동하시는 방식(7절)이고, 둘째는 인과응보를 통해 하나님이 간접적으로 개입하시는 방식(8절)이다. 이는 "준 대로 받을 것"(you get what you give)이라는 원칙과 같다. 이 교훈은 황금률(Golden Rule: "남에게 대접을 받고자 하는 대로 너희도 남을 대접하라", 마 7:12)의 반대적 표현이다. 여기서 하나님은 "앙갚음하시는 복수의 하나님"이 아니라 "악행을 보고 참지 않으시는 정의의 하나님"으로 묘사된다.

4) 신뢰와 찬양(9-10절)

> 9 모든 사람이 두려워하여
> 하나님의 일을 선포하며
> 그의 행하심을 깊이 생각하리로다.
> 10 의인은 여호와로 말미암아 즐거워하며
> 그에게 피하리니
> 마음이 정직한 자는 다 자랑하리로다.

9-10절은 하나님에 대한 시인의 신뢰와 찬양을 담고 있다. 9절은 악인들에게 행하신 하나님의 행동에 대한 사람들의 반응을 진술한다. 사람들은 이제 하나님이 의로운 심판자이심을 깨닫는다. 이 단락에서는 사람들이 느끼는 두려움(9절)과 악인들이 무시한 두려움(4절)이 서로 대조된다. 하지만 하나님을 두려워하는 것이 참 지혜다.

여호와를 경외하는 것이 지식의 근본이거늘

미련한 자는 지혜와 훈계를 멸시하느니라(잠 1:7).

시인은 10절에서 하나님으로 인해 기뻐하면서 그분에 대한 신뢰를 붙들고 하나님을 찬양한다. "의인"과 "마음이 정직한 자"는 하나님의 보호하심과 구원하심을 경험하게 될 것이다. 의인은 세상이 아닌 하나님 안에서 기뻐한다.

4. 메시지

세상에는 원수 활 꾼들이 활개를 치고 있으며, 온갖 올무들이 숨겨져 있다. 그것도 모자라 피할 수 없는 재난과 불확실성으로 인한 긴장감으로 가득하다. 이처럼 우리가 속해 있는 인간 사회에는 팽팽한 긴장과 엄청난 불안이 내재되어 있다. 악마적인 힘이 우리 삶의 현장 곳곳에 숨어 있기 때문에 누구든 은밀한 장소에 숨겨진 올무와 갑작스럽게 날아드는 독화살의 표적이 될 수 있다. 그러나 이 세상이 정말로 정의로운 하나님의 지배 아래에 있다면, 죄 없이 억울하게 고통 받는 자들이 하나님의 보호를 받는 것은 당연한 이치가 아닐까? 이런 생각을 품게 된 시인은 악인들로 인해 두려워하는 삶 대신 "정의로운 심판"을 갈망하면서 "마음이 정직한 자"를 구원하시는 하나님을 바라보는 삶을 선택한다. 그는 "원수 활 꾼" 앞에서 "하나님 활 꾼"을 택한 것이다. 하나님은 "복수의 하나님"이 아닌 "균형의 하나님"이시다. 남에게 해를 끼친 자는 동일하게 되돌려받게 될 것이다. 이를 통해 세상은 균형의 자리로 돌아온다. 그 과정에서 사악한 자들의 은밀한 악행이 만천하에 공개될 것이다.

65편

인생의 풍요로움은 성소의 아름다움을 체험함으로써: “주의 은택으로 한 해를 관 씌우시니”

1. 양식

시편 65편은 "찬양시"(psalm of praise)로 분류된다. 이 시의 시인은 용서와 구원을 베풀고 복을 주시는 하나님을 찬양한다.

2. 구조

1) 1-4절: 성전에 계시는 용서의 하나님을 찬양
2) 5-8절: 온 세상을 구원하시는 하나님을 찬양
3) 9-13절: 온 땅에 골고루 물을 주시는 하나님을 찬양

3. 내용

1) 성전에 계시는 용서의 하나님을 찬양(1-4절)

1 하나님이여,
찬송이 시온에서 주를 기다리오며
사람이 서원을 주께 이행하리이다.
2 기도를 들으시는 주여,
모든 육체가 주께 나아오리이다.
3 죄악이 나를 이겼사오니
우리의 허물을 주께서 사하시리이다.
4 주께서 택하시고 가까이 오게 하사

주의 뜰에 살게 하신 사람은 복이 있나이다.

우리가 주의 집 곧 주의 성전의 아름다움으로 만족하리이다.

1-4절은 성전에 계시는 용서의 하나님을 찬양한다. 시인은 시온에 거하시는 하나님을 찬양한다(1절). 시온의 하나님은 일반적으로 돌봄이나 복을 주시는 존재로 인식되지만, 이 시에서는 용서와 회복을 주시는 분으로 묘사된다. 일반적으로 용서와 회복을 경험한 사람이 서원을 이행한다.

성전은 하나님이 기도에 응답하시는 곳이기 때문에 사람이 응답을 기대할 수 있는 선호(選好)의 장소가 된다(2절). "모든 육체"(כָּל־בָּשָׂר, 콜-바사르)가 이 시온으로 몰려든다. 이는 열방들이 이스라엘과 함께 시온의 하나님에게로 몰려드는 광경을 묘사하는 표현이다.

주여,

주께서 지으신 **모든 민족이 와서**

주의 앞에 경배하며

주의 이름에 영광을 돌리리이다(시 86:9).

시온의 하나님은 죄를 사하시는 분이다(3절). "사하다"(כפר, 카파르)는 "대신 갚는다", "속죄하다"라는 뜻이다. 사람은 죄의 권능으로 쉽게 무너지나 그가 저지른 죄는 하나님의 은혜로 덮여질 수 있다. 죄의 권능보다 하나님이 베푸시는 은혜의 권능이 훨씬 더 크기 때문이다.

4절에서 시인은 "우리"라고 말한다. 여기에 언급된 "우리"는 2절의 "모든 육체"(כָּל־בָּשָׂר, 콜-바사르)로서 "전(全) 인류"를 가리킨다. 시인으로 대표되는 기도자들은 용서받을 뿐만 아니라 선택을 받아 하나님의 현존을 의미하는 "주의 뜰", "주의 집", "주의 성전"과 같은 곳에 거주할 수 있게 된다. 이들은 "행복"(אַשְׁרֵי, 아쉬레)한 사람들이며 성소에서 만족할 것이다. 그들은 성소에서 실질적이고 영적인, 선물과 같은 경험을 하게 될 것이다. 여기에는 성소에서의 식사가 포함된다.

주께서 내 원수의 목전에서
내게 상을 차려 주시고
기름을 내 머리에 부으셨으니
내 잔이 넘치나이다(시 23:5).

그들이 **주의 집에 있는 살진 것으로 풍족할 것이라.**
주께서 주의 복락의 강물을 마시게 하시리이다(시 36:8).

하나님의 집에서는 찬양과 서원(1절), 기도의 응답(2절), 죄의 용서(3절), 희생 제사와 잔치 참여(4절)가 동시에 이루어진다.

2) 온 세상을 구원하시는 하나님을 찬양(5-8절)

5 우리 구원의 하나님이시여,
땅의 모든 끝과
먼 바다에 있는 자가 의지할 주께서

의를 따라 엄위하신 일로

우리에게 응답하시리이다.

6 주는 주의 힘으로 산을 세우시며

권능으로 띠를 띠시며

7 바다의 설렘과

물결의 흔들림과

만민의 소요까지 진정하시나이다.

8 땅 끝에 사는 자가 주의 징조를 두려워하나이다.

주께서 아침 되는 것과

저녁 되는 것을 즐거워하게 하시며

5-8절은 온 세상을 구원하시는 하나님을 찬양하면서 하나님의 행위를 우주적 전망으로 묘사한다. 5절의 "엄위하신 일"(נוֹרָאוֹת, 노라오트)은 하나님이 "창조에서 행하신 일"("하나님이여, 위엄을 성소에서 나타내시나이다. 이스라엘의 하나님은 그의 백성에게 힘과 능력을 주시나니 하나님을 찬송할지어다", 시 68:35)과 "역사에서 행하신 일"("주께서는 경외 받을 이시니 주께서 한 번 노하실 때에 누가 주의 목전에 서리이까", 시 76:7)을 집약한표현이다. "열방들" 곧 "모든 육체"가 시온 성소로 순례하는 모습에서 알 수 있듯이 하나님의 영향력은 가히 우주적이다. "땅의 모든 끝과 먼 바다에 있는 자" 모두 시온에 계신 하나님을 의지한다.

8 그가 바다에서부터 바다까지와

강에서부터 땅 끝까지 다스리리니

9 광야에 사는 자는 그 앞에 굽히며
그의 원수들은 티끌을 핥을 것이며
10 다시스와 섬의 왕들이 조공을 바치며
스바와 시바 왕들이 예물을 드리리로다.
11 모든 왕이 그의 앞에 부복하며
모든 민족이 다 그를 섬기리로다(시 72:8-11).

시온에 거하시는 하나님의 권능은 온 우주로 확장된다.

6-7절은 하나님의 창조 행위를 묘사한다. 구원의 하나님이 곧 창조의 하나님이다. 하나님은 피조물 중 가장 안정된 것의 본보기인 "산들"(הָרִים, 하림)을 세우신 분으로서, "권능으로" 띠를 띠고 있는 용사시다(6절).

또한 혼돈의 세력과 싸우며 열방을 지배하고 조종하시는 분이다(7절). 하나님은 "최초의 창조"(creatio prima)인 "바다의 설렘과 물결의 흔들림"에서뿐만 아니라 "지속적인 창조"(creatio continua)에 해당하는 "만민의 소요" 속에서도 혼돈과 싸우시는 분이다. 하나님은 태초의 바다를 정복하고 다스리실 뿐만 아니라 현재의 역사에도 개입하셔서 국제 정치의 소요 세력을 지배하신다.

따라서 모든 사람들 곧 "땅 끝에 사는 자"가 "주의 징조"를 두려워한다(8절). 주의 징조는 야웨 스스로 자신의 권능을 알리시는 표시다. 또한 동쪽 끝에서 서쪽 끝으로, 해 뜨는 곳에서 해 지는 곳으로 전 세계에 환성이 울려 퍼진다. 아침은 일출 장소인 동쪽을, 저녁은 일몰 장소인 서쪽을 가리킨다. 이처럼 모든 사람들이 하나님의 현존 앞에서 두려움과 즐거움을 동시에 느낀다!

3) 온 땅에 골고루 물을 주시는 하나님을 찬양(9-13절)

9 땅을 돌보사 물을 대어

심히 윤택하게 하시며

하나님의 강에 물이 가득하게 하시고

이같이 땅을 예비하신 후에

그들에게 곡식을 주시나이다.

10 주께서 밭고랑에 물을 넉넉히 대사

그 이랑을 평평하게 하시며

또 단비로 부드럽게 하시고

그 싹에 복을 주시나이다.

11 주의 은택으로 한 해를 관 씌우시니

주의 길에는 기름 방울이 떨어지며

12 들의 초장에도 떨어지니

작은 산들이 기쁨으로 띠를 띠었나이다.

13 초장은 양 떼로 옷 입었고

골짜기는 곡식으로 덮였으매

그들이 다 즐거이 외치고

또 노래하나이다.

9-13절은 온 땅에 물을 주시는 하나님을 찬양하는 내용이다. 하나님

은 용서하시고(1-4절) 피조물을 질서 있게 창조하고 보존하시며(5-8절) 육체적인 삶의 필요를 공급하신다(9-13절).

"땅을 돌보사 물을 대어 심히 윤택하게 하시며"(9a절)는 이 시의 세 번째 단락인 9-13절의 제목 역할을 한다. 하나님은 "물"을 제공하심으로써 당신의 "땅"(אֶרֶץ, 에레츠)을 돌보시는 우주의 농부와 같다. 이어지는 구절은 이런 돌봄의 과정을 구체적으로 묘사한다. "하나님의 강"에서 "강"(פֶּלֶג, 펠레그)은 인공 "관개수로"인 "개울"을 뜻한다.

그는 **시냇가**(펠레그)에 심은 나무가 철을 따라 열매를 맺으며
그 잎사귀가 마르지 아니함 같으니
그가 하는 모든 일이 다 형통하리로다(시 1:3).

크게 살륙하는 날
망대가 무너질 때에
고산마다 준령마다
그 위에 개울과 **시냇물**(펠레그)이 흐를 것이며(사 30:25).

"하나님의 개울"은 하늘의 궁창 위에 있는 하나님의 댐에서 땅 위의 필요한 곳까지 물을 운반하는 길이다. 그 물을 통해 내리는 비를 통해 곡식이 풍성하게 자란다. "하나님의 강" 곧 "하나님의 개울"은 지속적인 축복과 비의 원천이 된다. 성경에서 "물의 이미지"는 두 가지의 형태로 나타나는데 "혼돈을 가져오는 물"로 표현될 때도 있다.

3 여호와여, 큰 물이 소리를 높였고

큰 물이 그 소리를 높였으니

큰 물이 그 물결을 높이나이다.

4 높이 계신 여호와의 능력은

많은 물 소리와 바다의 큰 파도보다 크니이다(시 93:3-4; 참조. 사 27:1; 51:9-10).

또한 "생명을 가져오는 물"로 묘사되기도 한다.

안개만 땅에서 올라와 온 지면을 적셨더라(창 2:6; 참조. 겔 47:1-10; 계 22:1-5).

시편 65편에 등장하는 "물"은 두 가지 이미지를 모두 포함하고 있다. "바다의 설렘과 물결의 흔들림"으로 표현되는 7절의 물은 제압해야 할 "혼돈의 물"인 반면, 9-10절의 물은 땅을 윤택하고 풍요롭게 하는 "생명의 물"이다.

바싹 마른 경작지는 이제 비옥한 토지로 변한다(10절). "한 해를 관 씌우시고"라는 11절의 표현은 가을 추수 때를 가리킨다. 여기서 "은택"(טוֹבָה, 토바)은 4절의 "아름다움"(טוּב, 투브)과 어근이 같다. 우리는 추수를 하면서 하나님의 현존에서 나오는 아름다움을 경험한다. "주의 길"은 구름의 운전자인 하나님을 연상시킨다.

그룹을 타고 다니심이여,

바람 날개를 타고 높이 솟아오르셨도다(시 18:10).

하나님께 노래하며 그의 이름을 찬양하라.
하늘을 타고
광야에 행하시던 이를 위하여
대로를 수축하라.
그의 이름은 여호와이시니
그의 앞에서 뛰놀지어다(시 68:4).

옛적 하늘들의 하늘을 타신 자에게 찬송하라.
주께서 그 소리를 내시니 웅장한 소리로다(시 68: 33).

여기서 "기름 방울"은 비를 가리킨다.

나는 내가 사랑하는 자를 위하여 노래하되
내가 사랑하는 자의 포도원을 노래하리라.
내가 사랑하는 자에게 포도원이 있음이여,
심히 기름진 산에로다(사 5:1).

좋은 꼴을 먹이고 그 우리를 이스라엘 높은 산에 두리니 그것들이 그 곳에 있는 좋은 우리에 누워 있으며 이스라엘 산에서 살진 꼴을 먹으리라(겔 34:14).

꿀송이에서 꿀이 뚝뚝 떨어지듯 주님 가시는 길마다 풍요로움이 뚝뚝 떨어진다.

12-13절은 옷을 입히는 비유로서 "목초지와 골짜기의 풍요로움"을 묘사한다. 곡식만 풍부한 것이 아니다. "광야"(מִדְבָּר, 미드바르)도 풍성한 초목으로 가득해진다. 자연의 풍요로움은 그 자체로 자연의 환호를 표현한다. 자연도 함께 하나님을 찬양하는 것이다. 결국 하나님의 복으로 인해 땅도 큰 잔치를 열고 기쁨을 누린다.

4. 메시지

시인은 시온 성소에서 용서를 구하고 만족을 얻는 것을 인생의 첫 번째 목표로 제시한다. 성소의 아름다움을 체험할 때 비로소 인생의 풍요로움을 경험할 수 있기 때문이다. 시인은 세속적인 행운에 쏠린 마음을 거두고 하나님께 모든 관심을 집중한다. 모든 일에는 우선순위가 있다. 우리의 죄를 용서하시고 기도에 응답하시는 하나님께 의지하는 것이 인생의 최우선 순위가 되어야 한다. 시인은 우리의 기술과 노력을 통해 이 땅의 풍요로운 생산을 일구어낸다는 일반적인 사고에서 벗어나, 오직 하나님으로 인해 풍요로움을 선물 받을 수 있다는 사상을 제시한다. 오직 하나님만이 그것을 가능케 하시는 분이므로 우리는 마땅히 하나님께 감사와 찬양을 올려야 한다.

66편

살리고 단련시키시는 하나님:

“와서 하나님께서 행하신 일을 보라”

1. 양식

시편 66편은 "찬양시"(psalm of praise)로 분류된다. 이 시는 하나님께서 그분의 백성을 위해 행하신 일을 찬양하는 노래로서 공동체의 찬양(1-12절)과 개인의 감사(13-20절)가 결합된 구조를 갖추고 있다.

2. 구조

1) 1-4절: 찬양을 촉구하는 도입송
2) 5-7절: 하나님의 행적을 주목하라는 촉구
3) 8-12절: 열방을 향한 찬양 촉구
4) 13-15절: 서원 실행에 대한 보고
5) 16-20절: 기도 응답에 대한 찬양

3. 내용

1) 찬양을 촉구하는 도입송(1-4절)

1 온 땅이여,
하나님께 즐거운 소리를 낼지어다.
2 그의 이름의 영광을 찬양하고
영화롭게 찬송할지어다.
3 하나님께 아뢰기를

"주의 일이 어찌 그리 엄위하신지요?
주의 큰 권능으로 말미암아
주의 원수가 주께 복종할 것이며
4 온 땅이 주께 경배하고
주를 노래하며
주의 이름을 노래하리이다" 할지어다. (셀라)

1-4절은 모든 민족에게 찬양을 촉구하는 도입송이다. 시인은 "온 땅"(כָּל־הָאָרֶץ, 콜-하아레츠) 곧 "모든 민족"을 향해 찬양하라고 말한다(1절). "하나님의 이름의 영광"과 "하나님의 영광"이 모두 찬양의 대상이 된다(2절). 3-4절의 인용 구절은 찬양하는 이유를 제시한다. 3a절의 "하나님의 엄위하신 일"은 하나님이 창조와 역사 속에서 행하신 놀라운 업적을 뜻한다.

우리 구원의 하나님이시여,
땅의 모든 끝과
먼 바다에 있는 자가 의지할 주께서
의를 따라 엄위하신 일로 우리에게 응답하시리이다(시 65:5).

하나님이 행하신 일이 놀라울 정도로 압도적이기 때문에 주의 원수들조차 그분의 권능을 인정할 수밖에 없다(3b절). 온 땅이 자연스레 하나님을 경배하며 찬양한다(4절).

2) 하나님의 행적을 주목하라는 촉구(5-7절)

5 와서 하나님께서 행하신 것을 보라.
사람의 아들들에게 행하심이 엄위하시도다.
6 하나님이 바다를 변하여 육지가 되게 하셨으므로
무리가 걸어서 강을 건너고
우리가 거기서 주로 말미암아 기뻐하였도다.
7 그가 그의 능력으로 영원히 다스리시며
그의 눈으로 나라들을 살피시나니
거역하는 자들은 교만하지 말지어다. (셀라)

5-7절은 앞 단락(1-4절)에 이어 모든 민족을 향해 하나님의 행적에 주목하라고 권고하는 내용이다. 시인은 우선 하나님이 "사람의 아들들"에게 행하신 일을 언급한다(5절). 여기서 "사람의 아들들"(בְּנֵי אָדָם, 베네 아담)이라는 표현은 시편 49:2과 62:9에도 등장하는데 모두 "비천한 사람"을 가리킨다.

귀(베네 이쉬) **천**(베네-아담)
빈부를 막론하고
다 들을지어다(시 49:2).

아, 슬프도다!
사람(베네-아담)은 입김이며

인생(베네 이쉬)도 속임수이니

저울에 달면 그들은 입김보다 가벼우리로다(시 62:9).

이 표현은 구체적으로 이집트에서 종살이하던 이스라엘 사람을 암시한다.

시인은 하나님이 비천한 사람들을 홍해에서 구원하신 출애굽 사건을 말하고 있다(6절). 그는 "우리가 거기서"라는 표현을 통해 현재 하나님의 백성이 과거 출애굽 사건의 수혜자였음을 보여준다. 즉 찬양을 통해 과거의 구원이 현재화된 것이다. 이는 "거기 너 있었는가? 그때에 주가 십자가 위에 달릴 때"라는 찬송가(147장) 가사가 전달하는 것과 마찬가지로 오늘날 그리스도인들이 십자가 사건에 동참하고 있다는 말의 의미를 잘 드러내준다.

그는 7절에서 하나님이 지속적으로 열방을 통치하고 계신다고 말하면서 또 다른 찬양의 이유를 제시한다. 하나님은 세계의 통치자로서 모든 나라를 주시하고 계신다.

여호와께서는 그의 성전에 계시고

여호와의 보좌는 하늘에 있음이여.

그의 눈이 **인생**(베네 아담)을 통촉하시고

그의 안목이 그들을 감찰하시도다(시 11:4).

여호와께서 하늘에서 **인생**(베네-아담)을 굽어살피사

지각이 있어 하나님을 찾는 자가 있는가 보려 하신즉(시 14:2).

하나님이 하늘에서 **인생**(베네-아담)을 굽어살피사

지각이 있는 자와

하나님을 찾는 자가 있는가 보려 하신즉(시 53:2).

이 땅의 어떤 민족도 하나님의 눈을 피해 숨을 수 없다. "하나님을 거역하는 자들"도 3절의 원수들처럼 하나님의 통치에서 벗어날 수 없다. 인간은 이 사실을 깨끗하게 인정해야 한다.

하나님이 고독한 자들은 가족과 함께 살게 하시며

간힌 자들은 이끌어 내사 형통하게 하시느니라.

오직 거역하는 자들의 거처는 메마른 땅이로다(시 68:6).

3) 열방을 향한 찬양 촉구(8-12절)

8 만민들아,

우리 하나님을 송축하며

그의 찬양 소리를 들리게 할지어다.

9 그는 우리 영혼을 살려 두시고

우리의 실족함을 허락하지 아니하시는 주시로다.

10 하나님이여,

주께서 우리를 시험하시되

우리를 단련하시기를

은을 단련함 같이 하셨으며

11 우리를 끌어 그물에 걸리게 하시며

어려운 짐을 우리 허리에 매어 두셨으며

12 사람들이 우리 머리를 타고 가게 하셨나이다.

우리가 불과 물을 통과하였더니

주께서 우리를 끌어내사

풍부한 곳에 들이셨나이다.

8-12절은 열방을 향해 하나님을 찬양하라고 촉구한다. 하나님은 출애굽 사건 이후에도 놀라운 일을 계속 행하신다. 시인은 "만민들"(עַמִּים, 아밈)에게 하나님을 송축하고 찬양하라고 말한다(8절).

9-12절은 찬양의 이유를 설명한다. 하나님은 백성의 생명을 살려주셨고(9절) 때로 시험을 통해 은을 정련하듯이 단련하셨다(10절).

여호와의 말씀은 순결함이여,

흙 도가니에 일곱 번 단련한 은 같도다(시 12:6).

여호와여, 나를 살피시고 시험하사

내 뜻과 내 양심을 단련하소서(시 26:2).

11a절의 "그물에 걸리게 하시며"는 포로의 경험을 가리킨다.

이방이 포위하고 있는 지방에서 그를 치러 와서

그의 위에 그물을 치고 함정에 잡아(겔 19:8).

"어려운 짐을 우리 허리에 매어두다"(11b절)라는 표현 역시 포로 상황과 관련된 것으로 보인다.

또한 12절의 "우리 머리를 타고 가게 하셨나이다"는 말은 적들에게 철저하게 굴종하는 이스라엘의 모습을 묘사한다.

그 잔을 너를 괴롭게 하던 자들의 손에 두리라.

그들은 일찍이 네게 이르기를 "엎드리라.

우리가 넘어가리라" 하던 자들이라.

너를 넘어가려는 그들에게

네가 네 허리를 땅과 같게,

길거리와 같게 하였느니라 하시니라(사 51:23).

"불과 물"은 양극단을 표현함으로써 전체를 포괄하는 총칭 용법(merism)으로서 여기서는 극단적인 위험을 진술하는 데 쓰인다.

네가 **물** 가운데로 지날 때에

내가 너와 함께 할 것이라.

강을 건널 때에 물이 너를 침몰하지 못할 것이며

네가 **불** 가운데로 지날 때에 타지도 아니할 것이요,

불꽃이 너를 사르지도 못하리니(사 43:2).

이스라엘은 "불과 물"의 엄청난 고난과 시련을 통과한 후 해방과 자유가 있는 풍성한 곳으로 인도되었다. 하나님의 백성인 이스라엘이 모든

시험을 극복하고 여전히 건재한다는 사실은 모든 열방에 야웨의 권능을 보여주는 표지가 되었다.

4) 서원 실행에 대한 보고(13-15절)

13 내가 번제물을 가지고
주의 집에 들어가서
나의 서원을 주께 갚으리니
14 이는 내 입술이 낸 것이요,
내 환난 때에 내 입이 말한 것이니이다.
15 내가 숫양의 향기와 함께 살진 것으로
주께 번제를 드리며
수소와 염소를 드리리이다. (셀라)

13-15절에서 시인은 서원을 실행하는 모습을 구체적으로 묘사함으로써 개인적인 감사를 드러낸다. 그는 자신을 구원해주신 하나님께 감사하는 마음으로 약속했던 서원을 즉시 실행한다(13절).

이 서원은 단순한 약속이 아니라 시련의 때에 자신의 입으로 직접 하나님께 한 약속이다(14절). 시인은 서원을 바칠 때의 상황을 설명하면서 약속에 대한 책임을 강조한다. 히브리어 원문에 따르면 15절에 나오는 "숫양의 향기"에서 "숫양"은 복수형인 "숫양들"이고 "수소"도 복수형인 "수소들"이다. 이 서약을 이행하기 위해 사용된 제물의 양이 적지 않음을 알 수 있다. 어떻게 보면 지나칠 정도로 많은 제물이 동원되었다. 어쨌든 시인은 "풍부한 곳"으로 이끄신 하나님께 "살진 것"으로 화답하며 번제를 드린다.

5) 기도 응답에 대한 찬양(16-20절)

16 하나님을 두려워하는 너희들아,
다 와서 들으라.
하나님이 나의 영혼을 위하여 행하신 일을
내가 선포하리로다.
17 내가 나의 입으로 그에게 부르짖으며
나의 혀로 높이 찬송하였도다.
18 내가 나의 마음에 죄악을 품었더라면
주께서 듣지 아니하시리라.
19 그러나 하나님이 실로 들으셨음이여,
내 기도 소리에 귀를 기울이셨도다.
20 하나님을 찬송하리로다.
그가 내 기도를 물리치지 아니하시고
그의 인자하심을 내게서 거두지도 아니하셨도다.

16-20절에서 시인은 기도에 응답해주신 하나님을 찬양한다. 그는 동물을 드리는 것으로 만족하지 않고, 하나님을 예배하는 자들 곧 "하나님을 두려워하는 자들"을 모아 하나님의 계속되는 구원 사역을 간증한다(16절).

시인은 곤경 가운데서 하나님의 구원을 체험했던 일을 생생하게 전한다. 그는 고통 중에서도 기도하며 하나님을 찬양했다(17절). 그 과정에서 부르짖는 입은 자연스레 찬송의 혀로 변했다.

그는 자신이 무죄하지 않았다면 기도가 응답되지 못했을 것이라고 고백한다(18절). 그의 마음속에 음모나 계략 또는 남을 해칠 의도가 있었다면 하나님께서 그를 도와주지 않으셨을 것이다.

> 하나님이 죄인의 말을 듣지 아니하시고 경건하여 그의 뜻대로 행하는 자의 말은 들으시는 줄을 우리가 아나이다(요 9:31).

하나님은 시인이 자신을 경외하는 자임을 아시고 그의 기도에 응답해주셨다(19절). 이는 시인의 마음속에 어떤 악의도 없었음을 잘 말해준다.

20절의 "하나님을 찬송하리로다"(בָּרוּךְ אֱלֹהִים, 바루크 엘로힘)라는 표현은 소위 "축복(찬송) 공식"(Baruk-Formel)이라고 한다. 그런데 바루크의 목적어가 하나님이 되면 "축복하다"의 의미보다 "찬양하다"란 의미가 강조된다. 이런 "찬송(축복) 공식"에는 흔히 찬송 및 축복의 이유가 따라붙는다.

> **여호와를 찬송함이여**(바루크 야웨),
> 내 간구하는 소리를 들으심이로다(시 28:6).

> **여호와를 찬송할지어다**(바루크 야웨).
> 견고한 성에서 그의 놀라운 사랑을 내게 보이셨음이로다(시 31:21).

우리를 내주어 그들의 이에 씹히지 아니하게 하신

여호와를 찬송할지로다(바루크 야웨)(시 124:6).

이 시편의 시인은 하나님께서 자신의 기도를 물리치지 않으셨으며 그분의 인자(חֶסֶד, 헤세드)를 거두지 않으셨다는 사실을 근거로 그분을 찬송한다. 입으로 드린 기도는 이제 찬송으로 바뀐다.

4. 메시지

시인은 열방을 향해 이스라엘의 하나님을 경배하고 찬양하라고 촉구한다. 하나님은 이집트에서 종살이를 하며 열방 중에서 비천한 민족으로 살고 있던 이스라엘을 권능으로 해방시키셨다. 당신의 백성을 위한 하나님의 구원 사역은 그 이후에도 계속된다. 하나님은 교만하고 권세 있는 자들을 낮추시는 대신 비천하고 약한 자들을 일으켜 세우신다.

4 용사의 활은 꺾이고

넘어진 자는 힘으로 띠를 띠도다.

5 풍족하던 자들은 양식을 위하여 품을 팔고

주리던 자들은 다시 주리지 아니하도다.

전에 임신하지 못하던 자는 일곱을 낳았고

많은 자녀를 둔 자는 쇠약하도다.

6 여호와는 죽이기도 하시고

살리기도 하시며

스올에 내리게도 하시고

거기에서 올리기도 하시는도다.

7 여호와는 가난하게도 하시고

부하게도 하시며

낮추기도 하시고

높이기도 하시는도다.

8 가난한 자를 진토에서 일으키시며

빈궁한 자를 거름더미에서 올리사

귀족들과 함께 앉게 하시며

영광의 자리를 차지하게 하시는도다.

땅의 기둥들은 여호와의 것이라.

여호와께서 세계를 그것들 위에 세우셨도다(삼상 2:4-8; 참조. 눅 1:46-56).

보잘것없는 그분의 백성인 "사람의 아들들"(בְּנֵי אָדָם, 베네 아담)이 역사의 위기를 거치면서도 완전히 소멸되지 않고 여전히 존속하는 것은 하나님이 행하신 놀라운 일의 결과다. 하나님은 이스라엘의 신이실 뿐 아니라 열방의 신이시다. 시인은 열방의 백성들을 향해 하루빨리 이를 깨닫고 하나님을 찬양하라고 간절히 호소한다. 이렇게 모든 민족과 열방이 하나님의 품 안으로 초대된다.

67편

모두가 복 받는 세상:

“주의 구원을 모든 나라에 알리소서”

1. 양식

시편 67편은 "간구시"(psalm of supplication)로 분류된다. 이 시편의 시인은 이스라엘뿐만 아니라 온 세상이 복을 받기를 기원하면서 그 복을 경험한 온 세상이 하나님을 찬송하게 될 날이 속히 오기를 간구한다.

2. 구조

1) 1-2절: 하나님의 구원이 모든 열방으로 확대되기를 간구
2) 3-5절: 모든 열방이 하나님 찬양하기를 간구
3) 6-7절: 복을 경험한 모든 열방이 하나님 경외하기를 간구

3. 내용

1) 하나님의 구원이 모든 열방으로 확대되기를 간구(1-2절)

1 하나님은 우리에게 은혜를 베푸사 복을 주시고
그의 얼굴 빛을 우리에게 비추사 (셀라)
2 주의 도를 땅 위에,
주의 구원을 모든 나라에게 알리소서.

1-2절은 이스라엘에게 복을 주셔서 그로 인해 열방이 깨우침을 얻게 해달라는 간구다. 1절은 민수기 6:24-25에 기록된 아론의 축복을 변

형한 형태다.

24 여호와는 네게 복을 주시고
너를 지키시기를 원하며
25 여호와는 그의 얼굴을 네게 비추사
은혜 베푸시기를 원하며
26 여호와는 그 얼굴을 네게로 향하여 드사
평강 주시기를 원하노라 할지니라 하라(민 6:24-26).

"은혜를 베푸사", "복을 주시고", "얼굴 빛을 비추사"라는 이 세 표현은 아론의 축복에서 비롯된 것이다. "하나님의 빛나는 얼굴"의 반대는 "하나님의 감추어진 얼굴"이다. 하나님이 얼굴을 돌리시면 백성의 생명이 위태로워진다.

여호와여, 주의 은혜로 나를 산 같이 굳게 세우셨더니
주의 얼굴을 가리시매 내가 근심하였나이다(시 30:7).

어찌하여 **주의 얼굴을 가리시고**
우리의 고난과 압제를 잊으시나이까?(시 44:24)

또 그들이 돌이켜 다른 신들을 따르는 모든 악행으로 말미암아 내가 그 때에 반드시 **내 얼굴을 숨기리라**(신 31:18).

2절에 언급된 주의 "도"(道)는 주의 "길"(דֶּרֶךְ, 데레크)로서 가시적으로 표현된 구원의 흔적이다. 이 구절은 "하나님이 가시는 구원의 길을 만방이 알게 하시라"는 소망을 담고 있다. 이 기도는 이런 점에서 아론의 축복과 뚜렷하게 구분된다. 아론의 축복은 전적으로 이스라엘의 행복에 초점을 맞추는 반면, 이 시편의 시인은 이스라엘의 복이 "모든 나라"의 구원을 포함하는 범위로 확장되기를 원한다. 하나님은 열방이 구원의 길을 깨우치고 인정하기를 바라는 마음으로 그분의 백성에게 복을 주신다.

2) 모든 열방이 하나님 찬양하기를 간구(3-5절)

> 3 하나님이여,
> 민족들이 주를 찬송하게 하시며
> 모든 민족들이 주를 찬송하게 하소서.
> 4 온 백성은 기쁘고 즐겁게 노래할지니
> 주는 민족들을 공평히 심판하시며
> 땅 위의 나라들을 다스리실 것임이니이다. (셀라)
> 5 하나님이여,
> 민족들이 주를 찬송하게 하시며
> 모든 민족으로 주를 찬송하게 하소서.

3-5절은 열방을 향해 하나님을 찬양하라고 요청하는 간구다. 3절은 일종의 후렴구인데, 5절에서 다시 반복된다. 시인은 하나님의 구원

대상을 확대시킨다. 2절의 "땅"(אֶרֶץ, 에레츠: 땅)과 "모든 나라"(כָּל־גּוֹיִם, 콜-고임)에 이어 "민족들"(עַמִּים, 아밈)에게도 하나님의 구원이 베풀어진다. 시인은 이들도 하나님께 감사하며 찬송하기를 바란다. "찬송하다"(ידה, 야다)라는 동사에는 "감사하다"라는 뜻도 내포되어 있다. 열방의 감사는 하나님의 길을 알고 그분의 구원을 체험하고 난 결과에서 나오는 것이다.

4절은 두 번째 단락(3-5절)의 중심이 된다. 이 절은 3절과 5절의 동일한 후렴구로 둘러싸여 있으며 이 시 전체의 핵심이기도 하다. 여기에서는 "땅"(אֶרֶץ, 에레츠), "모든 나라"(כָּל־גּוֹיִם, 콜-고임), "민족들"(עַמִּים, 아밈)에 이어 "온 백성"(לְאֻמִּים, 레우밈)이 등장함으로써 찬양의 대상이 다시 한번 확대된다. 시인은 하나님이 모든 민족을 공평하게 심판하시며 모든 나라를 다스리시기 때문에 그분을 찬양한다고 밝힌다. "다스리다"(נחה, 나하)는 "인도하다/이끌다"라는 뜻이다. 하나님은 목자가 양을 돌보는 것처럼 모든 나라를 인도하신다.

> 내 영혼을 소생시키시고
> 자기 이름을 위하여
> 의의 길로 **인도하시는도다**(나하)(시 23:3).

하나님은 아브라함과 그의 가족을 보살피실 때의 모습으로 모든 나라와 민족을 대하신다. 하나님의 정의는 국가적 경계나 종교 및 인종의 장벽에 제한받지 않는다. 하나님의 정의와 인도하심은 단 한 치의 차별도 없이 모든 이들에게 동일하게 적용된다.

5절의 후렴은 4절의 내용을 강조한다. 종합하면 이 단락은 땅 위의 모든 백성이 야웨 하나님을 찬양하는 데 동참하게 되기를 간구하는 내용이라 할 수 있다.

3) 복을 경험한 모든 열방이 하나님 경외하기를 간구(6-7절)

> 6 땅이 그의 소산을 내어 주었으니
> 하나님 곧 우리 하나님이
> 우리에게 복을 주시리로다.
> 7 하나님이 우리에게 복을 주시리니
> 땅의 모든 끝이
> 하나님을 경외하리로다.

6-7절에는 이스라엘에게 복을 주시는 하나님을 보며 모든 열방이 그분을 경외하게 되기를 바라는 시인의 간구가 담겨 있다. 6절에서 시인은 땅이 그에게 소산을 주었다고 언급한다. 이는 하나님이 간접적인 축복의 방식을 채택하심으로써 땅으로부터 풍성한 결실을 맺게 해주신 것을 의미한다.

> 11 하나님이 이르시되 "땅은 풀과 씨 맺는 채소와 각기 종류대로 씨 가진 열매 맺는 나무를 내라 하시니" 그대로 되어 12 땅이 풀과 각기 종류대로 씨 맺는 채소와 각기 종류대로 씨 가진 열매 맺는 나무를 내니 하나님이 보시기에 좋았더라(창 1:11-12).

이 모든 수확은 하나님의 약속이 성취된 결과다.

> 내가 너희에게 철따라 비를 주리니 땅은 그 산물을 내고 밭의 나무는 열매를 맺으리라(레 26:4).

추수는 하나님이 복을 내려주셨다는 증거다. 시인은 "하나님 곧 우리 하나님"이라고 반복하여 표현하는데, "하나님"(אֱלֹהִים, 엘로힘)은 보편성의 표현이며 "우리 하나님"(엘로헤누)은 특수성을 나타낸다. "우리 하나님"이라는 호칭은 이스라엘과 하나님이 맺고 있는 특별한 관계를 보여준다.

시인은 7절에서 하나님의 활동이 이스라엘을 넘어 전 세계 곧 "땅의 모든 끝"까지 미치기를 간구한다. 여기서 사용된 "땅의 모든 끝"은 앞에서 사용된 "땅"(אֶרֶץ, 에레츠), "모든 나라"(כָּל־גּוֹיִם, 콜-고임), "민족들"(עַמִּים, 아밈), "온 백성"(לְאֻמִּים, 레우밈)과 같은 용어와 마찬가지로 최고 절정을 표현한다. 시인은 이스라엘뿐만 아니라 "세상 모든 끝"까지도 하나님의 복을 경험하고 그분을 경외해야 한다고 말한다.

> 땅의 모든 끝이 여호와를 기억하고 돌아오며
> 모든 나라의 모든 족속이 주의 앞에 예배하리니(시 22:27).

4. 메시지

시인은 이스라엘과 온 세상이 모두 복을 받고 하나님을 찬송하게 되기를 간구한다. 이스라엘의 복은 모든 사람들을 위한 복이 될 것이다.

> "너를 축복하는 자에게는 내가 복을 내리고 너를 저주하는 자에게는 내가 저주하리니, **땅의 모든 족속이 너로 말미암아 복을 얻을 것이라"** 하신지라(창 12:3).

복을 받은 이스라엘의 모습은 열방의 관심을 끌게 될 것이다. 또한 열방은 이스라엘의 구원 역사를 통해 하나님의 다스리심을 발견하게 된다. 구약의 이스라엘은 신약의 교회이자 오늘날의 그리스도인을 뜻한다. 그리스도인은 세상을 밝힐 제사장이다.

> 너희가 내게 대하여 **제사장 나라가 되며** 거룩한 백성이 되리라. 너는 이 말을 이스라엘 자손에게 전할지니라(출 19:6).

> 그러나 너희는 택하신 족속이요 **왕 같은 제사장들이요** 거룩한 나라요 그의 소유가 된 백성이니 이는 너희를 어두운 데서 불러 내어 그의 기이한 빛에 들어가게 하신 이의 아름다운 덕을 선포하게 하려 하심이라(벧전 2:9).

또한 그리스도인은 하나님의 선한 얼굴빛을 가진 사람이다. 이 사람들이 모여 그리스도인으로서의 역할을 바르게 수행한다면 세상이 무방비 상태로 어둠 속에 방치되지는 않을 것이다. 우리는 시인과 같은 마음을 품은 채, 정의가 공정하게 행사되고 만민이 모두 복 받는 세상이 이뤄지기를 기대한다. 이 시편을 남긴 시인은 우리를 향해 차별을 없애고 개인적 탐욕을 억제하며 공적 유익(공동선)을 추구하는 세상을 만드는 일에 초점을 맞추라고 도전한다.

68편

우리를 업어주시는 하나님:

“날마다 우리의 짐을 지시는 주”

1. 양식

시편 68편은 "찬양시"(psalm of praise)로 분류된다. 이 시편의 시인은 구원하시는 하나님의 능력을 찬양한다.

2. 구조

1) 1-6절: 정의를 위해 싸우시는 하나님을 찬양
2) 7-14절: 전사(戰士)로서 승리의 행진을 하시는 하나님
3) 15-23절: 거룩한 산 예루살렘에 오르시는 하나님
4) 24-31절: 이스라엘 지파들의 행진
5) 32-35절: 열방 국가들에게 하나님 찬양을 촉구

3. 내용

1) 정의를 위해 싸우시는 하나님을 찬양(1-6절)

1 하나님이 일어나시니
원수들은 흩어지며
주를 미워하는 자들은
주 앞에서 도망하리이다.
2 연기가 불려 가듯이
그들을 몰아내소서.

불 앞에서 밀이 녹음 같이

악인이 하나님 앞에서 망하게 하소서.

3 의인은 기뻐하여

하나님 앞에서 뛰놀며

기뻐하고 즐거워할지어다.

4 하나님께 노래하며

그의 이름을 찬양하라.

하늘을 타고 광야에 행하시던 이를 위하여 대로를 수축하라.

그의 이름은 여호와이시니

그의 앞에서 뛰놀지어다.

5 그의 거룩한 처소에 계신 하나님은

고아의 아버지시며

과부의 재판장이시라.

6 하나님이 고독한 자들은 가족과 함께 살게 하시며

갇힌 자들은 이끌어 내사 형통하게 하시느니라.

오직 거역하는 자들의 거처는 메마른 땅이로다.

1-6절에서 시인은 정의를 위해 싸우시는 하나님을 크게 기뻐하며 찬양한다. 이 시편은 민수기에 실린 언약궤의 말씀(민 10:35-36)의 일부분인 "하나님이 일어나시니"로 시작한다(1a절).

35 궤가 떠날 때에는 모세가 말하되 "**여호와여, 일어나사** 주의 대적들을 흩으시고 주를 미워하는 자가 주 앞에서 도망하게 하소서" 하였고 36 궤

가 쉴 때에는 말하되 "여호와여, 이스라엘 종족들에게로 돌아오소서" 하였더라(민 10:35-36).

언약궤는 하나님의 임재를 상징한다. 하나님의 일어나시는 까닭은 악인을 최종적으로 심판하기 위함이다(1b절).

악인은 "날리는 연기"("악인들은 멸망하고 여호와의 원수들은 어린 양의 기름 같이 타서 연기가 되어 없어지리로다", 시 37:20)와 "불 앞에서 녹는 밀"("산들이 여호와의 앞 곧 온 땅의 주 앞에서 밀랍 같이 녹았도다", 시 97:5)과 같은 운명에 처해 있다(2절). 반면 의인은 하나님 앞에서 기뻐하고 즐거워하는 운명을 누린다(3절).

4절에서 말하는 "하늘을 타고 광야에 행하시는 분"은 원래 폭풍과 풍요의 신인 바알의 별칭이다. 그러나 시인은 이 별칭을 야웨에게 전용(轉用)함으로써 비와 풍요를 가져다주고 관장하는 분이 바알이 아닌 야웨임을 암시한다.

또한 야웨는 "고아의 아버지"이자 "과부의 재판장"으로 불린다(5절). 또한 야웨 하나님은 약자를 편애하셔서 "고독한 자들"과 "갇힌 자들"은 돌보시지만, 그분을 "거역하는 자들"은 광야의 메마른 곳으로 내치시기도 한다(6절).

2) 전사로서 승리의 행진을 하시는 하나님(7-14절)

7 하나님이여,

주의 백성 앞에서 앞서 나가사

광야에서 행진하셨을 때에 (셀라)

8 땅이 진동하며

하늘이 하나님 앞에서 떨어지며

저 시내 산도

하나님 곧 이스라엘의 하나님 앞에서

진동하였나이다.

9 하나님이여,

주께서 흡족한 비를 보내사

주의 기업이 곤핍할 때에

주께서 그것을 견고하게 하셨고

10 주의 회중을 그 가운데에 살게 하셨나이다.

하나님이여,

주께서 가난한 자를 위하여

주의 은택을 준비하셨나이다.

11 주께서 말씀을 주시니

소식을 공포하는 여자들은 큰 무리라.

12 여러 군대의 왕들이 도망하고 도망하니

집에 있던 여자들도 탈취물을 나누도다.

13 너희가 양 우리에 누울 때에는

그 날개를 은으로 입히고

그 깃을 황금으로 입힌 비둘기 같도다.

14 전능하신 이가 왕들을 그중에서 흩으실 때에는

살몬에 눈이 날림 같도다.

7-14절은 전사(戰士, divine warrior)이신 하나님께서 승리의 행진을 거행하시는 모습을 묘사한다. 우선 하나님께서 시내 산에서 현현하시는 광경을 상술한 후(7-10절), 전쟁에서 승리하시는 모습을 기술한다(11-14절). 약속의 땅을 향해 나아가는 백성 앞에서 하나님이 행진하시자(7절) 곧바로 땅이 뒤흔들리고 하늘에서 흡족한 비가 쏟아진다(8-9절). 이 비는 토양을 부드럽게 해줌으로써 경작을 용이하게 한다.

> 주께서 밭고랑에 물을 넉넉히 대사
> 그 이랑을 평평하게 하시며
> 또 단비로 부드럽게 하시고
> 그 싹에 복을 주시나이다(시 65:10).

하나님은 이토록 구체적이고 세심한 방법으로 그분의 백성과 가난한 자들을 보살피신다(10절).

하나님이 말씀하시자 원수들은 패배하고 그 기쁜 소식이 온 땅으로 퍼져나간다(11절). 참전하지 않았던 여성들도 승리의 전리품을 나누어 가진다(12절). 13절의 "날개를 은으로 입히고 그 깃을 황금으로 입힌 비둘기"는 전쟁에서 승리의 표시로 상징되는 전령 또는 신호를 보내는 비둘기로 보인다.

14a절의 "전능하신 이"(샤다이)는 "하나님"을 가리킨다. 하나님은 왕들을 흩으신다. 14b절의 "살몬에 눈이 날림 같도다"에서 "살몬"은 "검은 산"(현무암의 산)이라는 의미를 포함하는데, 이는 흰 눈과 대조를 이룬다. "눈"은 하나님의 무기로 사용되는 자연 현상 중 하나다.

22 네가 **눈 곳간**에 들어갔었느냐

우박 창고를 보았느냐?

23 내가 환난 때와 교전과 **전쟁의 날을 위하여**

이것을 남겨 두었노라(욥 38:22-23).

따라서 "살몬에 눈이 날림 같도다"라는 표현은 하나님의 뜻과 목적에 도전하는 왕과 그들의 군대를 파멸시키기 위해 하나님께서 개입하셨음을 의미한다.

3) 거룩한 산 예루살렘에 오르시는 하나님(15-23절)

15 바산의 산은 하나님의 산임이여,

바산의 산은 높은 산이로다.

16 너희 높은 산들아,

어찌하여 하나님이 계시려 하는 산을 시기하여 보느냐?

진실로 여호와께서 이 산에 영원히 계시리로다.

17 하나님의 병거는 천천이요 만만이라.

주께서 그중에 계심이 시내 산 성소에 계심 같도다.

18 주께서 높은 곳으로 오르시며

사로잡은 자들을 취하시고

선물들을 사람들에게서 받으시며

반역자들로부터도 받으시니

여호와 하나님이 그들과 함께 계시기 때문이로다.

19 날마다 우리 짐을 지시는 주,

곧 우리의 구원이신 하나님을

찬송할지로다. (셀라)

20 하나님은 우리에게 구원의 하나님이시라.

사망에서 벗어남은 주 여호와로 말미암거니와

21 그의 원수들의 머리

곧 죄를 짓고 다니는 자의 정수리는

하나님이 쳐서 깨뜨리시리로다.

22 주께서 말씀하시기를

내가 그들을 바산에서 돌아오게 하며

바다 깊은 곳에서 도로 나오게 하고

23 네가 그들을 심히 치고

그들의 피에 네 발을 잠그게 하며

네 집의 개의 혀로 네 원수들에게서

제 분깃을 얻게 하리라 하시도다.

15-23절은 거룩한 산 예루살렘에 오르시는 하나님의 모습을 묘사한다. 요르단 북동쪽에 위치한 "바산의 산"은 험준한 봉우리로 이루어져 있는 반면(15절), "하나님이 계시려고 하는 산"(시온)은 상대적으로 미미한 지형으로 되어 있다(16절). 하지만 시온은 하나님이 택하고 영원히 거주하시는 곳으로서 부러움의 대상이 된다. 하나님은 수많은 병거와 군사를 거느리고 전쟁에서 승리한 왕이 되어 시온 성소로 당당히 들어오신다(17절).

하나님은 "시내 산 성소"에서 "시온의 성소"로 이동하셨다. 전쟁 포로와 전리품들을 거느리고 승리의 행진을 마친 뒤 마지막으로 높은 곳에 오르신다(18절). 시인은 우리의 짐을 대신 맡은 구원의 하나님을 찬양한다(19절). 우리의 짐을 대신 짊어지신 야웨는 지친 짐승이나 인간의 어깨에 의지하여 이동할 수밖에 없는 바빌로니아의 신들과는 완전히 다른 모습이다.

> 그것을 들어 어깨에 메어다가
> 그의 처소에 두면 그것이 서 있고
> 거기에서 능히 움직이지 못하며
> 그에게 부르짖어도 능히 응답하지 못하며
> 고난에서 구하여 내지도 못하느니라(사 46:7).

게다가 하나님은 우리를 사망의 위험으로부터 구원해주시는 분이다(20절). 하나님의 구원은 원수들의 패배를 의미한다(21절).

22-23절은 하나님의 말씀을 전달한다. 하나님은 동쪽("바산")과 서쪽("바다 깊은 곳")에 머무는 모든 원수들을 소환하심으로써 막강한 힘을 나타내실 것이다(22절). "원수의 피에 발을 잠그게 한다"는 말은 전쟁의 승리를 과장되게 표현한 것이다(23절).

> 의인이 악인의 보복 당함을 보고 기뻐함이여,
> 그의 발을 악인의 피에 씻으리로다(시 58:10).

4) 이스라엘 지파들의 행진(24-31절)

24 하나님이여,

그들이 주께서 행차하심을 보았으니

곧 나의 하나님, 나의 왕이

성소로 행차하시는 것이라.

25 소고 치는 처녀들 중에서

노래 부르는 자들은 앞서고

악기를 연주하는 자들은 뒤따르나이다.

26 이스라엘의 근원에서 나온 너희여,

대회 중에 하나님

곧 주를 송축할지어다.

27 거기에는 그들을 주관하는

작은 베냐민과

유다의 고관과

그들의 무리와

스불론의 고관과

납달리의 고관이 있도다.

28 네 하나님이 너의 힘을 명령하셨도다.

하나님이여,

우리를 위하여 행하신 것을 견고하게 하소서.

29 예루살렘에 있는 주의 전을 위하여

왕들이 주께 예물을 드리리이다.

30 갈밭의 들짐승과

수소의 무리와

만민의 송아지를 꾸짖으시고

은 조각을 발 아래에 밟으소서.

그가 전쟁을 즐기는 백성을 흩으셨도다.

31 고관들은 애굽에서 나오고

구스인은 하나님을 향하여 그 손을 신속히 들리로다.

24-31절은 이스라엘 지파들의 행진을 묘사한다. 여기서 "주님의 행차"는 예루살렘 성전으로 운반되는 언약궤를 뜻한다(24절). 그 행렬의 뒤에는 "소고 치는 처녀들"(손북 치는 처녀들), "노래 부르는 자들"(성가대), "악기를 연주하는 자들"(현악대)이 포함되어 있다(25절). 26절에 나오는 "이스라엘의 근원"은 하나님을 가리킨다.

진실로 생명의 원천이 주께 있사오니

주의 빛 안에서 우리가 빛을 보리이다(시 36:9).

27절에서는 네 지파가 언급된다. 베냐민과 유다는 남부 지파를, 스불론과 납달리는 북부 지파를 대표한다. 이 네 지파는 이스라엘 열두 지파를 대표한다.

회중은 이어서 그들을 위해 행하신 하나님의 권능을 보여달라고 기도한다(28절). 또한 왕들이 하나님께 예물을 드리는 것은 하나님을 경배하는 의식의 일종이다(29절).

너희는 여호와 너희 하나님께 서원하고 갚으라.

사방에 있는 모든 사람도

마땅히 경외할 이에게 예물을 드릴지로다(시 76:11).

30절의 "갈밭의 들짐승", "수소의 무리", "만민의 송아지"는 이방 원수들의 왕이나 지도자를 가리키는 은유다. 하나님은 전쟁을 좋아하는 이들을 결국 흩어버리실 것이다. 31절의 "애굽"과 "구스"는 이스라엘과 적대적인 여러 나라를 대표한다. 하지만 가장 강력한 힘을 보유한 "애굽"과 가장 멀리 떨어져 있는 "구스"도 결국 하나님을 경배하게 될 것이다.

5) 열방 국가들에게 하나님 찬양을 촉구(32-35절)

32 땅의 왕국들아,

하나님께 노래하고

주께 찬송할지어다. (셀라)

33 옛적 하늘들의 하늘을 타신 자에게 찬송하라.

주께서 그 소리를 내시니

웅장한 소리로다.

34 너희는 하나님께 능력을 돌릴지어다.

그의 위엄이 이스라엘 위에 있고

그의 능력이 구름 속에 있도다.

35 하나님이여,

위엄을 성소에서 나타내시나이다.
이스라엘의 하나님은
그의 백성에게 힘과 능력을 주시나니
하나님을 찬송할지어다.

32-35절은 열방의 국가들을 향해 하나님을 찬양하라고 촉구하는 내용이다. 하나님의 힘은 성소에서 드러난다. 하나님은 그분의 백성에게 힘과 능력을 주신다(35절). 또한 태초부터 하늘의 주인이셨고(33절) 이스라엘(34절)과 열방(32절)의 하나님으로 자리하고 계셨다.

4. 메시지

시인은 자신이 만난 하나님을 매우 다양한 모습으로 묘사한다. 하나님은 고아, 과부, 고독한 자, 갇힌 자들의 편에 서서 그들에게 흡족한 비를 내려주심으로써 풍요로움을 베푸시는 분이다. 하나님은 재물을 탐하는 자들을 대적하시고 전쟁을 즐기는 자들을 흩으신다. 무엇보다도 하나님은 날마다 우리의 짐을 대신 짊어지시는 분이다.

3 야곱의 집이여,
이스라엘 집에 남은 모든 자여,
내게 들을지어다.
배에서 태어남으로부터 내게 안겼고
태에서 남으로부터 내게 업힌 너희여,

4 너희가 노년에 이르기까지 내가 그리하겠고
백발이 되기까지 내가 너희를 품을 것이라.
내가 지었은즉 내가 업을 것이요,
내가 품고 구하여 내리라(사 46:3-4).

고대 근동의 신들은 사람에게 "업히는" 존재다. 반면 야웨 하나님은 우리를 "업어주시는" 분이다. 우리 어깨에 얹혀 있는 무거운 짐을 덜어주시고 자신의 힘과 능력을 풍성히 부어주시는 분을, 우리가 어찌 찬양하지 않을 수 있겠는가!

수고하고 무거운 짐 진 자들아, 다 내게로 오라. 내가 너희를 쉬게 하리라(마 11:28).

69편

나의 원수에게 정의의 심판을:

"주께서 나의 비방과 수치와 능욕을 아시나이다"

1. 양식

시편 69편은 "개인 탄원시"(psalm of an individual lament)로 분류된다. 이 시는 까닭 없이 고통당하는 하나님의 종이 올리는 탄원으로서, 22-28절에 나오는 저주의 간구 때문에 저주시로 분류되기도 한다. 또한 시편 69편은 22, 110편과 함께 신약성경에서 자주 인용된다.

2. 구조

1) 1-4절: 첫 번째 탄원
2) 5-12절: 두 번째 탄원
3) 13-18절: 첫 번째 간구
4) 19-28절: 두 번째 간구
5) 29-33절: 첫 번째 찬양
6) 34-36절: 두 번째 찬양

3. 양식

1) 첫 번째 탄원(1-4절)

1 하나님이여,
나를 구원하소서.
물들이 내 영혼에까지 흘러 들어왔나이다.

2 나는 설 곳이 없는 깊은 수렁에 빠지며

깊은 물에 들어가니

큰 물이 내게 넘치나이다.

3 내가 부르짖음으로 피곤하여

나의 목이 마르며

나의 하나님을 바라서

나의 눈이 쇠하였나이다.

4 까닭 없이 나를 미워하는 자가

나의 머리털보다 많고

부당하게 나의 원수가 되어

나를 끊으려 하는 자가 강하였으니

내가 빼앗지 아니한 것도

물어 주게 되었나이다.

1-4절은 하나님을 향한 시인의 첫 번째 탄원으로 시작한다. 시인은 발이 닿지 않는 깊은 수렁에 빠졌다. 발버둥을 칠수록 점점 더 물속으로 가라앉는다(1-2절). 그는 익사 직전의 상태에서 허우적대고 있다. 아무리 절박하게 간구해도 하나님의 응답을 들을 수 없다(3절). 목이 쉬도록 부르짖지만 하나님의 침묵이 계속된다.

4절에 따르면 까닭 없이 시인을 공격하는 원수들이 헤아릴 수 없을 정도로 많다. 심지어 힘센 원수들이 그를 도둑으로 몬다. 그는 실제로 아무것도 탈취한 적이 없음에도 불구하고 배상을 해야 하는 억울한 상황을 맞았다.

2) 두 번째 탄원(5-12절)

5 하나님이여,

주는 나의 우매함을 아시오니

나의 죄가 주 앞에서 숨김이 없나이다.

6 주 만군의 여호와여,

주를 바라는 자들이 나를 인하여

수치를 당하게 하지 마옵소서.

이스라엘의 하나님이여,

주를 찾는 자가 나로 말미암아

욕을 당하게 하지 마옵소서.

7 내가 주를 위하여 비방을 받았사오니

수치가 나의 얼굴에 덮였나이다.

8 내가 나의 형제에게는 객이 되고

나의 어머니의 자녀에게는 낯선 사람이 되었나이다.

9 주의 집을 위하는 열성이 나를 삼키고

주를 비방하는 비방이 내게 미쳤나이다.

10 내가 곡하고 금식하였더니

그것이 도리어 나의 욕이 되었으며,

11 내가 굵은 베로 내 옷을 삼았더니

내가 그들의 말거리가 되었나이다.

12 성문에 앉은 자가 나를 비난하며

독주에 취한 무리가 나를 두고 노래하나이다.

5-12절은 시인의 두 번째 탄원이다. 시인은 먼저 모든 것을 다 아시는 하나님께 자신의 무죄를 항변한다(5절). 그는 자신이 본보기로 고난당하는 자라고 이해한다(6절). 이 단락에서 기술된 시인의 고난은 "주를 바라는 자들"과 "주를 찾는 자"의 고난을 대변한다. 시인의 몰락은 경건한 자들의 수치와 욕을 의미한다. 4절에서 알 수 있듯이 시인이 고통을 받는 이유는 그가 지은 죄 때문이 아니다. 실제로는 하나님에 대한 믿음("주를 위하여", 7절)과 하나님("주의 집")을 위한 열정 때문에 이런 상황에 처하게 되었다(9절). 심지어 시인의 가족들까지 그를 따돌리고 외면한다(8절). 가족의 비난과 외면은 최악의 고통을 의미한다.

> 5 너희는 이웃을 믿지 말며
> 친구를 의지하지 말며
> 네 품에 누운 여인에게라도
> 네 입의 문을 지킬지어다.
> 6 아들이 아버지를 멸시하며
> 딸이 어머니를 대적하며
> 며느리가 시어머니를 대적하리니
> 사람의 원수가 곧 자기의 집안 사람이리로다(미 7:5-6).

시인은 금식하고 애곡하면서 거룩한 집회에 참여했지만 이 또한 사람들의 비방거리가 된다(10-11절). 12절의 "성문에 앉은 자"는 판결권을 가진 성읍의 장로로서 상류층을 지칭하고 "독주에 취한 무리"는 최하위층을 가리킨다. "성문에 앉은 자"인 상류층과 "독주에 취한 무리"인최하위층은 총칭 용법(merism)으로서, 즉 이 구절은 성읍에 속한 모든 계층의 사람들이 시인을 비난하고 조롱하고 있음을 나타낸다.

3) 첫 번째 간구(13-18절)

13 (원문: 그러나 나는, "바아니") 여호와여,

나를 반기시는 때에 내가 주께 기도하오니

하나님이여,

많은 인자와 구원의 진리로 내게 응답하소서.

14 나를 수렁에서 건지사 빠지지 말게 하시고

나를 미워하는 자에게서와 깊은 물에서 건지소서.

15 큰 물이 나를 휩쓸거나

깊음이 나를 삼키지 못하게 하시며

웅덩이가 내 위에 덮쳐

그것의 입을 닫지 못하게 하소서.

16 여호와여,

주의 인자하심이 선하시오니

내게 응답하시며

주의 많은 긍휼에 따라 내게로 돌이키소서.

17 주의 얼굴을 주의 종에게서 숨기지 마소서.

내가 환난 중에 있사오니

속히 내게 응답하소서.

18 내 영혼에게 가까이하사 구원하시며

내 원수로 말미암아 나를 속량하소서.

두 번의 탄원이 끝난 후 시인의 첫 번째 간구가 나온다(13-18절). 13절의 첫 단어는 "그러나 나는"(וַאֲנִי, 바아니)이다. 시인은 두 번의 탄원 상황을 두 번의 간구로 돌파한다. 시인은 하나님의 "많은 인자(חֶסֶד, 헤세드)와 구원의 진리(אֱמֶת, 에메트)"에 근거하여 호소한다(13절).

14-15절에 묘사된 시인의 구원 간구는 1-2절에 언급된 "넘치는 혼돈의 물" 비유를 염두에 둔 것이다. 시인은 죽음의 모든 위험에서 구출되기를 간절히 기도한다. 16-18절은 이 시의 핵심이다. 시인은 하나님의 인자하심과 모성적인 긍휼하심에 전폭적으로 의지하면서(16절) 얼굴을 숨기지 말고 속히 응답해달라고 간구한다(17절). 시인은 하나님께 자신을 "구원하고"(גאל, 가알) "속량해주시기를"(פדה, 파다) 기도한다(18절).

4) 두 번째 간구(19-28절)

19 주께서 나의 비방과 수치와 능욕을 아시나이다.

나의 대적자들이 다 주님 앞에 있나이다.

20 비방이 나의 마음을 상하게 하여 근심이 충만하니

불쌍히 여길 자를 바라나 없고

긍휼히 여길 자를 바라나 찾지 못하였나이다.

21 그들이 쓸개를 나의 음식물로 주며

목마를 때에는 초를 마시게 하였사오니

22 그들의 밥상이 올무가 되게 하시며

그들의 평안이 덫이 되게 하소서.

23 그들의 눈이 어두워 보지 못하게 하시며

그들의 허리가 항상 떨리게 하소서.

24 주의 분노를 그들의 위에 부으시며

주의 맹렬하신 노가 그들에게 미치게 하소서.

25 그들의 거처가 황폐하게 하시며

그들의 장막에 사는 자가 없게 하소서.

26 무릇 그들이 주께서 치신 자를 핍박하며

주께서 상하게 하신 자의 슬픔을 말하였사오니

27 그들의 죄악에 죄악을 더하사

주의 공의에 들어오지 못하게 하소서.

28 그들을 생명책에서 지우사

의인들과 함께 기록되지 말게 하소서.

네 번째 단락인 19-28절은 첫 번째 간구 뒤에 바로 이어진 두 번째 간구다. 19-21절은 시인이 당하는 고통을 구체적으로 언급한다. 이는 7-12절에서 묘사된 고통과 매우 유사하다. 시인은 자신을 향한 온갖 비방과 비방자들의 악행을 하나님께 속속들이 아뢴다(19절). 고대 이스라엘에는 심각하게 아픈 사람이 있으면 병문안을 가서 환자가 먹고 기운을 낼 수 있도록 음식과 음료를 주는 관습이 있었다.

요나답이 그에게 이르되 "침상에 누워 병든 체하다가 네 아버지가 너를 보러 오거든 너는 그에게 말하기를 '원하건대 내 누이 다말이 와서 **내게 떡을 먹이되 내가 보는 데에서 떡을 차려 그의 손으로 먹여 주게 하옵소서' 하라"** 하니(삼하 13:5).

시인은 이런 도움을 기대했으나(20절) 막상 대적자들은 쓸개를 넣은 음식을 주는 것도 모자라 목마르고 지친 자에게 시고 쓴 식초를 준다(21절).

22-28절은 "작은 저주시"라고 할 수 있다. 비방과 능욕과 수치를 당한 시인은 자신에게 이런 짓을 한 대적자들 역시 동일한 고통을 받게 해달라고 간구한다. 그는 희생제사를 드리는 대적자들의 식탁이 그들의 올무와 덫이 되기를 기도한다(22절). 또한 그들이 쇠약해지고(23절) 하나님의 분노와 진노를 받아(24절) 사는 곳이 망하기를 간구한다(25절). 대적자들은 상처 받은 자들을 몰아세우고 아픈 자들을 괴롭힌다(26절). 시인은 하나님을 향해 이 대적자들이 "주의 공의"에 출입하지 못하게 막아달라고 읍소하면서(27절) 의인의 이름이 기록된 생명책에서 이들의 이름을 삭제해달라고 요청한다(28절).

5) 첫 번째 찬양(29-33절)

29 오직 나는 가난하고 슬프오니
하나님이여,
주의 구원으로 나를 높이소서.
30 내가 노래로 하나님의 이름을 찬송하며

감사함으로 하나님을 위대하시다 하리니

31 이것이 소 곧 뿔과 굽이 있는 황소를 드림보다

여호와를 더욱 기쁘시게 함이 될 것이라.

32 곤고한 자가 이를 보고 기뻐하나니

하나님을 찾는 너희들아,

너희 마음을 소생하게 할지어다.

33 여호와는 궁핍한 자의 소리를 들으시며

자기로 말미암아 갇힌 자를 멸시하지 아니하시나니.

29-33절은 두 번의 간구를 마친 후 이어지는 첫 번째 찬양이다. 이 단락에서는 "희망과 확신"으로 분위기가 바뀐다. 시인은 가난한 자를 구원하실 하나님을 믿는다(29절). 그리고 자신이 그 구원의 대상이 되어 결국 하나님을 찬양하고 감사하게 될 것임을 확신한다(30절). 시인은 하나님께 불순종하고 겸손하지 않은 태도로 "황소를 드리는 것"보다 진실한 마음으로 "감사와 찬양"을 드리는 것이 훨씬 더 나은 행동이라고 생각한다(31절). 그는 이어서 "곤고한 자"와 "하나님을 찾는 자"(32절), "궁핍한 자"와 "갇힌 자"를 특별히 돌보시는 하나님을 찬송한다(33절).

6) 두 번째 찬양(34-36절)

34 천지가 그를 찬송할 것이요,

바다와 그중의 모든 생물도 그리할지로다.

35 하나님이 시온을 구원하시고

유다 성읍들을 건설하시리니

무리가 거기에 살며 소유를 삼으리로다.

36 그의 종들의 후손이 또한 이를 상속하고

그의 이름을 사랑하는 자가 그중에 살리로다.

34-36절은 모든 피조물이 찬양하는 모습을 묘사한다. 시인은 세상에 거하는 모든 피조물을 비롯해 하늘과 땅과 바다까지 소환하면서 하나님을 찬양하라고 말한다(34절). 또한 온 우주와 이스라엘의 운명에 대해 이야기한다(35-36절). 이처럼 이 시편의 시인은 개인의 고통과 공동체의 억압에서 출발하여 세상 모든 생물이 찬양하게 되는 모습을 묘사함으로써, "곤고한 자"와 "궁핍한 자"에 대한 하나님의 구원이 더 큰 구원의 목적의 한 과정이자 사례임을 증명한다.

4. 메시지

시인은 까닭 없이 고통을 당한다. 하나님의 신실한 종으로 살아보려고 애쓰고 있지만, 오직 주님 때문에 그리고 주님을 위한 열정 때문에 비방과 수치와 능욕을 당한다. 그럼에도 불구하고 이 모든 사실을 하나님이 확실하게 알고 계신다는 점에 의지함으로써 억울한 상황을 버틸 수 있는 힘을 얻는다. 그는 물리적, 사회적 힘을 동원하여 자신을 압박하는 대적들로 인해 고통을 받으면서 하나님께 정의를 호소하고 저주의 시로 그들과 맞선다. 놀랍게도 시인은 대적자들에 대한 심판의 집행 여부와 그 시점(timetable)을 온전히 하나님께 맡기는데, 이는 정의의 보복과 심판이 전적으로 하나님의 권한임을 아는 데서 나오는 행동이다.

> 그들이 실족할 그때에 **내가 보복하리라.**
> 그들의 환난날이 가까우니
> 그들에게 닥칠 그 일이 속히 오리로다(신 32:35).

> 내 사랑하는 자들아, 너희가 친히 원수를 갚지 말고 하나님의 진노하심에 맡기라. 기록되었으되 "원수 갚는 것이 내게 있으니 **내가 갚으리라**"고 주께서 말씀하시니라(롬 12:19).

70편

조롱받는 그 순간:

"여호와여, 속히 나를 도우소서"

1. 양식

시편 70편은 “개인 탄원시”(psalm of an individual lament)로 분류된다. 이 시를 남긴 시인은 자신의 목숨을 노리고 불행을 기원하는 원수들로부터 구원받기를 갈망하면서 하나님께 탄원을 올린다. 또한 이 시는 시편 40:13-17과 유사하다.

2. 구조

1) 1절: 하나님을 향한 부름과 간구
2) 2-3절: 원수들에게 임할 심판을 기원
3) 4절: 의인에게 임할 기쁨과 찬양을 기원
4) 5절: 무능과 신뢰의 고백 그리고 결론적 간구

3. 내용

1) 하나님을 향한 부름과 간구(1절)

[1] 하나님이여,
나를 건지소서.
여호와여,
속히 나를 도우소서.

시인은 먼저 하나님을 부르면서 간구를 시작하는데, "하나님이여"(אֱלֹהִים, 엘로힘), "여호와여"(יְהוָה, 야웨)라고 호칭을 달리하면서 하나님을 두 번이나 부른다. 반복적인 기도는 도움을 호소하는 사람의 절박함을 강조한다. 시인은 바로 이어 하나님께 "속히" 도와달라고 외친다. "속히"라는 외침은 극도의 위기 상황에서 나오는 것이다. 그는 틀림없이 최악의 상태에 놓여 있다. 아마도 원수들의 강력한 힘에 비해 상대적으로 자신의 힘이 미미한 것을 깨닫고 더는 버틸 수 없다는 무력감을 느낀 것 같다. 원수들의 강력한 힘에 짓눌린 시인은 자신을 건져줄 도움의 손길을 절실히 필요로 하지만, 지금 그를 구원해줄 이는 아무도 없다. 시인은 오직 하나님밖에 없음을 깨닫고 그분께 긴급히 구원을 요청한다.

2) 원수들에게 임할 심판의 기원(2-3절)

2 나의 영혼을 찾는 자들이
수치와 무안을 당하게 하시며,
나의 상함을 기뻐하는 자들이
뒤로 물러가 수모를 당하게 하소서.
3 "아하! 아하!" 하는 자들이
자기 수치로 말미암아 뒤로 물러가게 하소서.

2-3절에서 시인은 강력한 원수들에게 심판이 임하기를 간절히 기원한다. 그는 원수들의 행위를 낱낱이 묘사하면서 그들이 망하기를 바

란다. 2절의 "나의 영혼을 찾는 자들"이라는 표현에서 "영혼"은 히브리어 "네페쉬"(נֶפֶשׁ)로서 "목숨, 생명"을 의미한다. 이 표현은 "시인의 목숨을 해치려는 자들"을 일컫는다. 또한 "나의 상함을 기뻐하는 자들"이란 표현은 "남의 불행을 즐거워하는 사람"을 가리킨다(Schadenfreude). 3절의 "아하! 아하! 하는 자들"은 상대방을 조롱하는 사람들을 말한다.

> 또 그들이 나를 향하여 입을 크게 벌리고
> **"하하! 우리가 목격하였다"** 하나이다(시 35:21).

> 주 여호와께서 이같이 말씀하시기를 "원수들이 네게 대하여 말하기를 **'아하! 옛적 높은 곳이 우리의 기업이 되었도다'** 하였느니라"(겔 36:2).

원수들은 "아하! 아하!"라고 하면서 곤경에 처한 탄원자를 조롱한다.

이 시의 독특한 점은 원수들이 당할 수치를 강조한다는 것이다. 시인은 "수치", "무안", "뒤로 물러남", "수모를 당함"이라는 표현을 네 번에 걸쳐 사용함으로써 "원수들이 경험할 수치"를 구체적으로 묘사한다. 일반적으로 수치는 죄나 잘못을 저지른 후 느끼는 부끄러움을 뜻한다. 하지만 고대 세계에서는 공동의 질서를 위반한 자에게 주어지는 불명예를 의미했다. 이런 불명예를 얻으면 자신이 속한 공동체에서 사회적 위신을 잃게 된다. 따라서 고대 사회에서의 "수치"(בֹּשֶׁת, 보쉐트)는 오늘날의 의미와 차원이 다르다고 할 수 있다. 시인은 자신이 정당했다는 사실이 공개적으로 널리 알려지길 기대한다.

3) 의인에게 임할 기쁨과 찬양의 기원(4절)

> 4 주를 찾는 모든 자들이
> 주로 말미암아 기뻐하고 즐거워하게 하시며
> 주의 구원을 사랑하는 자들이
> 항상 말하기를 "하나님은 위대하시다" 하게 하소서.

4절은 의인에게 임할 기쁨과 찬양을 기원한다. 여기서는 "자신의 목숨을 찾는 자들"(2절)과 "주를 찾는 자들"(4절)의 운명이 대조된다. "남의 목숨을 노리는 사람"은 결국 수치를 만나게 될 것이지만, "주님을 찾고 주의 구원을 사랑하는 자"는 주님 안에서 기뻐하고 즐거워하며 "하나님은 위대하시다!"고 찬양하게 될 것이다. 남의 목숨을 노리는 자들은 상대방을 이유 없이 공격하며 조롱하기에 여념이 없지만, 하나님을 찾는 자들은 그분 안에서 항상 기뻐하며 찬양하는 일에 관심을 둔다.

4) 무능과 신뢰의 고백 그리고 결론적 간구(5절)

> 5 나는 가난하고 궁핍하오니
> 하나님이여,
> 속히 내게 임하소서.
> 주는 나의 도움이시요
> 나를 건지시는 이시오니
> 여호와여,

지체하지 마소서.

5절에서 시인은 자신의 무능(無能)을 고백함과 동시에 하나님에 대한 신뢰를 드러낸 후 결론적 간구를 언급한다. 그는 자신이 가난하고 궁핍하다고 인정하면서, 특별히 가난하고 궁핍한 자에게 민감하게 반응하시고 자비를 베풀어주시는 하나님을 찾는다.

> 12 그는 궁핍한 자가 부르짖을 때에 건지며
> 도움이 없는 가난한 자도 건지며
> 13 그는 가난한 자와 궁핍한 자를 불쌍히 여기며
> 궁핍한 자의 생명을 구원하며(시 72:12-13).

이처럼 자신을 가난하고 궁핍한 자라고 고백하는 것은 하나님의 관심을 모으는 가장 좋은 방식이 된다.

> 오직 **나는 가난하고** 슬프오니
> 하나님이여,
> 주의 구원으로 나를 높이소서(시 69:29).

> 여호와여, **나는 가난하고 궁핍하오니**
> 주의 귀를 기울여 내게 응답하소서(시 86:1).

이어서 시인은 "주는 나의 도움이시요 나를 건지시는 이시오니"라고 말하며 하나님에 대한 신뢰를 고백한다. 그는 자신의 절망적인 취약함과 하나님에 대한 신뢰의 고백을 연결한다. 구체적으로 자신의 "무능" 곧 "가난과 궁핍"과 "하나님의 전능" 곧 "도움과 구원"을 대조시키는 것이다. 마지막 구절에서 시인은 다시 한번 재촉한다. "하나님이여, 속히 내게 임하소서!" "여호와여, 지체하지 마소서!"

4. 메시지

시인은 자포자기하고 싶은 긴박한 상황 속에서도 하나님을 결코 놓지 않는다. 그는 절망적인 상황에서도 하나님의 권능과 위대함을 흔들림 없이 끝까지 신뢰하면서 오직 하나님 한 분을 바라본다. 시인은 하나님의 임박한 도움과 구원의 개입을 확신하며 간구한다. 이 시의 3절에 나오는 "아하! 아하!"라는 표현은 십자가에 달리신 예수님을 조롱하던 군중들이 내뱉던 외침을 연상시킨다.

> 지나가는 자들은 자기 머리를 흔들며 예수를 모욕하여 이르되 "**아하!** 성전을 헐고 사흘에 짓는다는 자여"(막 15:29).

그래서 수 세기 동안 이 시를 고난당하신 예수님의 기도나 궁핍한 교회의 기도로 이해한 사람들이 많았다. 슬프지만 세상에는 누군가 어려움을 당할 때 위로해주기보다는 외면하거나 그 사람이 받는 고통을 당연하게 여기고 은근히 즐기는 사람들이 적지 않다. 하지만 이런 사람들로 인해 더 절망에 빠져들어서는 안 된다. 우리는 고통과 오해의 시간을 통과하면서 사람에게 걸었던 기대를 거두고 오직 하나님께 집중하게 된다. 그럴 때 비로소 고통에서 벗어날 길과 더불어 자신을 조롱하는 자에게 임할 심판이 보이기 시작할 것이다.

71편

신뢰와 찬양으로 인생의 고비를 다스리다: "내가 늙어 백발이 될 때에도"

1. 양식

시편 71편은 "개인 탄원시"(psalm of an individual lament)로 분류된다. 시편에서 유일하게 노인으로 묘사되고 있는 시인은 원수들의 공격에도 전혀 요동치 않는 원숙한 모습으로 하나님께 탄원한다. 그래서 이 시는 "노인의 기도"로 불리기도 한다.

2. 구조

1) 1-4절: 하나님을 향한 부름과 서론적 간구
2) 5-8절: 신뢰 고백과 찬양
3) 9-13절: 적들로 인한 간구
4) 14-17절: 신뢰 고백과 찬양
5) 18-21절: 사명을 위한 간구
6) 22-24절: 찬양 맹세

3. 내용

1) 하나님을 향한 부름과 서론적 간구(1-4절)

[1] 여호와여,
내가 주께 피하오니
내가 영원히 수치를 당하게 하지 마소서.

2 주의 의로 나를 건지시며

나를 풀어 주시며

주의 귀를 내게 기울이사

나를 구원하소서.

3 주는 내가 항상 피하여 숨을 바위가 되소서.

주께서 나를 구원하라 명령하셨으니

이는 주께서 나의 반석이시요,

나의 요새이심이니이다.

4 나의 하나님이여,

나를 악인의 손

곧 불의한 자와

흉악한 자의 장중에서

피하게 하소서.

1-4절은 하나님을 부르고 간구하는 내용이다. 시인은 주님 안에서 피신처를 찾음으로써 종신토록 수치를 당하지 않게 되기를 간구한다(1절).

시인은 "주의 의"에 의지하여 구원을 호소한다(2절). "주의 의"(צְדָקָה, 체다카)는 이 시에서 다섯 번이나 언급되는 중심 주제어다(2, 15, 16, 19, 24절). 이 시에 나오는 "체다카"(צְדָקָה, 의)는 "심판하는 의"가 아닌 "구원하는 의" 또는 "자애로운 의"(仁義)로 이해된다. 따라서 "긍휼함", "보살핌", "너그러움"으로 번역해도 무방해 보인다. 시인은 주님의 "보살핌"과 "너그러움"에 호소한다.

3절은 직역하면 "나에게 항상 들어갈 수 있는 반석과 산성이 되소서. 당신께서 나를 구원하도록 약속(명령)하셨습니다"가 된다. 시인은 늘 출입하던 성전에 들어가 자신의 반석과 요새가 되시는 하나님께 간구한다.

그러면서 원수들을 가리켜 "악인", "불의한 자", "흉악한 자"라고 말한다(4절).

2) 신뢰 고백과 찬양(5-8절)

5 주 여호와여,
주는 나의 소망이시요,
내가 어릴 때부터 신뢰한 이시라.
6 내가 모태에서부터 주를 의지하였으며
나의 어머니의 배에서부터 주께서 나를 택하셨사오니
나는 항상 주를 찬송하리이다.
7 나는 무리에게 이상한 징조 같이 되었사오나
주는 나의 견고한 피난처시오니
8 주를 찬송함과 주께 영광 돌림이
종일토록 내 입에 가득하리이다.

5-8절은 시인의 신뢰 고백과 찬양을 담고 있다. 시인의 유일한 희망은 하나님이다(5절). 그는 어릴 때부터 이런 마음을 품고 살아왔다.

시인은 태어날 때부터 시작된 하나님과의 관계를 부각시킴으로써 자신이 하나님을 찬양하는 자로서 한평생 살고 있음을 강조한다(6절). 이는 생명을 주신 하나님께서 자신의 생명을 마땅히 보존해주실 것임을 확신하는 표현이다.

7절의 "이상한 징조"는 "은총의 표시"라기보다는 "진노의 표시"로 이해된다. 사람들은 시인의 존재를 불길한 징조로 취급했지만, 시인은 주님을 변함없이 신뢰하면서 찬양을 멈추지 않는다. 그는 8절의 찬양 서원에서도 자신이 경건한 찬양의 삶을 살고 있다는 점을 반복하여 강조한다.

3) 적들로 인한 간구(9-13절)

9 늙을 때에 나를 버리지 마시며
내 힘이 쇠약할 때에 나를 떠나지 마소서.
10 내 원수들이 내게 대하여 말하며
내 영혼을 엿보는 자들이 서로 꾀하여
11 이르기를 "하나님이 그를 버리셨은즉
따라 잡으라. 건질 자가 없다" 하오니,
12 하나님이여,
나를 멀리 하지 마소서.
나의 하나님이여,
속히 나를 도우소서.
13 내 영혼을 대적하는 자들이
수치와 멸망을 당하게 하시며

나를 모해하려 하는 자들에게는

욕과 수욕이 덮이게 하소서.

9-13절은 적들의 공격으로부터 자신을 지켜달라는 간구다. "늙을 때"와 "쇠약할 때"라는 9절의 표현을 보면 이 시의 저자는 노인일 가능성이 크다. 그 추측이 옳다면 이 글은 노인이 쓴 유일한 시편이 된다. "유년 시절의 하나님"과 "노년 시절의 하나님"은 동일한 분이다.

시인의 대적들은 그를 파멸시키기 위해 헐뜯고 음모를 꾸민다(10절). 그들의 말을 들으면 시인은 현재 하나님의 버림을 받아 절망적인 상태에 놓여 있는 것 같다(11절). 그들은 비열하게 시인의 약점을 공격해서 그를 고립무원의 상태로 밀어 넣는다. 이때 시인은 하나님의 현존과 도움을 급히 간청함으로써 당면한 위기를 대처한다(12절). 그러면서 대적들이 자신에게 입힌 그 수치가 그들에게 바로 돌아가게 해달라고 간구한다(13절).

고대 이스라엘에서 "수치"는 자신의 잘못에 기인한 주관적인 고통이나 감정이라기보다, 당시 사회와 문화의 지배적인 가치와 행위를 스스로 저버린 사람에게 공공이 가하는 비난에 가까웠다. 이는 명예와는 반대되는 개념으로서 엄청난 사회적 압박으로 여겨졌다.

4) 신뢰 고백과 찬양(14-17절)

14 (그러나) 나는 항상 소망을 품고

주를 더욱더욱 찬송하리이다.

15 내가 측량할 수 없는 주의 공의와 구원을

내 입으로 종일 전하리이다.

16 내가 주 여호와의 능하신 행적을 가지고 오겠사오며

주의 공의만 전하겠나이다.

17 하나님이여,

나를 어려서부터 교훈하셨으므로

내가 지금까지 주의 기이한 일들을 전하였나이다.

이 단락에서 시인의 신뢰 고백과 찬양이 다시 등장한다. 14절은 "그러나 나는"(וַאֲנִי, 바아니)으로 시작한다. 주변의 오해와 적들의 공격에도 불구하고 하나님에 대한 희망이 시인의 성향과 체질(Habitus)이 되어 버렸다. 시인은 헤아릴 수 없을 정도의 "주의 공의"(צְדָקָה, 체다카)와 "주의 구원"을 온종일 찬양한다(15절).

시인은 오직 "주님의 능하신 행적"과 "주의 공의"에 집중한다(16절). 또한 그는 하나님의 가르침에 근거하여 유년에서부터 노년에 이르기까지 자신이 경험했던 그분의 놀라운 일들을 전하겠다고 서원한다(17절).

5) 사명을 위한 간구(18-21절)

18 하나님이여,

내가 늙어 백발이 될 때에도

나를 버리지 마시며

내가 주의 힘을 후대에 전하고

주의 능력을 장래의 모든 사람에게 전하기까지

나를 버리지 마소서.

19 하나님이여,

주의 의가 또한 지극히 높으시니이다.

하나님이여,

주께서 큰 일을 행하셨사오니

누가 주와 같으리이까?

20 우리에게 여러 가지 심한 고난을 보이신 주께서

우리를 다시 살리시며

땅 깊은 곳에서 다시 이끌어 올리시리이다.

21 나를 더욱 창대하게 하시고

돌이키사 나를 위로하소서.

18-21절에서 시인은 자신의 사명을 놓고 하나님께 간구한다. 노인이 된 시인에게는 여전히 할 일이 남아 있다(18절). 그는 "주의 힘"과 "주의 능력"을 후대의 모든 사람에게 전해야 할 사명을 가졌다.

19절에서 시인은 "지극히 높으시니이다"라는 수직적 범위의 표현을 사용하여 "주의 의"를 높이 찬양하며, "누가 주와 같으시리이까?"라는 수사학적 질문을 통해 다른 어떤 신들과도 비교할 수 없는 하나님의 유일함을 강조한다.

여호와여,

신 중에 주와 같은 자가 누구니이까?

주와 같이 거룩함으로 영광스러우며

찬송할 만한 위엄이 있으며

기이한 일을 행하는 자가 누구니이까?(출 15:11)

그 어떤 신도 주님이 펼치시는 힘과 능력에 준하는 일을 해낼 수 없다(비교 불가능성).

20절의 "땅 깊은 곳"은 "죽음의 땅"을 가리킨다. 시인은 하나님을 향해 죽음의 고통에서 자신을 온전히 건져달라고 간구한다(21절). 시인의 삶으로 대변되는 "우리 인간의 삶"은 삶은 무수한 "업 앤드 다운"(ups and downs) 곧 "상승(上昇)과 하강(下降)"으로 점철되어 있다. 우리는 누구나 살면서 부침(浮沈)을 겪는다.

6) 찬양 맹세(22-24절)

22 나의 하나님이여,

내가 또 비파로 주를 찬양하며

주의 성실을 찬양하리이다.

이스라엘의 거룩하신 주여,

내가 수금으로 주를 찬양하리이다.

23 내가 주를 찬양할 때에

나의 입술이 기뻐 외치며

주께서 속량하신 내 영혼이 즐거워하리이다.

24 나의 혀도 종일토록 주의 의를
작은 소리로 읊조리오리니
나를 모해하려 하던 자들이
수치와 무안을 당함이니이다.

마지막 단락인 22-24절은 결론적인 찬양 맹세다. 시인은 비파와 수금으로 "주의 성실"을 찬양하기로 맹세한다(22절). 하나님을 찬양할 때 찬양하는 자들의 입술과 영혼이 즐겁게 된다(23절).

시편 1:2의 시인이 "율법을 주야로 묵상하는(הגה, 하가) 것"과 같이 이 시를 지은 "시인의 혀"도 "주의 의"를 쉼 없이 읊조린다(הגה, 하가). 결국 시인의 원수들은 패망할 것이다. 그 사실을 믿는 시인은 그들이 "수치와 무안을 당함이니이다"라고 고백하며 이 시를 마무리한다.

4. 메시지

보통 탄원시는 하나님의 도움을 요청하는 간구를 담고 있는데, 이 시편은 특별히 하나님에 대한 신뢰와 찬양에 초점을 맞추고 있다. 백발의 노인이 된 시인은 평생 주님께 소망을 두고 주님을 찬양하며 살아왔고, 앞으로도 그런 삶을 살기를 고대한다(6, 8, 14, 22-23절). 그의 인생을 돌아보면 하나님을 붙들고 호소한 시간보다 그분을 굳건히 신뢰하고 찬양한 시간이 더 많았다. 비교적 평탄한 삶을 살아서 그랬던 것은 아니다. 그는 누구보다도 심한 인생의 부침을 겪으며 험난한 삶을 살아왔다. 하지만 시인은 주님의 보살핌과 너그러움을 한시도 놓치지 않고 "항상" 그리고 "종일토록" 주님을 신뢰하고 찬양했다. 인생의 풍랑이 일 때마다 그는 주님에 대한 신뢰와 찬양으로 고비를 넘겼다. 우리도 이 시인의 모습처럼 늘 주님과 함께할 수 있다면 언제 어떤 상황을 맞더라도 즐겁게 하루하루를 보낼 수 있다.

72편

가난한 자들의 탄식은 하나님에 대한 모욕:

“가난한 자와 궁핍한 자를 불쌍히 여기며”

1. 양식

시편 72편은 "제왕시"(royal psalm)로 분류된다. 이상적인 왕의 통치를 기원하는 이 시는 "이새의 아들 다윗의 기도가 끝나니라"는 말로 마무리된다(20절). 이 표현을 보면 늙은 다윗 왕이 아들이자 계승자인 솔로몬을 위해 드리는 기도로 이 시를 해석할 수 있다.

2. 구조

1) 1-4절: 왕의 통치의 사회적 차원(공공적 차원)
2) 5-7절: 왕의 통치의 우주적 차원(시간적 차원)
3) 8-11절: 왕의 통치의 세계적 차원(공간적 차원)
4) 12-14절: 왕의 통치의 사회적 차원(복지적 차원)
5) 15-17절: 왕의 통치의 우주적 차원(다국적 차원)
6) 18-20절: 송영과 종결 어구(신앙적 차원)

3. 내용

1) 왕의 통치의 사회적 차원(공공적 차원)(1-4절)

1 하나님이여,
주의 판단력을 왕에게 주시고
주의 공의를 왕의 아들에게 주소서.

2 그가 주의 백성을 공의로 재판하며

주의 가난한 자를 정의로 재판하리니

3 의로 말미암아 산들이 백성에게 평강을 주며

작은 산들도 그리하리로다.

4 그가 가난한 백성의 억울함을 풀어 주며

궁핍한 자의 자손을 구원하며

압박하는 자를 꺾으리로다.

우선 시인은 "사회적"이나 "공공적" 차원에서 이상적인 왕의 통치가 구현되길 바란다. 그는 왕에게 하나님의 "판단력"(מִשְׁפָּט, 미쉬파트)과 "공의"(צְדָקָה, 체다카)를 부여해달라고 간구한다(1절).

2절에서 시인은 백성을 가리켜 "왕"의 백성이 아닌 "주"의 백성이라고 칭하는데, 이는 백성이 "왕"의 소유가 아닌 "하나님"의 소유"임을 드러내는 표현이다.

야곱아,

너를 창조하신 여호와께서 지금 말씀하시느니라.

이스라엘아,

너를 지으신 이가 말씀하시느니라.

"너는 두려워하지 말라.

내가 너를 구속하였고

내가 너를 지명하여 불렀나니

너는 내 것이라"(사 43:1).

왕은 하나님의 공의(צֶדֶק, 체데크)와 정의(מִשְׁפָּט, 미쉬파트)를 베풀고 약자를 보호해야 하는 책무를 지녔다. 제대로 된 왕이라면 가난한 자들의 법적 변호인의 역할을 잘 수행해야 한다.

왕의 통치는 "산들"과 "작은 산들"로 표현되는 온 자연계에 두루 영향을 미친다(3절). 왕이 이상적인 통치를 펼치면 온 땅에 풍요로운 열매가 맺힌다.

그러므로 왕은 사회의 빈곤층에 일차적인 관심을 두어야 한다(4절). 고대 근동의 왕들은 주로 자신의 권력을 이용하여 외부의 적을 상대로 전쟁을 일으켰다. 하지만 이스라엘의 왕들은 이런 일에 관심을 두기보다는 착취자들을 징벌하고 가난한 자들을 돕는 데 자신의 권력을 사용해야 할 의무를 갖고 있었다.

2) 왕의 통치의 우주적 차원(시간적 차원)(5-7절)

5 그들이 해가 있을 동안에도 주를 두려워하며
달이 있을 동안에도 대대로 그리하리로다.
6 그는 벤 풀 위에 내리는 비 같이,
땅을 적시는 소낙비 같이 내리리니
7 그의 날에 의인이 흥왕하여 평강의 풍성함이
달이 다할 때까지 이르리로다.

5-7절에서 시인은 "우주적" 곧 "시간적" 차원에서 이상적인 왕의 통치가 이루어짐으로써 평화가 지속되기를 간구한다. 5절의 "해"와 "달"

은 창조 질서 안에서 끊임없이 계속되는 지속성을 의미한다. 시인은 훌륭한 왕의 통치가 이토록 오래 지속되기를 바란다.

6절의 "비"와 "소낙비"는 팔레스타인 땅에서 경작을 할 때 필수적인 요소다. 비가 내려야만 곡식이 자랄 수 있기 때문이다. 왕은 백성에게 이런 역할을 하는 존재가 되어야 한다.

그리하면 "시간적 제한 없이" 곧 "달이 다할 때까지" "의인"(צַדִּיק, 차디크)과 "평강"(שָׁלוֹם, 샬롬)이 넘치게 될 것이다(7절).

3) 왕의 통치의 세계적 차원(공간적 차원)(8-11절)

> 8 그가 바다에서부터 바다까지와
> 강에서부터 땅 끝까지 다스리리니
> 9 광야에 사는 자는 그 앞에 굽히며
> 그의 원수들은 티끌을 핥을 것이며
> 10 다시스와 섬의 왕들이 조공을 바치며
> 스바와 시바 왕들이 예물을 드리리로다.
> 11 모든 왕이 그의 앞에 부복하며
> 모든 민족이 다 그를 섬기리로다.

8-11절에서 시인은 "세계적" 곧 "공간적" 차원에서의 이상적인 통치를 묘사함으로써 왕이 이방 나라에서도 인정을 얻길 바라는 소망을 표현한다. "그가 바다에서부터 바다까지와 강에서부터 땅 끝까지 다스리다"는 8절의 표현은 왕이 전 세계를 향해 주권을 행사한다는 뜻이다.

> 내가 에브라임의 병거와
> 예루살렘의 말을 끊겠고
> 전쟁하는 활도 끊으리니
> 그가 이방 사람에게 화평을 전할 것이요,
> 그의 통치는 바다에서 바다까지 이르고
> 유브라데 강에서 땅 끝까지 이르리라(슥 9:10).

"광야에 사는 자들"뿐만 아니라 "원수들"도 이상적인 통치를 펴는 왕 앞에서 무릎을 꿇고 복종한다(9절).

당시 "세계의 끝"으로 여겨지던 서쪽의 다시스(현재 스페인 지역)를 비롯해 지중해 섬들과 해안 지역의 왕들이 조공을 바치고, 아라비아 남쪽의 스바와 에티오피아 또는 아라비아의 한 지역인 시바의 왕들 역시 예물을 보내올 것이다(10절).

이처럼 모든 민족들이 다 왕을 섬기게 될 것이다(11절). 왕은 철장("네가 철장으로 그들을 깨뜨림이여, 질그릇 같이 부수리라 하시도다", 시 2:9)이나 전쟁("주의 오른쪽에 계신 주께서 그의 노하시는 날에 왕들을 쳐서 깨뜨리실 것이라. 뭇 나라를 심판하여 시체로 가득하게 하시고 여러 나라의 머리를 쳐서 깨뜨리시며 길 가의 시냇물을 마시므로 그의 머리를 드시리로다", 시 110:5-7)에 의지하지 않고 오직 정의와 공의의 발산(發散) 작용(作用)에 집중함으로써 이상적인 통치를 이루어갈 것이다. 그리고 이를 본 열방의 모든 민족들이 왕에게 충성을 맹세하고 평화의 왕국에 통합되고자 할 것이다(참조. 사 2:1-4; 미 4:1-4).

4) 왕의 통치의 사회적 차원(복지적 차원)(12-14절)

> 12 그는 궁핍한 자가 부르짖을 때에 건지며
>
> 도움이 없는 가난한 자도 건지며
>
> 13 그는 가난한 자와 궁핍한 자를 불쌍히 여기며
>
> 궁핍한 자의 생명을 구원하며
>
> 14 그들의 생명을 압박과 강포에서 구원하리니
>
> 그들의 피가 그의 눈 앞에서 존귀히 여김을 받으리로다.

12-14절은 가난한 자들에 대한 왕의 모범적인 돌봄을 묘사함으로써 "사회적" 곧 "복지적" 차원의 이상적인 통치가 무엇인지를 보여준다. 12절은 "왜냐하면"(כִּי, 키)이라는 접속사로 시작함으로써 열방이 왜 이 왕에게 매료되었는지에 대한 이유를 제시한다. 여기서는 2절과 4절에 나온 주제를 새롭게 언급한다. 불쌍한 이들의 "법적 변호인"(2, 4절)이었던 왕은 이제 이들의 직접적인 "구원자"가 되어 궁핍하고 가난한 자의 부르짖음을 외면하지 않고 그들 앞에 놓인 문제를 즉시 해결해준다(12절).

왕은 진심으로 그들을 불쌍히 여기고 그들의 생명을 구원해낸다(13절). 그들은 "압박과 강포"로 인한 사회적 불의의 희생자들이다(14절). 이상적인 왕이라면 모름지기 희생자들의 목숨을 "구원하는"(גאל, 가알) "구속자"(גֹּאֵל, 고엘)가 되어 주목받지 못하는 "가난하고 궁핍하고 억압당하는 자들"의 피(דָּם, 담: 생명)를 귀하게 여겨야 한다.

5) 왕의 통치의 우주적 차원(다국적 차원)(15-17절)

15 그들이 생존하여 스바의 금을 그에게 드리며
사람들이 그를 위하여 항상 기도하고 종일 찬송하리로다.
16 산 꼭대기의 땅에도 곡식이 풍성하고
그것의 열매가 레바논 같이 흔들리며
성에 있는 자가 땅의 풀 같이 왕성하리로다.
17 그의 이름이 영구함이여, 그의 이름이 해와 같이 장구하리로다.
사람들이 그로 말미암아 복을 받으리니
모든 민족이 다 그를 복되다 하리로다.

15절의 "그들이 생존하여"는 "그가 오래 살다"라는 뜻이다. 이는 왕의 "만수무강"을 기원하는 환호와 같다. 시인은 왕이 장수하면서 조공을 받고 사람들의 기도의 대상이 됨으로써 많은 복을 받기를 기원한다. 이런 왕의 통치를 받는 땅은 풍요로운 곳이 될 것이다(16절).

그의 "영예" 곧 "그의 이름"은 영원히 지속될 것이다(17a절). 17b절은 아브라함에게 주어진 약속(창 12:3)과 연결된다. 이상적인 왕은 하나님의 복을 온 땅에 전달하는 복의 "통로"이자 "운반자"가 된다.

6) 송영과 종결 어구(신앙적 차원)(18-20절)

18 홀로 기이한 일들을 행하시는 여호와 하나님,
곧 이스라엘의 하나님을 찬송하며

19 그 영화로운 이름을 영원히 찬송할지어다.

온 땅에 그의 영광이 충만할지어다. 아멘, 아멘.

20 이새의 아들 다윗의 기도가 끝나니라.

18-20절은 송영으로서 전체 다섯 권의 시편 중 제2권(시 42-72편)을 마무리하는 역할을 한다. 이 송영은 시편 72편의 결론으로서 우리의 관심을 "홀로 기이한 일을 행하시는 하나님"께로 집중시킨다(18절). 시인은 이 시를 통해 이스라엘의 하나님이 온 땅에서 유일하신 최고의 신으로 인정되기를 바라는 희망을 드러낸다.

19절에서는 아멘이 이중으로 사용되고 있는데, 이는 재확인과 동의를 동시에 강조하는 표현법이다. 20절을 보면 시편 72편이 다윗의 마지막 기도임을 알 수 있다. 다윗의 시편 모음이 끝남과 동시에 시편 첫 두 권의 모음집도 여기서 막을 내린다.

4. 메시지

이 시는 특정한 왕을 위한 기도라기보다는 이상적인 왕의 직위와 사명에 관한 기도다. 그 어떤 이스라엘 왕도 이런 이상에 완전히 부합하지 못했지만, 이상적인 왕에 대한 이스라엘의 소망까지 사라진 것은 아니었다. 이 시의 내용에 따르면 왕은 군사력 증강이나 경제 성장에 마음을 두지 말고 사회적인 약자에게 관심을 집중해야 한다. 이상적인 왕은 "압박하는 자들"을 꺾음으로써 약한 자들을 억압하는 사회적 불의를 없애고 정의를 실천해야 한다. 왕의 정의는 불쌍한 이들과 억압받는 이들을 보호하는 것이다. 지도자는 약한 자들을 도와주고 보살핌으로써 하나님의 정의와 공의를 실천해야 하며, 공동체 전체의 안녕과 평화 및 구성원의 행복을 위해 모든 책임을 져야 한다. 사회의 주변인들을 우선적으로 존중하는 태도는 지도자에게 요구되는 덕목이자 책무다. 가난한 자들의 탄식을 방치하는 것은 풍족한 세상을 창조하신 관대한 하나님에 대한 모욕이기 때문이다.

> 가난한 사람을 학대하는 자는
> 그를 지으신 이를 멸시하는 자요,
> 궁핍한 사람을 불쌍히 여기는 자는
> 주를 공경하는 자니라(잠 14:31).

73편

물질적 축복보다 내적 친밀감이 우선:

"하나님께 가까이함이 내게 복이라"

1. 양식

시편 73편은 "지혜시"(psalm of wisdom) 및 "교훈시"(an instructional psalm)로 분류된다. 이 시편의 시인은 신앙적 진리의 현실성에 의문을 품다가 마침내 해결점에 도달한 후 자신이 얻은 깨달음을 사람들에게 전달한다.

2. 구조

1) 1-3절: 신앙과 현실의 괴리
2) 4-12절: 악인들이 형통한 현실
3) 13-16절: 이해할 수 없는 의인의 고통
4) 17-22절: 악인들의 운명
5) 23-26절: 의인의 운명
6) 27-28절: 결론적 요약과 맹세

3. 내용

1) 신앙과 현실의 괴리(1-3절)

1 하나님이 참으로 이스라엘 중
마음이 정결한 자에게 선을 행하시나
2 나는 거의 넘어질 뻔하였고

나의 걸음이 미끄러질 뻔하였으니

3 이는 내가 악인의 형통함을 보고

오만한 자를 질투하였음이로다.

1-3절은 신앙과 현실의 괴리를 묘사한다. 우선 1절은 신앙의 근본이 되는 가르침을 담고 있는 신앙적 격언(the axiom of faith)이다. "하나님은 마음이 정결한 자에게 선을 행하신다." 여기에 언급된 이스라엘은 "땅"이 아닌 "마음이 정결한 자"를 뜻한다.

2절은 시인의 비틀거림을 묘사한다. 시인의 인생 전체가 위기에 놓였다. 3절은 그 원인을 밝힌다. 시인이 악인들의 형통함을 보고 질투했기 때문이다. 자신이 배운 신앙적 가르침과 너무 다른 현실을 목격한 시인은 당황하지 않을 수 없었다.

2) 악인들이 형통한 현실(4-12절)

4 그들은 죽을 때에도 고통이 없고

그 힘이 강건하며

5 사람들이 당하는 고난이 그들에게는 없고

사람들이 당하는 재앙도 그들에게는 없나니

6 그러므로 교만이 그들의 목걸이요,

강포가 그들의 옷이며

7 살찜으로 그들의 눈이 솟아나며

그들의 소득은 마음의 소원보다 많으며

8 그들은 능욕하며

악하게 말하며

높은 데서 거만하게 말하며

9 그들의 입은 하늘에 두고

그들의 혀는 땅에 두루 다니도다.

10 그러므로 그의 백성이 이리로 돌아와서

잔에 가득한 물을 다 마시며

11 말하기를 "하나님이 어찌 알랴?

지존자에게 지식이 있으랴?" 하는도다.

12 볼지어다,

이들은 악인들이라도 항상 평안하고

재물은 더욱 불어나도다.

시인은 악인들이 형통한 현실을 상세히 묘사하며 탄식한다. 그들은 매우 건강한데다가 죽을 때마저도 고통을 받지 않는다(4절). 재앙은 차치하고 일반적인 고난도 그들에게 임하지 않는다(5절). 그들은 "교만"한 모습으로 자신의 신분과 위세를 떨치고 "강포"를 행사함으로써 힘을 과시한다(6절).

7절은 한눈에 쉽게 이해되지 않는 어려운 본문이다. 직역하면 "그들의 눈은 살이 비대해 삐져나왔으며 그들의 마음은 망상들로 넘친다"는 말이 되는데, 이는 풍요로 인해 눈이 어두워진 악인들이 현실을 바로 보지 못하고 오히려 이에 배치(背馳)되는 반사회적인 망상을 일삼는다는 뜻으로 이해하면 된다. 심지어 그들은 자기들이 가진 힘을 믿고 오만방자한 막말을 거침없이 쏟아낸다(8절).

9절은 악인들의 말이 "도처"로 퍼져나가는 모습을 묘사한다. 심지어 그들은 유력한 사람들이어서 그들의 말이 많은 사람들에게 영향을 준다.

악인들의 외형적인 형통을 목격한 백성들은 이들의 삶의 방식을 인생의 모델로 삼는다(10a절). 탐욕스럽고 이기적인 악인들과 이들을 추종하는 사람들이 한데 모여 하나님의 선한 선물인 "가득한 물"을 고갈시킨다(10b절).

악인들은 자신들이 하나님보다 더 많은 것을 알고 있다고 착각한다(11절). 그들은 "실제적 무신론자"(a practical atheist)로서, 하나님이 인간의 일상에 전혀 관심을 두지 않은 채로 이 땅에서 멀리 떨어진 곳에 머물고 있는 존재일 뿐이라고 여긴다.

12절은 4-11절에 기록된 악인들의 형통함을 다음과 같은 한마디로 요약한다. "이들은 항상 평안하고 재물은 더욱 불어나도다."

3) 이해할 수 없는 의인의 고통(13-16절)

13 내가 내 마음을 깨끗하게 하며
내 손을 씻어 무죄하다 한 것이 실로 헛되도다.
14 나는 종일 재난을 당하며
아침마다 징벌을 받았도다.
15 내가 만일 스스로 이르기를
"내가 그들처럼 말하리라" 하였더라면

나는 주의 아들들의 세대에 대하여
악행을 행하였으리이다.
16 내가 어쩌면 이를 알까 하여 생각한즉
그것이 내게 심한 고통이 되었더니

13-16절은 이해할 수 없는 고통에 대한 진술이다. 13절에 언급된 "마음을 깨끗하게 하는 것"과 "손을 씻는 것"은 성전에 들어가기 전에 필수적으로 해야 하는 일이다. 이 중 "손을 씻는 행위"는 무죄를 선언하는 행동이다.

여호와여, 내가 무죄하므로 손을 씻고
주의 제단에 두루 다니며(시 26:6).

그런데 제의를 준수하고 윤리적인 삶을 산 결과가 고작 "재난"과 "징벌"이다(14절). 5절의 "재앙을 당하다"(נגע, 나가)와 14절의 "징벌을 받다"(נגע, 나가)의 히브리어 원문에는 동일한 동사가 사용되었다. 악인들은 쉽게 피하는 "재앙"(5절)이 의인에게는 끊임없이 "징벌"로 임한다.

시인은 이를 본 사람들이 하나님의 불의에 관해 말을 퍼뜨리는 방식을 잘 알고 있다. 그러나 그는 사회적 물의를 일으키면 안 된다는 생각에 폭로하려던 계획을 포기한다(15절). 시인은 신앙 공동체를 위해 침묵을 선택하고, 대신 이 문제를 풀기 위해 지혜를 찾는 지적 연구에 몰두한다.

그러나 육체적이고 심리적인 고통만 가중될 뿐이다(16절). 그의 노력은 결국 처참하게 무산된다. 지적 탐구만으로는 인생의 신비가 벗겨지지 않는다. "지성"을 넘어 "영성"으로 들어갈 때 인생의 신비가 하나씩 하나씩 드러나는 법이다.

4) 악인들의 운명(17-22절)

17 하나님의 성소에 들어갈 때에야
그들의 종말을 내가 깨달았나이다.
18 주께서 참으로 그들을 미끄러운 곳에 두시며
파멸에 던지시니
19 그들이 어찌하여 그리 갑자기 황폐되었는가?
놀랄 정도로 그들은 전멸하였나이다.
20 주여, 사람이 깬 후에는
꿈을 무시함 같이
주께서 깨신 후에는
그들의 형상을 멸시하시리이다.
21 내 마음이 산란하며
내 양심이 찔렸나이다.
22 내가 이같이 우매 무지함으로
주 앞에 짐승이오나

17-22절은 악인의 운명을 묘사한다. 17절은 이 시편의 핵심 구절이다. 시인은 성소에서 악인들의 "종말"(אַחֲרִית, 아하리트; 운명, 끝)을 맞게

될 것임을 깨닫는다. 성소는 하늘과 땅이 만나는 곳으로서 하나님에 대한 "새로운 깨달음" 곧 "계시"가 주어지는 장소다. 이곳에서 새로운 전망이 열렸다. 악인들의 형통에 눈과 마음이 쏠렸을 때 시인은 절망에 사로잡혔다. 그러나 하나님을 자기 삶 속으로 다시 모시자 사고의 전환이 이루어졌다. 그 순간 악인들의 종말을 보았기 때문이다. 하나님은 악인들의 형통을 영구히 허락하시지 않는다. 이처럼 하나님의 집(하나님의 성소)이란 의롭게 살려다 고통과 외로움을 겪고 있는 이들이 와서 하나님의 정의를 새롭게 깨닫고 그분의 놀라운 위로를 받는 곳이다.

18절의 고백은 "미끄러짐의 반전"이다. 2절에서 시인은 미끄러질 뻔했지만 결국 미끄러지지 않았다. 그런데 악인들은 실제로 미끄러져 넘어진다. 하나님은 악인에게 임하는 것과 같은 파멸이 의인을 범하게끔 방치하시지 않는다.

악인들은 반드시 파멸될 것이다. 악인들의 끝은 아무도 예측하지 못한 순간에 느닷없이 임한다(19절).

따라서 악인들이 누리고 있다고 믿는 평안과 안전은 환상에 지나지 않는다(20절). 그들의 형통함 역시 하룻밤의 꿈처럼 허망하게 사라져버릴 것이다. 그들의 행복은 "겉보기 행복" 또는 "허상의 행복"에 지나지 않는다.

21-22절은 시인이 새로운 깨달음에 도달하기 이전의 상황(4-12절)을 반성하는 내용이다. 이해할 수 없는 불의한 현실로 인해 시인의 "심장/마음"(**레브**: 이성과 결단의 자리)과 "콩팥/신장"(양심, **킬욘**: 감성과 정서의 자리)은 깊은 상처를 받았다(21절). 심장과 콩팥은 인체에서 가장

민감한 감각 기관에 속한다.

그 결과 시인은 감각 기관에 해를 입고 현상의 본질을 보지 못하는 짐승이 되어 버렸다(22절).

> 존귀하나 깨닫지 못하는 사람은
> 멸망하는 짐승 같도다(시 49:20).

5) 의인의 운명(23-26절)

> 23 내가 항상 주와 함께 하니
> 주께서 내 오른손을 붙드셨나이다.
> 24 주의 교훈으로 나를 인도하시고
> 후에는 영광으로 나를 영접하시리니
> 25 하늘에서는 주 외에 누가 내게 있으리요?
> 땅에서는 주 밖에 내가 사모할 이 없나이다.
> 26 내 육체와 마음은 쇠약하나
> 하나님은 내 마음의 반석이시요,
> 영원한 분깃이시라.

23-26절은 의인의 운명을 다루고 있다. 시인은 하나님이 지금까지 늘 동행하시면서 자신을 붙잡아주셨음을 깨닫는다(23절). 시인은 이제 우둔하고 무지한 상태에서 완전히 벗어나(22절) 하나님의 현명한 계획(עֵצָה, 에차: 교훈)으로 인도받음으로써 영광의 길로 나아갈 것이다(24절).

24절의 "후에는"(אַחַר, 아하르)이라는 표현은 "지금"과 "앞으로"를 포함하고 있는 불변화사(particle conjunction)로서 현재와 미래를 대비시키는 역할을 한다. 이를 통해 악인의 "현재적 형통함"과 "미래의 파멸", 의인의 "현재적 고통"과 "미래의 영광"이 극단적으로 대조된다.

악인들이 장악한 것 같던 "하늘과 땅"에 남아 있던 그들의 흔적은 자취도 없이 사라져버렸고 오직 하나님 한 분만 현존해 계신다(25절). 시인은 하나님이야말로 자신이 이 세상에서 가장 중요하게 생각하고 사모해야 할 대상임을 깨닫고 그 사실을 고백한다.

시인은 몸과 마음이 완전히 소진되었던 경험을 통해 하나님이 자신의 영원한 "마음의 반석"이자 "분깃"이 되심을 절실히 깨닫는다(26절). "분깃"(חֵלֶק, 헬레크)은 본래 농토라는 뜻으로서(민 18:20; 신 10:9), 생존에 필수적인 삶의 터전이자 생활의 토대라는 의미로도 쓰인다.

6) 결론적 요약과 맹세(27-28절)

27 무릇 주를 멀리하는 자는 망하리니
음녀같이 주를 떠난 자를
주께서 다 멸하셨나이다.
28 하나님께 가까이 함이 내게 복이라.
내가 주 여호와를 나의 피난처로 삼아
주의 모든 행적을 전파하리이다.

27-28절은 이 시의 결론적 요약과 맹세다. 시인은 악인과 의인의 운

명을 서로 대조하면서 지혜문학의 권선징악(勸善懲惡)적인 가르침으로 시를 마무리한다(27절). “주를 멀리하는 자”와 “주를 떠난 자”는 망한다(27절).

그래서 “하나님께 가까이함”이 복이다(28절). 이런 복 개념을 신약적으로 표현한 것이 예수님의 팔복이다(마 5:3-10). 하나님의 선하심은 “번영”으로 나타날 때도 있지만 실제로는 본질적인 “현존” 그 자체다. 즉 우리는 물질적 축복이 아닌 하나님과의 내적 친밀감을 통해 하나님의 선하심을 경험해야 한다. 시인은 1절의 신앙적 격언이 진리임을 다시 한번 확증하면서 이를 널리 전하겠다는 맹세로 끝을 맺는다.

4. 메시지

시인은 시편 1편의 전제인 “의인의 형통과 악인들의 멸망”에 이의를 제기하지만 여러 가지 숙고를 거친 후에는 궁극적으로 그 전제를 수용한다. 이 시는 독특하게도 시인이 특정 문제로부터 구원받게 되어서가 아니라 하나님의 궁극적인 계획(ultimate design)을 새롭게 이해하게 되면서 문제가 해결되는 양상을 보인다. 즉 시인이 “지성”(知性)의 단계에서 “영성”(靈性)의 단계로 진입함으로써 문제가 해결된다. 이를 통해 우리는 정직한 관찰(지성)이 기도가 될 수 있으며, 더 나아가 그 기도를 통해 하나님과의 깊은 관계(영성)에 도달할 수 있다는 사실을 배우게 된다. 눈에 보이는 것이 인생의 전부가 아니다. 우리는 궁극적 시점에 도달해야 비로소 그 결론을 알 수 있기 때문에, 악인의 외형적인 풍족함과 현재의 성공을 보면서 그것이 영원하리라고 오해해서는 안 된다.

자신의 능력을 과신하며 하나님을 멀리하는 자는 결국 망한다. 하나님은 부족함에도 불구하고 그분께 나아오려는 정결한 마음을 지닌 자에게 선을 베푸신다. 또한 하나님의 선하심은 물질적인 축복보다는 그분과 누리는 내적 친밀감을 통해 확연히 드러난다.

74편

과거의 구원이 현재와 미래의 에너지원:

"하나님은 예로부터 나의 왕이시라"

1. 양식

시편 74편은 "공동체 탄원시"(psalm of a communal lament)로 분류된다. 이 시는 이스라엘이 적군에게 짓밟히고 하나님의 거처인 예루살렘 성전마저 불에 타서 재가 되어버린 상황에서 나온 비탄의 노래다.

2. 구조

1) 1-11절: 하나님을향한 부름과 탄원(현재)
2) 12-17절: 찬양적 신뢰 고백(과거)
3) 18-23절: 하나님께 간구(미래)

3. 내용

1) 하나님을 향한 부름과 탄원(현재)(1-11절)

1 하나님이여,
주께서 어찌하여 우리를 영원히 버리시나이까?
어찌하여 주께서 기르시는 양을 향하여
진노의 연기를 뿜으시나이까?
2 옛적부터 얻으시고 속량하사
주의 기업의 지파로 삼으신 주의 회중을 기억하시며
주께서 계시던 시온 산도 생각하소서.

3 영구히 파멸된 곳을 향하여

주의 발을 옮겨 놓으소서.

원수가 성소에서 모든 악을 행하였나이다.

4 주의 대적이 주의 회중 가운데에서 떠들며

자기들의 깃발을 세워 표적으로 삼았으니

5 그들은 마치 도끼를 들어

삼림을 베는 사람 같으니이다.

6 이제 그들이 도끼와 철퇴로

성소의 모든 조각품을 쳐서 부수고

7 주의 성소를 불사르며

주의 이름이 계신 곳을 더럽혀

땅에 엎었나이다.

8 그들이 마음속으로 이르기를

"우리가 그들을 진멸하자" 하고

이 땅에 있는 하나님의 모든 회당을 불살랐나이다.

9 우리의 표적은 보이지 아니하며

선지자도 더 이상 없으며

이런 일이 얼마나 오랠는지

우리 중에 아는 자도 없나이다.

10 하나님이여,

대적이 언제까지 비방하겠으며

원수가 주의 이름을 영원히 능욕하리이까?

11 주께서 어찌하여 주의 손 곧 주의 오른손을 거두시나이까?

주의 품에서 손을 빼내시어 그들을 멸하소서.

1-11절에서 시인은 고통 속에서 하나님을 부르며 탄원한다. 그는 "하나님의 버리심"과 "하나님의 분노하심"을 고통스럽게 경험한다(1절). 시인의 눈에 비친 하나님은 자신의 양 떼를 향해 매섭게 진노를 뿜어내시는 분이다.

2절의 "옛적부터"는 하나님이 이스라엘을 구속하셨던 출애굽 사건이 일어났을 때를 가리킨다.

주의 인자하심으로
주께서 구속하신 백성을 인도하시되
주의 힘으로
그들을 주의 거룩한 처소에 들어가게 하시나이다(출 15:13).

놀람과 두려움이 그들에게 임하매
주의 팔이 크므로
그들이 돌 같이 침묵하였사오니
여호와여, 주의 백성이 통과하기까지
곧 주께서 사신 백성이 통과하기까지였나이다(출 15:16).

여기서 "얻으시고"(קנה, 카나)는 상거래법에 나오는 개념으로 "물건을 사는 것"을 말한다. 또한 "속량하사"(גאל, 가알)는 가족법에서 온 개념으로 합당한 값을 치르고 친척의 "자유를 사는 것"을 뜻한다. 즉 이 구절은 하나님이 자신의 소유를 지불함으로써 이스라엘을 이집트에서 구원하셨음을 드러낸다. 시인은 이 사실과 더불어 하나님이 계시는 시온 산을 기억해달라고 간청한다.

3절은 성소가 파괴되었음을 알리고 있으며 4-9절은 성전이 파괴되는 현장을 상세하게 묘사한다. 4절에 따르면 침입자들은 성전 안에 자신들의 깃발과 상징물을 세웠다.

> 이스라엘 자손은 각각 **자기 진영의 군기**와 **자기 조상의 가문의 기호** 곁에 진을 치되 회막을 향하여 사방으로 치라(민 2:2).

예루살렘 예배의 상징과 의식이 이교도들의 것으로 대체되었다. 또한 본래 하나님이 현존하시는 성소에서는 최고도의 정숙이 요구된다.

> 오직 여호와는 그 성전에 계시니
> **"온 땅은 그 앞에서 잠잠할지니라"** 하시니라(합 2:20).

그런데 대적들은 감히 거룩한 성전에서 짐승처럼 고함을 치고 있다.

> 여호와께서 또 자기 제단을 버리시며
> 자기 성소를 미워하시며
> 궁전의 성벽들을 원수의 손에 넘기셨으매
> **그들이 여호와의 전에서 떠들기를**
> 절기의 날과 같이 하였도다(애 2:7).

그들은 무기로 성전을 파괴한 다음(5-6절) 그곳을 불살라 더럽혔다(7절). 이는 철저한 계획에 따른 행위였다(8절). 9절에 의하면 하나님의 현존을 보여주는 특별한 표징도 없고 그분의 뜻을 전달하는 "예언자"도 없으며(삼상 3:1; 겔 7:26; 애 2:9) 암울한 절망으로부터 구원해줄 "현자"의 조언도 없다. 이처럼 구원의 하나님을 체험할 수 있는 모든 원천이 완전히 고갈되었다.

시인의 탄원은 10-11절에서 절정에 이른다. 그는 백성뿐만 아니라 하나님도 적들의 공격 대상임을 강조하면서(10절), 하나님이 그분의 능력을 드러내시면서 활동하시지 않는 것을 의아해한다.

2) 찬양적 신뢰 고백(과거)(12-17절)

12 (그러나) 하나님은 예로부터 나의 왕이시라.
사람에게 구원을 베푸셨나이다.
13 주께서 주의 능력으로 바다를 나누시고
물 가운데 용들의 머리를 깨뜨리셨으며
14 리워야단의 머리를 부수시고
그것을 사막에 사는 자에게 음식물로 주셨으며
15 주께서 바위를 쪼개어 큰 물을 내시며
주께서 늘 흐르는 강들을 마르게 하셨나이다.
16 낮도 주의 것이요 밤도 주의 것이라.
주께서 빛과 해를 마련하셨으며
17 주께서 땅의 경계를 정하시며

주께서 여름과 겨울을 만드셨나이다.

12-17절에서 시인은 하나님의 과거 행적을 기억하며 찬양조로 신뢰를 고백한다. 12절은 "그러나"(וְ, 베)라는 단어로 시작되면서 갑자기 분위기가 전환된다. 철저한 혼돈 가운데서 탄원에 여념이 없던 시인은 본격적으로 찬양을 시작한다. 여기서 언급된 "예로부터"는 하나님이 세상을 창조하신 때를 가리킨다. 시인은 하나님이 처음부터 세상의 왕이셨다고 말한다.

하나님이 세상의 왕이라는 사실은 창조 신학과 역사 신학을 통해 상세히 진술된다(13-15절). 13절의 "바다(יָם, 얌)"와 "용들"(תַנִּינִים, 타니님), 14절의 "리워야단"(לִוְיָתָן, 리브야탄)은 원시적 혼돈의 세력을 가리킨다. 이들은 하나님의 창조 역사에서 이미 정복된 것들이다. 15절은 광야에서의 인도와 홍해의 기적 사건을 암시하는 것으로 보이는데 이는 역사 신학과 연관되어 있다.

시인은 이어서 시간적, 공간적인 질서의 창조자이자 보증자이신 하나님을 찬양한다(16-17절). "낮과 밤"(16a절)과 "여름과 겨울"(17b절)은 시간적 세계 질서를, 하늘의 "빛과 해"(16b절)와 "땅의 경계"(17a절)는 공간적 세계 질서를 뜻한다. 하나님은 자신이 창조하신 이 시공간을 지금도 지배하고 계신다. 시인은 혼돈의 세력에 의해 고통 받는 와중에도 그 세력들을 물리치셨던 하나님을 기억하며 그분에 대한 신뢰를 고백한다.

3) 하나님께 간구(미래)(18-23절)

18 여호와여,

이것을 기억하소서.

원수가 주를 비방하며

우매한 백성이 주의 이름을 능욕하였나이다.

19 주의 멧비둘기의 생명을 들짐승에게 주지 마시며

주의 가난한 자의 목숨을 영원히 잊지 마소서.

20 그 언약을 눈여겨 보소서.

무릇 땅의 어두운 곳에

포악한 자의 처소가 가득하나이다.

21 학대받은 자가 부끄러이 돌아가게 하지 마시고

가난한 자와 궁핍한 자가 주의 이름을 찬송하게 하소서.

22 하나님이여,

일어나 주의 원통함을 푸시고

우매한 자가 종일 주를 비방하는 것을 기억하소서.

23 주의 대적들의 소리를 잊지 마소서.

일어나 주께 항거하는 자의 떠드는 소리가

항상 주께 상달되나이다.

18-23절은 미래의 구원을 기대하며 간구하는 내용이다. 시인의 폭로에 따르면 원수 곧 "우매한 백성"들은 하나님을 인정하지 않는다(18절).

어리석은 자는 그의 마음에 이르기를
"하나님이 없다" 하는도다.
그들은 부패하고 그 행실이 가증하니
선을 행하는 자가 없도다(시 14:1).

이들은 우주적 주권자이신 야웨를 조롱하고 그분의 이름을 멸시하였다. 19절에 나오는 "멧비둘기의 생명"은 이스라엘의 생명을 상징한다. 이어서 시인은 하나님을 향해 백성과 맺으신 언약을 지켜달라고 간구한다(20절).

폭력의 희생자들은 "학대받은 자", "가난한 자", "궁핍한 자"다(21절). 시인은 하나님께 이들의 의로운 재판관이 되어달라고 간청한다(22절). 그러면서 하나님을 향한 "대적들의 소리와 떠드는 소리"가 여전히 계속되고 있음을 상기시킨다(23절).

4. 메시지

이 시는 문제에 대한 답을 명쾌하게 제시하지 않은 채 탄원으로 끝을 맺는데, 이는 하나님이 부재하시는 것 같은 상황에서도 그분을 향한 대화의 끈을 놓지 말라는 시인의 당부로 보인다. 이 시에는 모든 소망을 상실한 믿음의 백성들이 부르짖는 호소와 탄원이 담겨 있다. 그들은 과거에 있었던 하나님의 창조 행위와 구원 행위에 의지해 울부짖는다. 이처럼 과거는 흘러간 역사적 유물에 그치지 않고 현재와 미래의 신앙을 세우는 귀중한 사원이 된다. 왕 되신 우리 하나님은 세계의 창조주시다. 하나님의 능력에는 제한이 없다. 모든 피조물의 생명을 손안에 쥐신 그분은 혼돈의 세력들을 모조리 무력화하실 수 있다. 이 사실을 믿는 하나님의 백성은 "그분의 부재와 침묵"이 계속되는 상황에서도 과거 "하나님이 행하신 구원 행위"를 떠올리며 미래에 나타나실 하나님의 창조적 구원에 희망을 건다. 즉 과거의 구원이 현재와 미래의 에너지원이 되는 것이다.

75편

세상의 혼돈 속에서도 굳건한 하나님의 기둥:

“땅의 기둥은 내가 세웠거니와”

1. 양식

시편 75편은 "예언시"(prophetic psalm)로 분류된다. 하나님의 심판을 찬양하면서 오만한 자들과 악인들에게 경고하는 내용이 이 시의 큰 부분을 차지하고 있다.

2. 구조

1) 1절: 하나님에 대한 찬양
2) 2-3절: 하나님의 첫 번째 말씀
3) 4-8절: 악인에 대한 경고
4) 9-10절: 찬양 맹세와 하나님의 마지막 말씀

3. 내용

1) 하나님에 대한 찬양(1절)

[1] 하나님이여,
우리가 주께 감사하고 감사함은
주의 이름이 가까움이라.
사람들이 주의 기이한 일들을 전파하나이다.

1절은 공동체가 하나님을 찬양하는 내용이다. 회중은 하나님의 임박한 개입과 그분이 행하신 위대한 행적에 감사를 표한다. "주의 이름이 가까움이라"는 표현은 10절과 관련되며 하나님의 심판을 의미한다. 이는 하나님이 내리실 심판의 정당성을 인정하고 그분께 영광을 돌리는 "심판 송영"(Gerichtsdoxologie)이라고 할 수 있다.

> 그러므로 여호수아가 아간에게 이르되 "내 아들아, 청하노니 **이스라엘의 하나님 여호와께 영광을 돌려 그 앞에 자복하고 네가 행한 일을 내게 알게 하라.** 그 일을 내게 숨기지 말라" 하니(수 7:19).

시인은 이를 가리켜 "주의 기이한 일" 곧 주가 행하신 놀라운 일이라고 말한다.

2) 하나님의 첫 번째 말씀(2-3절)

> 2 주의 말씀이 "내가 정한 기약이 이르면
> 내가 바르게 심판하리니
> 3 땅의 기둥은 내가 세웠거니와
> 땅과 그 모든 주민이 소멸되리라" 하시도다. (셀라)

2-3절을 보면 1절의 찬양에 대한 이유를 알 수 있다. 이 단락은 하나님의 신탁이자 첫 번째 말씀이다. 2절의 "정한 기약"은 "심판의 때"를 가리킨다. 시인은 하나님이 침묵하신다고 생각하지만, 하나님은 심판의 때를 이미 징해놓으셨다.

이 묵시는 정한 때가 있나니
그 종말이 속히 이르겠고
결코 거짓되지 아니하리라.
비록 더딜지라도 기다리라.
지체되지 않고 반드시 응하리라(합 2:3).

절대 주권자로서 심판의 시점까지도 섭리하시는 하나님은 그때가 오면 공평하게 심판하실 것이다.

3절의 우리말 성경은 상반절과 하반절이 서로 뒤바뀌었다. 이 점을 고려하여 직역하면 "땅과 그 모든 주민이 흔들릴 때, 땅의 기둥들을 견고하게 세운 것은 바로 나다"가 된다. 3a절은 혼돈의 상태를 비유적으로 나타내고 있으며, 세상의 질서가 혼란한 상태임을 가리킨다. 3b절은 세상 질서의 안정을 말한다. 여기서 "기둥들"은 "도덕적 질서의 기초" 또는 "세상의 기초"를 의미한다. 세상이 아무리 혼란스러워 보일지라도 하나님은 세계가 무너지지 않도록 그 기초를 단단히 붙들고 계신다.

여호와께서 다스리시니
스스로 권위를 입으셨도다.
여호와께서 능력의 옷을 입으시며
띠를 띠셨으므로
세계도 견고히 서서 흔들리지 아니하는도다(시 93:1).

이 구절은 하나님이 만드신 "태초의 창조"(creatio prima)가 얼마나 견고한지, 현재의 창조세계가 얼마나 안정적으로 관리되고 있는지를 말하고 있다. 하나님은 두려움에 떠는 세상을 향해 자신이 확고부동하게 현존하고 있으며 만물을 공평하게 심판하실 것이라고 약속하신다.

3) 악인에 대한 경고(4-8절)

4 내가 오만한 자들에게 "오만하게 행하지 말라" 하며
악인들에게 "뿔을 들지 말라" 하였노니
5 너희 뿔을 높이 들지 말며
교만한 목으로 말하지 말지어다.
6 무릇 높이는 일이
동쪽에서나 서쪽에서 말미암지 아니하며
남쪽에서도 말미암지 아니하고
7 오직 재판장이신 하나님이
이를 낮추시고 저를 높이시느니라.
8 여호와의 손에 잔이 있어
술 거품이 일어나는도다.
속에 섞은 것이 가득한 그 잔을
하나님이 쏟아 내시나니
실로 그 찌꺼기까지도
땅의 모든 악인이 기울여 마시리로다.

4-8절은 악인들에 대한 경고다. 특히 4절은 오만한 자들과 악인들을 구체적으로 지목하며 경고한다. 하나님이 아닌 자기 자신을 자랑하면서 그분을 공경하지 않는 오만한 자들은 이런 행위를 중단해야 한다. "뿔을 드는 것"은 동물이 자기의 힘과 의지를 표현하는 방법이다. 따라서 "악인들이 뿔을 든다는 것"은 하나님을 거스르는 교만한 행동이며 약한 자들을 위협하는 행태를 뜻한다. 5절은 4절의 내용을 반복한다.

6-7절은 4-5절의 경고에 대한 이유를 제시한다. 4절의 "들다"(רום, 룸), 5절의 "높이 들다"(רום, 룸), 6절의 "높이는 것"(רום, 룸), 7절의 "높이시느니라"(רום, 룸)는 모두 동일한 히브리어를 사용한다. 오만한 자들과 악인들에게 "스스로 높이지 말라"고 경고하는 이유는 그것이 오직 하나님만이 하시는 일이기 때문이다. 6절의 "동쪽", "서쪽", "남쪽"은 전 세계를 가리킨다. 즉 전 세계 어느 곳에서도 이렇게 "높이는 일"을 찾을 수 없다는 뜻이다.

7절의 "낮추고 높이는 일" 역시 세계의 재판관이신 하나님만 하실 수 있는 일이다. 인간의 처지를 조정하는 것은 오로지 하나님 한 분에게만 속한 권능이자 특권이다.

> 여호와께서 겸손한 자들은 붙드시고
> 악인들은 땅에 엎드러뜨리시는도다(시 147:6; 참조. 삼상 2:1-10; 눅 1:46-55).

하나님은 오만한 자들을 낮추는 반면, 겸손한 자들은 높이신다. 이는 역사를 통해 거듭 입증된 사실이다.

8절에 나오는 진노의 잔은 심판을 상징한다.

여호와의 손에서

그의 **분노의 잔**을 마신 예루살렘이여,

깰지어다. 깰지어다. 일어설지어다.

네가 이미 비틀걸음 치게 하는 큰 잔을 마셔 다 비웠도다(사 51:17).

15 이스라엘의 하나님 여호와께서 이같이 내게 이르시되 "너는 내 손에서 이 **진노의 술잔**을 받아가지고 내가 너를 보내는 바 그 모든 나라로 하여금 마시게 하라. 16 그들이 마시고 비틀거리며 미친 듯이 행동하리니 이는 내가 그들 중에 칼을 보냈기 때문이니라" 하시기로 17 내가 여호와의 손에서 그 잔을 받아서 여호와께서 나를 보내신 바 그 모든 나라로 마시게 하되(렘 25:15-17).

하나님이 심판을 시작하시면 악인들은 그분이 내리시는 진노의 잔을 한 방울도 남김없이 모두 들이켜야 한다. 하나님의 철저하고도 공평한 심판은 "이 땅의 모든 악인"들을 대상으로 반드시 실행될 것이다.

4) 찬양 맹세와 하나님의 마지막 말씀(9-10절)

9 (그러나) 나는 야곱의 하나님을

영원히 선포하며 찬양하며

10 또 악인들의 뿔을 다 베고

의인의 뿔은 높이 들리로다.

이 시의 마지막 단락인 9-10절에는 시인의 찬양 맹세와 하나님의 마지막 말씀이 담겨 있다. 9절은 "그러나 나는"(וַאֲנִי, 바아니)이라는 단어로 시작된다. 시인은 4-8절에 언급된 악인의 길과 다른 새로운 길을 걸어간다. "악인의 입"과 "의인의 입"은 다르다. 악인의 입은 자기 자랑을 늘어놓지만, 의인의 입은 하나님을 찬양하는 데 여념이 없다. 시인은 이스라엘의 하나님을 찬양하면서 이 진리를 영원히 선포하겠다고 맹세한다.

10절은 하나님의 선별적 심판을 말한다.

17 만군의 여호와가 이르노라.
"나는 내가 정한 날에
그들을 나의 특별한 소유로 삼을 것이요,
또 사람이 자기를 섬기는 아들을 아낌 같이
내가 그들을 아끼리니
18 그때에 너희가 돌아와서
의인과 악인을 분별하고
하나님을 섬기는 자와 섬기지 아니하는 자를 분별하리라"(말 3:17-18).

악인들에게는 하나님의 심판이, 의인들에게는 하나님의 보상이 주어진다. 하나님은 심판을 통해 약한 자들을 높이고 오만한 자들을 낮추는 방식으로 정의를 실현하심으로써 비틀거리는 세상을 안정시키고 바로 세우실 것이다.

4. 메시지

시인은 공평하게 심판하실 하나님을 굳게 믿고 찬양한다. 하나님은 악인들의 힘은 거두고 의인들에게는 힘을 주실 것이다. 하늘과 땅을 창조하신 야웨 하나님은 세상과 모든 사람의 운명을 주관하신다. 우리 눈에는 기준과 원칙도 없이 세상이 흔들리는 것 같지만 하나님은 여전히 세상의 기초를 단단히 붙들고 계신다. 흔들리는 현실 속에 숨겨져 있는 하나님의 기둥들이 각자 제 역할을 감당하고 있다. 깨어 있지 않으면 이런 사실을 포착할 수 없다. 하나님의 백성은 육신의 눈에 보이는 허상에 현혹되지 말고 영적인 눈에만 보이는 하나님의 붙드심을 의지해야 한다. 아무리 세상이 혼탁해 보여도 하나님의 정의는 변치 않는다. 신앙인은 혼돈 속에서도 하나님의 기둥을 바라본다. 또한 기둥을 세우시고 오늘도 그 기둥을 굳건히 하시는 하나님을 응시하면서 그분께 찬양을 올린다.

76편

약자 편에 서는 것은 하나님 편에 서는 것:

"땅의 모든 온유한 자를 구원하시려고"

1. 양식

시편 76편은 "시온시"(a song of Zion)로 분류된다. 이 시의 시인은 시온을 위협하는 대적들과의 싸움에서 승리하신 하나님을 노래한다.

2. 구조

1) 1-3절: 시온에 계시는 하나님
2) 4-6절: 용사이신 권능의 하나님
3) 7-9절: 가난한 자들을 구원하시는 하나님
4) 10-12절: 경배를 받기에 합당하신 하나님

3. 내용

1) 시온에 계시는 하나님(1-3절)

1 하나님은 유다에 알려지셨으며
그의 이름이 이스라엘에 크시도다.
2 그의 장막은 살렘에 있음이여,
그의 처소는 시온에 있도다.
3 거기에서 그가 화살과 방패와
칼과 전쟁을 없이하셨도다. (셀라)

1-3절은 시온에 계시는 하나님을 기술하고 있다. 1절은 하나님이 유다와 이스라엘의 땅에 알려지게 되었음을 선포한다. 이 구절은 "계시된 하나님"(deus revelatus)을 말한다.

2절에 따르면 하나님의 거처는 "살렘"과 "시온"에 위치한다. "살렘"은 예루살렘을 가리키는 용어로서 매우 드물게 사용된다.

> **살렘** 왕 멜기세덱이 떡과 포도주를 가지고 나왔으니 그는 지극히 높으신 하나님의 제사장이었더라(창 14:18).

"살렘"(שָׁלֵם)이라는 단어에는 평화를 뜻하는 "샬롬"(שָׁלוֹם)의 의미가 암시되어 있는 것 같다. 또한 하나님의 "거처"를 가리켜 동물들의 "굴"(**소크**, 개역개정: "장막", 시 10:9; 렘 25:38)과 "소굴"(**메오나**, 개역개정: "처소", 욥 38:40; 암 3:4)이라고 진술한 것도 매우 이례적이다. 이는 하나님을 사자로 본 은유적 표현이다.

> **사자가 부르짖은즉**
> 누가 두려워하지 아니하겠느냐?
> **주 여호와께서 말씀하신즉**
> 누가 예언하지 아니하겠느냐?(암 3:8; 참조. 렘 4:7; 25:30)

사자같이 용맹스러운 하나님은 예루살렘의 시온 산에 거하시면서 모든 공격을 막아내신다.

3절에 의하면 시온에 계시는 하나님("거기에서")은 "화살과 방패와 칼과 전쟁"으로 표현되는 모든 전쟁 무기를 깨부수신다. 여기서 말하는 "화살"은 강력한 장거리용 무기로 쓰이는 "불화살"이다. 반면 "방패와 칼"은 근거리용 무기다. 마지막에 언급된 "전쟁"은 이 단락에 등장한 무기 전체를 가리키는 총괄적인 단어다. 시온에 계시는 하나님만이 이 땅에서 발발한 전쟁을 완전히 끝내실 수 있다.

2) 용사이신 권능의 하나님(4-6절)

4 주는 약탈한 산에서
영화로우시며 존귀하시도다.
5 마음이 강한 자도 가진 것을 빼앗기고 잠에 빠질 것이며
장사들도 모두 그들에게 도움을 줄 손을 만날 수 없도다.
6 야곱의 하나님이여,
주께서 꾸짖으시매 병거와 말이 다 깊이 잠들었나이다.

4-6절은 용사이신 하나님의 권능을 노래하고 있다. 4절은 "영화로우시며 존귀하시도다"라는 말로 하나님의 존귀하심을 선포한다. 이어지는 구절은 하나님이 원수들에게 어떻게 승리하셨는지를 묘사한다.

5절에 따르면 용사들 중 가장 강력한 자들인 "마음이 강한 자"도 파멸되어 죽음의 잠에 빠져들었다.

앗수르 왕이여,
네 목자가 자고

네 귀족은 누워 쉬며
네 백성은 산들에 흩어지나
그들을 모을 사람이 없도다(나 3:18).

용사들 곧 "장사들"마저도 손을 들지 못한다. 공격자들은 야곱의 하나님이 꾸짖으시는 말씀을 듣고 그 권능에 놀라 죽음의 잠에 빠져버렸다(6절). "병거와 말"은 당시 최고로 강력한 무기였다. 그런데 이토록 무시무시한 무기들도 한순간에 무력해진다.

이때에 모세와 이스라엘 자손이
이 노래로 여호와께 노래하니 일렀으되
"내가 여호와를 찬송하리니
그는 높고 영화로우심이요,
말과 그 탄 자를 바다에 던지셨음이로다"(출 15:1).

미리암이 그들에게 화답하여 이르되
"너희는 여호와를 찬송하라.
그는 높고 영화로우심이요,
말과 그 탄 자를 바다에 던지셨음이로다" 하였더라(출 15:21).

하나님은 호령 한마디("꾸짖으시매")로 적들의 가공할 무기를 폐기하신다. 세상의 모든 것을 말씀으로 창조하신 하나님은 말씀 한마디로 그것들을 조정하고 무력화하신다.

3) 가난한 자들을 구원하시는 하나님(7-9절)

7 주께서는 경외받을 이시니
주께서 한 번 노하실 때에
누가 주의 목전에 서리이까?
8 주께서 하늘에서 판결을 선포하시매
땅이 두려워 잠잠하였나니
9 곧 하나님이 땅의 모든 온유한 자를 구원하시려고
심판하러 일어나신 때에로다. (셀라)

7-9절은 가난한 자들을 구원하시는 하나님을 묘사한다. 7절은 어떤 인간도 하나님이 행하시는 심판의 진노 앞에 설 수 없음을 진술한다.

5 **그러므로 악인들은 심판을 견디지 못하며**
죄인들이 의인들의 모임에 들지 못하리로다.
6 무릇 의인들의 길은 여호와께서 인정하시나
악인들의 길은 망하리로다(시 1:5-6).

그가 임하시는 날을 누가 능히 당하며
그가 나타나는 때에 누가 능히 서리요?
그는 금을 연단하는 자의 불과
표백하는 자의 잿물과 같을 것이라(말 3:2).

이처럼 하나님의 심판을 감당할 수 있는 사람은 아무도 없다. 야웨 하나님은 "이 땅"(시온)과 "하늘"에 머무시면서(8절) "세계의 재판관"으로 일하신다. 권능의 재판장이신 하나님이 하늘에서 판결을 선포하시면 땅은 두려움과 경외감을 느끼며 하던 일을 멈춘다. 그분의 판결이 온 세상인 "땅"에 지대한 영향을 미치기 때문이다.

9절에 따르면 하나님은 "땅의 모든 가난한 자들"(עֲנָו, 아나브: 개역개정은 "온유한 자")을 구원하기 위한 목적으로 세상을 심판하신다. 시편에서 말하는 "가난한 자"는 힘이 없어서 자신의 힘이 아닌 하나님에 대한 믿음을 의지하는 사람들이다. 하나님은 그들을 구원하시기 위해 역사에 개입하셔서 심판하신다. 하나님은 심판을 통해 약자들을 위한 "정의의 회복"에 나선다. 이 단락은 이 시편의 중심에 속한다.

4) 경배를 받기에 합당하신 하나님(10-12절)

10 진실로 사람의 노여움은 주를 찬송하게 될 것이요,
그 남은 노여움은 주께서 금하시리이다.
11 너희는 여호와 너희 하나님께 서원하고 갚으라.
사방에 있는 모든 사람도
마땅히 경외할 이에게 예물을 드릴지로다.
12 그가 고관들의 기를 꺾으시리니
그는 세상의 왕들에게 두려움이시로다.

시인은 마지막으로 하나님에 대한 경배를 촉구한다(10-12절). 10절의

의미는 명확하지 않지만 문자적으로 찬찬히 해석해보자. 우선 10a절은 "진실로 사람의 분노는 장차 하나님을 향한 찬송이 될 것이다"라는 뜻이다. 여기서 "사람"은 하나님을 대적하는 자들을 가리킨다. 하나님을 대적하는 이들의 분노는 하나님의 심판을 받게 될 것이다. 이는 백성들로 하여금 하나님을 찬양하게 하는 결과를 가져온다. 10b절의 "그 남은 노여움은 주께서 금하시리이다"는 문자적으로 "그 남은 노여움은 당신께서 허리띠처럼 차실 것이다"라는 뜻이 된다. "허리띠를 차다"가 전투를 위한 표현임을 고려하면, 하나님께서 "남은 노여움"으로 무장하신다는 것은 남은 노여움으로 다른 대적을 심판하시리라는 의미로 해석될 수 있다.

11절의 "너희"와 "사방에 있는 모든 사람"이 누구를 지칭하는지도 불투명하다. 아마도 "이스라엘"과 "열방"을 가리키는 것으로 보인다. 그렇게 되면 이 구절은 이스라엘과 열방 민족을 향해 모두 야웨 하나님을 경배하라는 최종적인 권고로 해석할 수 있다.

세상의 왕들은 고관들의 "교만"(루아흐, "기")을 꺾으신 하나님을 두려워한다(12절). 하나님은 이렇게 권력자들의 교만을 낮추심으로써 이 땅의 모든 폭력과 폭정을 종결시킬 것이다.

4. 메시지

하나님은 전쟁을 주관하시는 분이다.

야하시엘이 이르되 "온 유다와 예루살렘 주민과 여호사밧 왕이여, 들을

지어다. 여호와께서 이같이 너희에게 말씀하시기를 '너희는 이 큰 무리로 말미암아 두려워하거나 놀라지 말라. **이 전쟁은 너희에게 속한 것이 아니요, 하나님께 속한 것이니라'"**(대하 20:15).

"병거"나 "말"과 같은 최고 병기(兵器)는 참된 승리를 보장하지 못한다. 하나님은 이런 무기들을 한순간에 무용지물로 만드실 수 있다. 따라서 "전쟁을 막으려면(평화를 원하면) 전쟁을 준비하라"는 세속적 가르침은 성경적이지 못하다. 이런 태도는 결국 비극적인 전쟁을 초래할 뿐이다. 안전과 평화를 얻으려면 하나님을 의지해야지 인간의 전쟁을 의지해서는 안 된다. 참된 승리는 특별히 가난한 자들을 편드시는 하나님의 통치에 달려 있다.

하나님은 "땅의 모든 가난한 자들"에 관심을 두시고 그들을 억누르는 불의에 맞서고 계신다. 하나님은 가난한 자의 편에 서서 압제자들과 기꺼이 싸우시는 분이기 때문에, 그분을 따르는 사람이라면 가난을 방치하고 당연시하는 사회의 구조적인 악에 저항해야 한다. "약자를 위한 선택"(option for the poor)은 "죄를 물리치는 선택"(option against sin) 중 가장 중요한 요소다. 가난한 자와 약자를 외면하고 억압하는 것은 하나님을 적으로 돌리는 행위다. 이런 행위를 일삼는 사람들은 언젠가 반드시 임할 하나님의 심판을 면치 못할 것이다. 약자의 편에 서는 것은 하나님 편에 서는 것과 같다.

그의 거룩한 처소에 계신 하나님은

고아의 아버지시며

과부의 재판장이시라(시 68:5).

77편

하나님의 보이지 않는 발자취:

"주의 발자취를 알 수 없었나이다"

1. 양식

시편 77편은 "개인 탄원시"(psalm of an individual lament)로 분류된다. 이 시의 시인은 인생의 처절한 밤을 절감하면서 괴로운 심정을 노래한다.

2. 구조

1) 1-3절: 하나님께 부르짖는 탄원
2) 4-6절: 고난에 대한 진술
3) 7-9절: 하나님을 향한 질문
4) 10-15절: 하나님의 과거 행적에 대한 기억과 묵상
5) 16-20절: 창조와 구원의 하나님을 찬양

3. 내용

1) 하나님께 부르짖는 탄원(1-3절)

1 내가 내 음성으로 하나님께 부르짖으리니
내 음성으로 하나님께 부르짖으면
내게 귀를 기울이시리로다.
2 나의 환난 날에 내가 주를 찾았으며
밤에는 내 손을 들고 거두지 아니하였나니
내 영혼이 위로 받기를 거절하였도다.

3 내가 하나님을 기억하고 불안하여 근심하니
내 심령이 상하도다. (셀라)

1-3절은 시인의 탄원을 담고 있다. 그는 하나님이 분명히 응답하시리라는 확신을 갖고 기도한다(1절). "하나님께 부르짖으리니"라는 표현이 반복되는 것을 보면 시인은 지금 매우 절박한 상황에 처해 있는 것 같다.

우리 조상들이 주께 의뢰하고 의뢰하였으므로
그들을 건지셨나이다(시 22:4).

밤새 손을 치켜들고 하나님께 매달렸지만("초저녁에 일어나 부르짖을지어다. 네 마음을 주의 얼굴 앞에 물 쏟듯 할지어다. 각 길 어귀에서 주려 기진한 네 어린 자녀들의 생명을 위하여 주를 향하여 손을 들지어다 하였도다", 애 2:19), 시인은 어떤 응답도 받지 못했다(2절). 하나님의 위로를 받지 못한 그는 매우 괴로워한다.

그의 모든 자녀가 위로하되 그가 그 위로를 받지 아니하여 이르되 "내가 슬퍼하며 스올로 내려가 아들에게로 가리라" 하고 그의 아버지가 그를 위하여 울었더라(창 37:35).

여호와께서 이와 같이 말씀하시니라.
"라마에서 슬퍼하며 통곡하는 소리가 들리니

라헬이 그 자식 때문에 애곡하는 것이라.

그가 자식이 없어져서 위로 받기를 거절하는도다"(렘 31:15).

정확히 말하면 시인은 평안을 느낄 만한 위로를 받지 못했다. 위로마저 소용이 없었다는 것은 시인이 극도로 비참한 상황에 있음을 뜻한다.

밤에는 슬피 우니 눈물이 뺨에 흐름이여,

사랑하던 자들 중에 그에게 위로하는 자가 없고

친구들도 다 배반하여 원수들이 되었도다(애 1:2; 참조 애 1:9, 17, 21).

하나님을 간절히 기억하려고 해도 시인의 불안과 근심은 사라지지 않는다. 그 결과 시인은 깊은 절망에 빠진다(3절).

2) 고난에 대한 진술(4-6절)

4 주께서 내가 눈을 붙이지 못하게 하시니

내가 괴로워 말할 수 없나이다.

5 내가 옛날

곧 지나간 세월을 생각하였사오며

6 밤에 부른 노래를 내가 기억하여

내 심령으로, 내가 내 마음으로 간구하기를

4-6절은 시인이 겪는 괴로움을 묘사한다. 4절에서 시인은 하나님으로

인해 불면의 고통을 겪고 있다고 호소한다. 그는 고통이 너무 극심한 나머지 말도 할 수 없는 지경에 빠지게 되었다.

> 1 내가 말하기를
> "나의 행위를 조심하여
> 내 혀로 범죄하지 아니하리니
> 악인이 내 앞에 있을 때에
> 내가 내 입에 재갈을 먹이리라" 하였도다.
> 2 내가 잠잠하여
> 선한 말도 하지 아니하니
> 나의 근심이 더 심하도다(시 39:1-2).

시인은 소망이 보이지 않는 암담한 현실 속에서 허우적대다가 과거에 경험했던 구원으로 눈을 돌린다(5절).

6절에서 시인은 "밤에 부른 노래"를 기억한다. 이 노래를 가리켜 시편 69:12에 등장한 "조롱의 노래"라고 주장하는 사람도 있지만, 실제로는 시편 42:8에 나온 "찬양의 노래"일 가능성이 높다.

> 성문에 앉은 자가 나를 비난하며
> 독주에 취한 무리가 나를 두고 노래하나이다(시 69:12).

> 낮에는 여호와께서 그의 인자하심을 베푸시고
> 밤에는 그의 찬송이 내게 있어

생명의 하나님께 기도하리로다(시 42:8).

고통의 현실 가운데서 괴로워하던 시인은 드디어 과거에 역사하셨던 하나님의 구원을 기억해낸다.

3) 하나님을 향한 질문(7-9절)

7 "주께서 영원히 버리실까,
다시는 은혜를 베풀지 아니하실까,
8 그의 인자하심은 영원히 끝났는가,
그의 약속하심도 영구히 폐하였는가,
9 하나님이 그가 베푸실 은혜를 잊으셨는가,
노하심으로 그가 베푸실 긍휼을 그치셨는가?" 하였나이다. (셀라)

7-9절은 시인이 하나님께 마구 쏟아 놓은 질문들이다. 그는 하나님이 자신을 "영원히" 버리신 것은 아닌지 의심스러워한다(7절). 시인은 하나님의 "인자하심"(חֶסֶד, 헤세드), "은혜"(חַנּוֹת, 하노트), "긍휼"(רַחֲמִים, 라하밈)이 영원히 사라져버린 것인지 재차 질문한다(8-9절). 이 세 가지는 본래 변하지 않는 하나님의 근본적인 속성이다.

여호와께서 그의 앞으로 지나시며 선포하시되 "여호와라, 여호와라. **자비롭고**(라훔) **은혜롭고**(한눈) 노하기를 더디하고 **인자**(헤세드)와 진실이 많은 하나님이라(출 34:6).

심지어 하나님의 "말씀"(אֹמֶר, 오메르: 개역개정은 "약속하심")조차 오래전에 사라져버린 것처럼 보인다.

4) 하나님의 과거 행적에 대한 기억과 묵상(10-15절)

> 10 또 내가 말하기를
> "이는 나의 잘못이라." 지존자의 오른손의 해
> 11 곧 여호와의 일들을 기억하며
> 주께서 옛적에 행하신 기이한 일을 기억하리이다.
> 12 또 주의 모든 일을 작은 소리로 읊조리며
> 주의 행사를 낮은 소리로 되뇌이리이다.
> 13 하나님이여,
> 주의 도는 극히 거룩하시오니
> 하나님과 같이 위대하신 신이 누구오니이까?
> 14 주는 기이한 일을 행하신 하나님이시라.
> 민족들 중에 주의 능력을 알리시고
> 15 주의 팔로 주의 백성
> 곧 야곱과 요셉의 자손을 속량하셨나이다. (셀라)

이제 시인은 하나님의 과거 행적을 다시 떠올리며 묵상한다(10-15절). 10절은 이 시의 분위기를 전환시키는 구절인데 아쉽게도 본문의 내용을 정확히 이해하기는 어렵다. 개역개정의 "이는 나의 잘못이라. 지존자의 오른손의 해"는 새번역처럼 "가장 높으신 분께서 그 오른손을 거두시는 것, 이것이 나의 슬픔[아픔]이로구나"로도 번역할 수 있다. "하나님(지존자)의 오른손"은 보호하심을 뜻한다.

> 주께 피하는 자들을
> 그 일어나 치는 자들에게서
> 오른손으로 구원하시는 주여,
> 주의 기이한 사랑을 나타내소서(시 17:7; 참조. 시 18:35; 20:6; 44:3; 63:8; 73:23).

시인은 한때 자기를 보호하고 돌보셨던 하나님이 등을 돌리셨다고 생각한다. 그러면서 자신의 고통이 하나님의 변심에서 온 것이라고 결론짓는다.

이때 시인은 하나님이 과거에 행하셨던 일들을 집중적으로 기억해낸다(11절). 그 과정을 통해 "율법의 종교"에서 "은혜의 종교"로 이동하게 된다. 시인은 하나님이 하신 일들을 읊조리고 되새긴다(12절). 그렇게 하나님이 행하셨던 일들을 기억하고 묵상하는 순간에 찬양의 물꼬가 트인다.

13절부터는 찬양이 이어진다. 시인은 하나님이 과거에 행하셨던 기사와 이적을 묘사하면서(13-15절), 특별히 하나님의 거룩하심과 비교 불가능성을 강조한다(13절).

> **여호와여, 신 중에 주와 같은 자가 누구니이까?**
> 주와 같이 거룩함으로 영광스러우며

찬송할 만한 위엄이 있으며
기이한 일을 행하는 자가 누구니이까?(출 15:11)

14-15절은 "야곱과 요셉의 자손" 곧 하나님의 백성이 이집트의 억압으로부터 풀려난 출애굽 사건을 가리킨다. 이 사건은 하나님의 백성이늘 기억해야 하는 야웨 신앙의 근본이다.

5) 창조와 구원의 하나님을 찬양(16-20절)

16 하나님이여,
물들이 주를 보았나이다.
물들이 주를 보고 두려워하며
깊음도 진동하였고
17 구름이 물을 쏟고 궁창이 소리를 내며
주의 화살도 날아갔나이다.
18 회오리바람 중에 주의 우렛소리가 있으며
번개가 세계를 비추며
땅이 흔들리고 움직였나이다.
19 주의 길이 바다에 있었고
주의 곧은 길이 큰 물에 있었으나
주의 발자취를 알 수 없었나이다.
20 주의 백성을 양 떼 같이
모세와 아론의 손으로 인도하셨나이다.

이어서 시인은 창조와 구원의 하나님을 찬양한다(16-20절). 하나님은 혼돈의 세력에 맞서 자신이 지으신 창조세계를 지키고 보호하고 계신다. 16절에서는 혼돈의 물을 의인화함으로써 이 사실을 드러내고 있다. 또한 17절에서는 "뇌우(雷雨)를 동반한 신현현"(Gewittertheopanie)의 광경을 묘사한다.

> 10 산들이 주를 보고 흔들리며
> 창수가 넘치고
> 바다가 소리를 지르며
> 손을 높이 들었나이다.
> 11 날아가는 주의 화살의 빛과
> 번쩍이는 주의 창의 광채로 말미암아
> 해와 달이 그 처소에 멈추었나이다(합 3:10-11).

이처럼 하나님이 나타나실 때는 폭우("구름이 물을 쏟고"), 천둥소리("궁창이 소리를 내며"), 번개("주의 화살도 날아갔나이다")와 같은 현상이 동반되곤 한다. 또한 이 구절은 하나님께서 궁창 위에 있는 물까지 지배하고 계심을 입증한다. 시인은 18절에서 이런 신현현의 영향을 묘사하면서 "우렛소리"와 "번개"와 "지진 현상"이 동시에 일어나는 광경을 보여준다. 즉 16-18절은 이 세계를 친히 보존하고 지배하시는 창조의 하나님을 찬양하는 내용이다.

19-20절에서는 앞서 묘사된 출애굽 사건을 다시 언급함으로써 구원의 하나님에 대한 찬양을 강조한다. 19절은 바닷속에 새겨진 "하

나님의 발자취"를 말하고 있다. 하나님께서 역사 속에 남기신 발자국은 마치 물속에 남은 발자국처럼 사람에게 보이지 않는다.

> 보라, 이런 것들은 그의 행사의 단편일 뿐이요
> 우리가 그에게서 들은 것도 속삭이는 소리일 뿐이니
> 그의 큰 능력의 우렛소리를 누가 능히 헤아리랴?(욥 26:14)

이처럼 하나님은 "숨어 계신 분"(deus absconditus)이다.

> 손을 거두리니 네가 내 등을 볼 것이요, **얼굴은 보지 못하리라**(출 33:23).

> 구원자 이스라엘의 하나님이여,
> 진실로 **주는 스스로 숨어 계시는 하나님이시니이다**(사 45:15).

하나님은 우리 눈에 보이지 않는 상태로 세상 속에서 계속 일하고 계시지만, 우리는 전혀 감지하지 못한다.

> 하나님은 놀라운 음성을 내시며
> **우리가 헤아릴 수 없는 큰 일을 행하시느니라**(욥 37:5).

이제 시인은 모세와 아론과 같은 대리인을 도구로 사용하여 백성을 인도하시는 하나님의 모습을 언급하면서 역사 속에 "계시된 분"(deus revelatus)으로서의 하나님을 찬양한다(20절). 하나님은 존재하지 않는 것처럼 존재하시는 분이다. 즉 없는 것처럼 계신 분이다.

> 예수께서 이르시되 "너는 나를 본 고로 믿느냐? 보지 못하고 믿는 자들은 복되도다" 하시니라(요 20:29).

따라서 믿음과 신뢰를 가진 자만이 하나님을 체험할 수 있다.

4. 메시지

시인은 절망적인 상황에서 하나님께 버림을 받을지도 모른다는 생각에 두려워한다(1-9절). 하지만 곧 하나님이 행하신 위대한 일과 이적에 생각의 초점을 맞춘다(10-15절). 하나님에 대한 기억을 떠올리며 묵상하다 보면 자연스레 하나님을 찬양하게 된다(16-20절). "나의 지배를 받는 종교"(1-9절)가 "하나님의 통치를 받는 종교"(10-20절)로 전환된다. 이는 "자신에 대한 집착"에서 "하나님을 향한 복종과 믿음"으로 시각이 변하는 것을 의미한다. 또한 "보잘 것 없는 자아"(the small self)에서 벗어나 하나님 안에서 "더 위대한 자아"(the larger self)를 발견하게 되는 경험을 뜻한다.

시인은 절망적인 현재 상황에서 하나님이 옛적에 행하셨던 일을 기억한다. 하나님께서 행하셨던 기사를 기억할 때 탄식이 찬송으로 바뀐다. 과거의 구원을 기억하는 일은 "현재의 고통"에서 "미래의 축복"으로 넘어가는 다리 역할을 한다. "기억의 되새김질"은 이전과 전혀 다른 고백을 선사한다.

또한 시인은 고난을 받을 때 하나님의 "보이지 않는 발자취"의 신비를 생각하라고 권면한다. 아무리 하나님이 부재(不在)하시는 것처럼 보여도 하나님은 실재하신다. 인생이 혼란스럽다고 느껴지는 바로 그 순간에도 하나님은 굳건히 우주를 다스리고 계신다. 관점을 바꾸면 내가 처한 상황이 달라 보인다. 당면한 문제를 대하는 시각이 완전히 달라진다. 내가 변했기 때문이다. 시인 역시 그런 경험을 한다. 하나님을 깊이 체험하자 문제 자체가 사라졌다. 그리고 찬양만 남았다.

78편

언제나 새로운 길을 여시는 하나님:

"하나님께서 행하신 일을 잊지 아니하고"

1. 양식

시편 78편은 "역사시"(a historical psalm)로 분류된다. 이 시편의 시인은 교훈적인 의도를 가지고 이스라엘의 역사를 구속사(Heilsgeschichte)의 관점에서 노래한다.

2. 구조

1) 1-11절: 서론
2) 12-39절: 홍해와 광야 사건
   ① 12-16절: 하나님의 기이한 일
   ② 17-20절: 이스라엘의 반역
   ③ 21-31절: 하나님의 진노와 심판
   ④ 32-39절: 하나님의 은혜
3) 40-72절: 이집트에서 가나안까지의 여정
   ① 40-55절: 하나님의 기이한 일
   ② 56-58절: 이스라엘의 반역
   ③ 59-64절: 하나님의 진노와 심판
   ④ 65-72절: 하나님의 은혜

3. 내용

1) 서론(1-11절)

1 내 백성이여,

내 율법을 들으며

내 입의 말에 귀를 기울일지어다.

2 내가 입을 열어 비유로 말하며

예로부터 감추어졌던 것을 드러내려 하니

3 이는 우리가 들어서 아는 바요,

우리의 조상들이 우리에게 전한 바라.

4 우리가 이를 그들의 자손에게 숨기지 아니하고

여호와의 영예와

그의 능력과

그가 행하신 기이한 사적을

후대에 전하리로다.

5 여호와께서 증거를 야곱에게 세우시며

법도를 이스라엘에게 정하시고

우리 조상들에게 명령하사

"그들의 자손에게 알리라" 하셨으니

6 이는 그들로 후대

곧 태어날 자손에게 이를 알게 하고

그들은 일어나 그들의 자손에게 일러서

7 그들로 그들의 소망을 하나님께 두며

하나님께서 행하신 일을 잊지 아니하고

오직 그의 계명을 지켜서

8 그들의 조상들 곧 완고하고 패역하여

그들의 마음이 정직하지 못하며

그 심령이 하나님께 충성하지 아니하는 세대와 같이

되지 아니하게 하려 하심이로다.

9 에브라임 자손은 무기를 갖추며 활을 가졌으나

전쟁의 날에 물러갔도다.

10 그들이 하나님의 언약을 지키지 아니하고

그의 율법 준행을 거절하며

11 여호와께서 행하신 것과

그들에게 보이신 그의 기이한 일을 잊었도다.

1-11절은 시편 78편의 서론으로서 다음에 이어지는 내용의 무대 역할을 한다. 이 단락은 세 부분으로 나누어진다. 첫째, 1-4절은 이 시의 목적을 제시한다. 시인은 하나님의 "능력과 기이한 사적"을 다음 세대에게 전하고자 한다(4절). 배움의 연결 고리가 끊어지면 안 되기 때문이다. 둘째, 5-8절은 앞 단락의 내용을 부연 설명한다. 즉 이 시는 가르침을 전달받은 뒤 "세대들"이 "소망을 하나님께 두고 그분이 행하신 일을 잊지 아니하며 그분이 주신 계명을 지키게" 하려는 의도로 기록되었다(7절). 하나님의 구속사를 전수하는 것은 모든 세대에게 주어진 중요한 의무다. 셋째, 9-11절은 하나님을 잊어버린 하나의 예로 에브

라임을 선택하고 이를 “망각의 본보기”로 언급한다. 에브라임은 철저히 무장했지만 전쟁에서 패한다(9절). 그들이 패망한 이유는 하나님의 언약과 율법 준수를 거절하고(10절) 하나님이 행하신 기이한 일들을 망각했기 때문이다(11절).

2) 홍해와 광야 사건(12-39절)

12 옛적에 하나님이 애굽 땅 소안 들에서

기이한 일을 그들의 조상들의 목전에서 행하셨으되

13 그가 바다를 갈라 물을 무더기 같이 서게 하시고

그들을 지나가게 하셨으며

14 낮에는 구름으로,

밤에는 불빛으로 인도하셨으며

15 광야에서 반석을 쪼개시고

매우 깊은 곳에서 나오는 물처럼

흡족하게 마시게 하셨으며

16 또 바위에서 시내를 내사

물이 강 같이 흐르게 하셨으나

17 그들은 계속해서 하나님께 범죄하여

메마른 땅에서 지존자를 배반하였도다.

18 그들이 그들의 탐욕대로 음식을 구하여

그들의 심중에 하나님을 시험하였으며

19 그뿐 아니라 하나님을 대적하여 말하기를

"하나님이 광야에서 식탁을 베푸실 수 있으랴?

20 보라, 그가 반석을 쳐서 물을 내시니

시내가 넘쳤으나 그가 능히 떡도 주시며

자기 백성을 위하여 고기도 예비하시랴?" 하였도다.

21 그러므로 여호와께서 듣고 노하셨으며

야곱에게 불 같이 노하셨고

또한 이스라엘에게 진노가 불타 올랐으니

22 이는 하나님을 믿지 아니하며

그의 구원을 의지하지 아니한 때문이로다.

23 그러나 그가 위의 궁창을 명령하시며

하늘 문을 여시고

24 그들에게 만나를 비 같이 내려 먹이시며

하늘 양식을 그들에게 주셨나니

25 사람이 힘센 자의 떡을 먹었으며

그가 음식을 그들에게 충족히 주셨도다.

26 그가 동풍을 하늘에서 일게 하시며

그의 권능으로 남풍을 인도하시고

27 먼지처럼 많은 고기를 비 같이 내리시고

나는 새를 바다의 모래 같이 내리셨도다.

28 그가 그것들을 그들의 진중에 떨어지게 하사

그들의 거처에 두르셨으므로

29 그들이 먹고 심히 배불렀나니

하나님이 그들의 원대로 그들에게 주셨도다.

30 그러나 그들이 그들의 욕심을 버리지 아니하여

그들의 먹을 것이 아직 그들의 입에 있을 때에

31 하나님이 그들에게 노염을 나타내사

그들 중 강한 자를 죽이시며

이스라엘의 청년을 쳐 엎드러뜨리셨도다.

32 이러함에도 그들은 여전히 범죄하여

그의 기이한 일들을 믿지 아니하였으므로

33 하나님이 그들의 날들을 헛되이 보내게 하시며

그들의 햇수를 두려움으로 보내게 하셨도다.

34 하나님이 그들을 죽이실 때에

그들이 그에게 구하며 돌이켜 하나님을 간절히 찾았고

35 하나님이 그들의 반석이시며

지존하신 하나님이 그들의 구속자이심을 기억하였도다.

36 그러나 그들이 입으로 그에게 아첨하며

자기 혀로 그에게 거짓을 말하였으니

37 이는 하나님께 향하는 그들의 마음이 정함이 없으며

그의 언약에 성실하지 아니하였음이로다.

38 오직 하나님은 긍휼하시므로 죄악을 덮어 주시어

멸망시키지 아니하시고 그의 진노를 여러 번 돌이키시며

그의 모든 분을 다 쏟아 내지 아니하셨으니

39 그들은 육체이며 가고

다시 돌아오지 못하는 바람임을 기억하셨음이라.

12-39절은 홍해와 광야에서 일어난 사건을 묘사하고 있다. 이 두 번째 단락은 다시 네 부분으로 나눠지며, 단락의 내용은 이어지는 세 번째 단락과 동일한 대칭 구조를 이룬다.

첫 번째 단락인 12-16절은 하나님이 과거에 행하신 은혜로운 행적들을 보여준다. 여기서는 이집트로부터의 탈출(12절), 홍해 기적(13절), 광야에서의 인도("구름"과 "불빛", 14절), 보호하심(물 공급, 15-16절)이 보고된다.

두 번째 단락인 17-20절은 이스라엘의 반역을 기술한다. 이스라엘은 "계속해서 하나님께 범죄를 저질렀다"(17절). 그들은 "마음속으로" 하나님을 시험하고(18절), 하나님의 능력을 의심하며("광야에서 식탁을 베풀 수 있으랴", 19절), 비아냥거리기까지 했다(20절). 하나님이 베푸신 구원과 축복에 감사하며 만족하지 못하고 욕망을 추구하는 것은 하나님을 배반하는 것과 같은 행위다.

세 번째 단락인 21-31절은 이스라엘의 반역에 대한 하나님의 진노와 심판을 보여준다. 하나님은 진노하신다(21절). 그들이 하나님을 믿지 않고 의지하지 않았기 때문이다(22절). 그럼에도 불구하고 하나님은 "하늘의 문"을 열고(23절) 그들에게 "하늘 양식"을 공급하셨다(24절). 25절에 따르면 이것들은 "힘센 자의 떡"이자 "천상의 존재들의 음식"이라 불릴 만한 최고의 양식이었다. 하나님은 분노하시면서도 백성이 요구한 것을 기적적으로 충분히 공급하셨다(26-29절). 그리고 그런 은혜를 베푸는 가운데 불순종하는 자들을 심판하셨다(30-31절).

마지막 단락인 32-39절은 하나님의 은혜를 다시 이야기한다. 이스라엘은 하나님의 진노와 심판에도 불구하고 계속 범죄의 자리에 머물렀다("이러함에도 여전히 범죄 하여", 32-33절). 그러다가 심판으로 인해 죽음에 처하게 되자 그제야 그들의 "반석"이자 "안정의 수여자"이며 "구속자"이자 "안전의 제공자"이신 하나님을 애타게 찾는다(34-35절). 그러나 그들의 반성에는 진정성이 없었다. 이스라엘은 나름 건전한 신학(theology)을 추구했을지도 모른다. 하지만 그들은 가르침을 실천(practice)하지 않았다. 이스라엘은 여전히 속이고 거짓을 말했다(36절). 마음을 정하게 하지도 않고 언약에 성실하지도 않았다(37절). 그럼에도 불구하고 하나님은 자비로운 속성에 근거하셔서 그들에게 은혜를 베풀어주셨다. "오직 하나님은 긍휼하심으로 죄악을 덮어 주시어 멸망시키지 아니하시고"(38절). 하나님의 은혜는 인간의 회개에 기초를 둘 수 없다. 하나님은 인간이 어떤 존재인지를 너무나도 잘 알고 계셨다. 하나님의 눈에 비친 인간은 근본적으로 사멸할 "육체"이자 허무한 "바람" 같은 존재다(39절).

> 13 아버지가 자식을 긍휼히 여김 같이
> 여호와께서는 자기를 경외하는 자를 긍휼히 여기시나니
> 14 이는 그가 우리의 체질을 아시며
> 우리가 단지 먼지뿐임을 기억하심이로다(시 103:13-14).

3) 이집트에서 가나안까지의 여정(40-72절)

> 40 그들이 광야에서 그에게 반항하며
> 사막에서 그를 슬프시게 함이 몇 번인가?

41 그들이 돌이켜 하나님을 거듭거듭 시험하며

이스라엘의 거룩하신 이를 노엽게 하였도다.

42 그들이 그의 권능의 손을 기억하지 아니하며

대적에게서 그들을 구원하신 날도 기억하지 아니하였도다.

43 그때에 하나님이 애굽에서 그의 표적들을,

소안 들에서 그의 징조들을 나타내사

44 그들의 강과 시내를 피로 변하여

그들로 마실 수 없게 하시며

45 쇠파리 떼를 그들에게 보내어 그들을 물게 하시고

개구리를 보내어 해하게 하셨으며

46 그들의 토산물을 황충에게 주셨고

그들이 수고한 것을 메뚜기에게 주셨으며

47 그들의 포도나무를 우박으로,

그들의 뽕나무를 서리로 죽이셨으며

48 그들의 가축을 우박에,

그들의 양 떼를 번갯불에 넘기셨으며

49 그의 맹렬한 노여움과 진노와 분노와 고난

곧 재앙의 천사들을 그들에게 내려보내셨으며

50 그는 진노로 길을 닦으사

그들의 목숨이 죽음을 면하지 못하게 하시고

그들의 생명을 전염병에 붙이셨으며

51 애굽에서 모든 장자

곧 함의 장막에 있는 그들의 기력의 처음 것을 치셨으나

52 그가 자기 백성은 양 같이 인도하여 내시고

광야에서 양 떼 같이 지도하셨도다.

53 그들을 안전히 인도하시니

그들은 두려움이 없었으나

그들의 원수는 바다에 빠졌도다.

54 그들을 그의 성소의 영역

곧 그의 오른손으로 만드신 산으로 인도하시고

55 또 나라를 그들의 앞에서 쫓아내시며

줄을 쳐서 그들의 소유를 분배하시고

이스라엘의 지파들이 그들의 장막에 살게 하셨도다.

56 그러나 그들은 지존하신 하나님을 시험하고 반항하여

그의 명령을 지키지 아니하며

57 그들의 조상들 같이 배반하고

거짓을 행하여 속이는 활 같이 빗나가서

58 자기 산당들로 그의 노여움을 일으키며

그들의 조각한 우상들로 그를 진노하게 하였으매

59 하나님이 들으시고 분내어 이스라엘을 크게 미워하사

60 사람 가운데 세우신 장막

곧 실로의 성막을 떠나시고

61 그가 그의 능력을 포로에게 넘겨 주시며

그의 영광을 대적의 손에 붙이시고

62 그가 그의 소유 때문에 분내사

그의 백성을 칼에 넘기셨으니

63 그들의 청년은 불에 살라지고

그들의 처녀들은 혼인 노래를 들을 수 없었으며

64 그들의 제사장들은 칼에 엎드러지고

그들의 과부들은 애곡도 하지 못하였도다.

65 그때에 주께서 잠에서 깨어난 것처럼,

포도주를 마시고 고함치는 용사처럼 일어나사

66 그의 대적들을 쳐 물리쳐서

영원히 그들에게 욕되게 하셨도다.

67 또 요셉의 장막을 버리시며

에브라임 지파를 택하지 아니하시고

68 오직 유다 지파와

그가 사랑하시는 시온 산을 택하시며

69 그의 성소를 산의 높음 같이,

영원히 두신 땅 같이 지으셨도다.

70 또 그의 종 다윗을 택하시되

양의 우리에서 취하시며

71 젖 양을 지키는 중에서 그를 이끌어 내사

그의 백성인 야곱,

그의 소유인 이스라엘을 기르게 하셨더니

72 이에 그가 그들을 자기 마음의 완전함으로 기르고

그의 손의 능숙함으로 그들을 지도하였도다.

40-72절은 이집트에서 가나안까지 가는 길에 일어난 사건을 언급한

다. 세 번째 단락도 두 번째 단락과 마찬가지로 네 단락으로 소분(小分)된다.

첫 번째 단락인 40-55절은 반항하는 이스라엘을 향해 하나님이 행하신 기이한 일을 보여준다. 그들은 광야에서 거듭 하나님께 반항한다(40절). 또한 하나님을 시험하여 노엽게 했으며(41절) 그들을 구원해 주셨던 "하나님의 권능의 손"도 기억하지 않는다(42절). 이스라엘은 광야를 지나면서 과거 이집트에서 경험했던 하나님의 구원 사건을 망각하고 만다. 시인은 이 구원 사건을 하나님의 "표적들"과 "징조들"이라 칭한다(43절). 이어서 하나님의 표적이었던 "이집트에 임한 재앙들"이 비교적 상세히 거론된다(44-51절). 하나님이 이집트에 재앙을 내리신 까닭은 이스라엘을 광야로 이끌어내어 양같이 인도하시기 위함이었다(52a절). 그러나 이스라엘은 "그 광야에서"(בַּמִּדְבָּר, 바미드바르) 바로 직전에 경험했던 출애굽의 기적조차 기억하지 않고 하나님께 반항한다(40절). 그런데도 하나님은 "그 광야에서" 반항하는 이스라엘을 처벌하지 않으시고 양 떼를 보호하듯 지속적으로 인도하셨다(52-53절). 그리고 그들에게 새로운 영토를 주셨다(54-55절).

두 번째 단락인 56-58절은 이스라엘의 배은망덕을 고발한다. 그들은 출애굽 이후 "약속의 땅에서도" 여전히 하나님을 시험하고 거역했으며(56절), "출애굽 2세대들" 역시 "그들의 조상"인 "출애굽 1세대"처럼 하나님을 배반했다(57절). 더구나 그들은 "다른 신들" 곧 "우상들"을 섬겼다(58절). 58절은 18-20절과는 달리 이스라엘이 하나님을 무시하고 다른 곳에서 구원과 축복을 구하는 모습을 묘사하는데 바로 이것이 하나님을 배반하는 행위다.

세 번째 단락인 59-64절은 이들을 향한 하나님의 진노와 심판을 진술한다. 당연히 하나님은 진노하셨고(59절) 하나님의 법궤가 안치되었던 "실로 성소"도 포기하셨다(60절). 또한 "그의 능력" 혹은 "그의 영광"으로 표현된 법궤("여호와여, 일어나사 주의 권능의 궤와 함께 평안한 곳으로 들어가소서", 시 132:8)마저 대적의 손에 떨어졌다(61절). 적들의 칼이 이스라엘을 향하자(62절) 청년들뿐만 아니라 제사장들도 죽음을 피할 수 없었다(63-65절).

마지막 단락인 65-72절은 또 다른 하나님의 은혜를 보여준다. 하나님은 신적 전사(divine warrior)처럼 분연히 일어나셔서(65절) 이스라엘의 대적들을 물리치셨다(66절). "요셉의 장막"과 "에브라임 지파"를 버리시고(67절) "유다 지파"와 "시온 산"을 택하신 다음(68절), 시온에 "하나님의 성소"를 세우셨다(69절). 또한 하나님은 "양의 우리"에서 목동 "다윗"을 택하셨으며(70절) "목동" 다윗을 이스라엘을 이끄는 "목자" 다윗으로 세우셨다(71절). 다윗은 양을 치는 목동이었지만 이제 이스라엘을 돌보는 목자가 되었다.

> 그러므로 이제 내 종 다윗에게 이와 같이 말하라. "만군의 여호와께서 이와 같이 말씀하시기를 내가 너를 목장 곧 양을 따르는 데에서 데려다가 내 백성 이스라엘의 주권자로 삼고"(삼하 7:8).

다윗은 온전한 마음("마음의 완전함")과 슬기로운 손("손의 능숙함")으로 이스라엘을 이끌었다(72절). 하나님은 "시온 산"과 "다윗"을 통해 새로운 역사를 시작하셨다. 이처럼 하나님은 인간의 불순종에 영향받지 않고 끊임없이 새롭게 구원의 역사를 이끌어가신다.

4. 메시지

시인은 장차 태어날 미래 세대가 하나님이 과거에 행하신 기이한 구원 행동을 전해 듣고 자손들에게 이를 계속 전달해주길 원했다. 그들이 과거 조상들처럼 반역을 저지르지 않기를 바라는 경고의 마음을 담아 이 시를 기록한 것이다. 이스라엘 백성의 끊임없는 죄악의 역사를 보면 역설적으로 하나님의 자비가 더욱 분명히 드러난다. "언약 백성"들이 계속해서 하나님을 배신하고 반역을 저질렀음에도 불구하고, 하나님은 구원 활동을 멈추시지 않았다. 물론 반역에 대한 심판은 불가피했지만, 하나님은 심판 이후에도 그들에게 기회를 주셨다.

> 여호와의 말씀이니라. "너희를 향한 나의 생각을 내가 아나니 평안이요 재앙이 아니니라. 너희에게 미래와 희망을 주는 것이니라"(렘 29:11).

하나님은 구원의 선물을 폐기 처분한 이스라엘의 배은망덕한 행위를 보시고도 그들에게 새로운 길을 제시하셨다. 우리도 알게 모르게 인생을 살면서 반역과 불순종을 반복했을지 모른다. 시인은 그런 우리에게 하나님의 크신 자비를 잊지 말라고 이야기한다. 하나님은 언제나 새로운 길을 여시는 분이다. 하나님의 백성을 태운 구원 열차는 궁극적인 목적지에 이를 때까지 멈추지 않고 달린다.

79편

보복의 타이밍은 하나님의 몫:

“그들의 품에 칠 배나 갚으소서”

1. 양식

시편 79편은 "공동체 탄원시"(psalm of a communal lament)로 분류된다. 국가적 재앙을 경험한 공동체에 속한 시인은 하나님을 부르며 대적을 심판해달라고 간청하다.

2. 구조

1) 1-4절: 하나님을 향한 부름과 탄원
2) 5-12절: 하나님을 향한 간구
3) 13절: 하나님에 대한 찬양 맹세

3. 내용

1) 하나님을 향한 부름과 탄원(1-4절)

1 하나님이여,
이방 나라들이 주의 기업의 땅에 들어와서 주의 성전을 더럽히고
예루살렘이 돌무더기가 되게 하였나이다.
2 그들이 주의 종들의 시체를 공중의 새에게 밥으로,
주의 성도들의 육체를 땅의 짐승에게 주며
3 그들의 피를 예루살렘 사방에 물 같이 흘렸으나
그들을 매장하는 자가 없었나이다.

4 우리는 우리 이웃에게 비방거리가 되며
우리를 에워싼 자에게 조소와 조롱거리가 되었나이다.

1-4절에서 시인은 땅이 파괴되고 하나님의 백성이 국가적으로 모욕당한 비극적인 사건을 묘사한다. 그는 우선 하나님을 부른다(1절). 그런 다음 이방 나라들이 폭력을 행사함으로써 생명의 장소여야 할 "주의 성전"을 죽음의 장소로 만들었다고 탄원한다.

2절의 "주의 종들"과 "주의 성도들"은 하나님과 밀접한 관계에 있는 사람들을 일컫는 영광의 존칭이다. 그러나 이들은 죽음의 칼부림으로부터 보호받지 못했다. 심지어 죽은 후 시체마저 적절히 수습되지 못하고 방치되었다(3절). 예루살렘은 살아남아 시체를 수습할 수 있는 사람들보다 시체가 더 많은, 죽은 자의 도시가 되었다. 주검이 매장되지 못하고 방치되는 것은 사후 발생할 수 있는 최악의 불행이자 모독 행위로 여겨졌다.

> 네 시체가 공중의 모든 새와 땅의 짐승들의 밥이 될 것이나 그것들을 쫓아줄 자가 없을 것이며(신 28:26).

> 아야의 딸 리스바가 굵은 베를 가져다가 자기를 위하여 바위 위에 펴고 곡식 베기 시작할 때부터 하늘에서 비가 시체에 쏟아지기까지 그 시체에 낮에는 공중의 새가 앉지 못하게 하고 밤에는 들짐승이 범하지 못하게 한지라(삼하 21:10).

이 백성의 시체가 공중의 새와 땅의 짐승의 밥이 될 것이나 그것을 쫓을 자가 없을 것이라(렘 7:33).

4절은 전쟁 이후의 상황을 보여준다. 전쟁은 끝났지만 이스라엘의 고난은 끝나지 않았다. 폐허에 남은 백성은 육체적인 고통에 시달리는 것도 모자라 이웃 국가들의 "비방과 조소 및 조롱"을 경험해야 했다.

2) 하나님을 향한 간구(5-12절)

5 여호와여,
어느 때까지니이까? 영원히 노하시리이까?
주의 질투가 불붙듯 하시리이까?
6 주를 알지 아니하는 민족들과
주의 이름을 부르지 아니하는 나라들에게
주의 노를 쏟으소서.
7 그들이 야곱을 삼키고
그의 거처를 황폐하게 함이니이다.
8 우리 조상들의 죄악을 기억하지 마시고
주의 긍휼로 우리를 속히 영접하소서
우리가 매우 가련하게 되었나이다.
9 우리 구원의 하나님이여,
주의 이름의 영광스러운 행사를 위하여 우리를 도우시며
주의 이름을 증거하기 위하여 우리를 건지시며

우리 죄를 사하소서.

10 이방 나라들이 어찌하여 "그들의 하나님이 어디 있느냐?" 말하나이까?

주의 종들이 피 흘림에 대한 복수를

우리의 목전에서 이방 나라에게 보여 주소서.

11 갇힌 자의 탄식을 주의 앞에 이르게 하시며

죽이기로 정해진 자도 주의 크신 능력을 따라 보존하소서.

12 주여,

우리 이웃이 주를 비방한 그 비방을

그들의 품에 칠 배나 갚으소서.

5-12절은 백성의 간구를 보여준다. 이들은 심판의 끝이 보이지 않자 "영원히 노하시리이까? 주의 질투가 불붙듯 하시리이까?"라며 하나님을 질책하듯 탄원한다(5절). 그 질투의 불길은 꺼질 기미가 보이지 않는다. 하나님의 "질투"는 비이성적 감정이 아니라 우리와 맺고 있는 관계가 손상될 때 드러나는 그분의 성품에 대한 표현이다. 하나님은 이를 통해 우리와의 관계를 유지하고 보존하신다. 하나님의 질투는 정당한 심판을 불러들임과 동시에 관계 회복을 촉구하는 역할을 한다.

백성은 자신을 향한 "하나님의 노"를 이제 그치고(5절), 대신 그 분노를 하나님을 알지 못하는 이방 민족들에게 "쏟으시라고" 간청한다(6절). 3절에서는 이방 민족들이 이스라엘의 피를 쏟아 부었다(שפך, 샤파크)고 말했는데, 여기서는 하나님을 향해 그들에게 진노를 쏟아부어(שפך, 샤파크)달라고 간구한다. 이어지는 7절은 그 이유를 제시한다.

이방 나라는 예루살렘을 먹어 치우는 탐욕스러운 짐승과 같기 때문이다.

8절에 나오는 "우리 조상들의 죄악"은 바로 "우리가 과거에 저지른 죄악"을 가리킨다. 이 구절은 이 시에서 유일하게 죄의 고백을 담고 있는 부분이다. 백성은 "은혜"(grace)를 간구할 뿐 "정의"(justice)를 요구하지 않는다. 죄에 따른 합당한 심판을 받고 있는 그들은 진노 가운데서도 긍휼을 기억해달라고 하나님께 간청한다.

> 여호와여,
> 내가 주께 대한 소문을 듣고 놀랐나이다.
> 여호와여,
> 주는 주의 일을 이 수년 내에 부흥하게 하옵소서.
> 이 수년 내에 나타내시옵소서.
> 진노 중에라도 긍휼을 잊지 마옵소서(합 3:2).

오직 "하나님의 자비"(긍휼)만이 죄인들의 머리 위에서 타오르는 진노의 불을 끌 수 있다.

9절은 간구의 근거를 제시한다. 하나님의 백성이 곤궁의 상태에서 벗어나야 하는 이유는 그들이 믿는 하나님의 "명예" 곧 "이름"(שֵׁם, 쉠) 때문이다. 그분의 백성이 대적들로 인한 고통에서 구원받고 궁극적으로 죄를 용서받아야 비로소 "하나님의 이름"이 영광스럽게 될 수 있다.

이어서 시인은 이방 나라들에 대한 하나님의 복수를 요청한다

(10-12절). 10a절의 "그들의 하나님이 어디 있느냐?"는 이스라엘의 "침략자들"인 "이방 나라들"이 이스라엘을 빈정대며 조롱하는 말이다.

사람들이 종일 내게 하는 말이
"네 하나님이 어디 있느뇨?" 하오니
내 눈물이 주야로 내 음식이 되었도다(시 42:3).

내 뼈를 찌르는 칼 같이
내 대적이 나를 비방하여
늘 내게 말하기를
"네 하나님이 어디 있느냐?" 하도다(시 42:10).

이 단락에서 언급되는 인종 학살(10b절), 전쟁 포로의 강제 압송(11절), 패전 국민에 대한 공개적인 모욕(12절)은 정의의 하나님이신 야웨께서 묵과하실 수 없는 파괴적인 행위다. 이때 이스라엘 백성은 하나님의 "정의"에 호소한다. 히브리어에서 숫자 "일곱"(שֶׁבַע, 쉐바)은 "충족/충만"의 의미를 내포하고 있다. 따라서 12절에 언급된 "칠 배"의 보복은 철저하고 "완전한 보복"(complete retribution)을 상징한다.

여호와께서 그에게 이르시되 "그렇지 아니하다. 가인을 죽이는 자는 벌을 **칠 배나 받으리라"** 하시고 가인에게 표를 주사 그를 만나는 모든 사람에게서 죽임을 면하게 하시니라(창 4:15; 참조. 레 26:18, 21, 24).

3) 하나님에 대한 찬양 맹세(13절)

> 13 우리는 주의 백성이요 주의 목장의 양이니
> 우리는 영원히 주께 감사하며
> 주의 영예를 대대에 전하리이다.

13절은 하나님에 대한 찬양 맹세다. 찬양 맹세는 응답을 확신하는 표현이다. 이 시는 구원과 보복을 요구하는 호소들이 계속되다가 갑자기 "찬송"으로 바뀌면서 마무리된다. 즉 희망과 신뢰로 끝을 맺는 것인데, 이를 통해 시인이 현재적 경험이 아닌 하나님의 의로움을 의지하고 있음을 알 수 있다. 또한 하나님의 구원을 체험한 바로 그 순간의 고백뿐만 아니라 하나님이 앞으로 구원해주실 것이라는 미래지향적 믿음을 통해서도 찬양이 싹틀 수 있음을 우리에게 가르쳐준다.

4. 메시지

이 시는 단순한 보복의 요구로 간주되기 쉽다. 그러나 내용을 자세히 살펴보면 하나님의 명예와 통치를 지키고 싶어 하는 시인의 마음이 잘 드러난다. 시인은 이에 대적하는 무리들이 합당한 보복을 받게 해달라고 간청한다. 이런 보복 기도는 극단적인 위협의 상황에서 주로 사용되는 것으로서, 사적 보복 의지를 내려놓고 의롭게 판결하시는 하나님께 그 권한을 전적으로 양도하는 행위다. 보복은 사람에게 속한 것이 아니다. 그것은 오직 하나님께 달려 있다. 그렇기 때문에 우리는 아무리 억울하고 비참한 상황 속에 있더라도, 자신이 직접 보복에 나서기보다는 적절한 타이밍에 하나님이 개입하셔서 그들을 처벌하실 수 있도록 하나님께 모든 것을 온전히 맡겨야 한다.

> 그들이 실족할 그때에 내가 보복하리라.
> 그들의 환난날이 가까우니
> 그들에게 닥칠 그 일이 속히 오리로다(신 32:35).

> 내 사랑하는 자들아, 너희가 친히 원수를 갚지 말고 하나님의 진노하심에 맡기라. 기록되었으되 "원수 갚는 것이 내게 있으니 내가 갚으리라" 고 주께서 말씀하시니라(롬 12:19).

80편

다시 한번 기회를 주시는 하나님:

“하늘에서 굽어보시고 이 포도나무를 돌보소서”

1. 양식

시편 80편은 전형적인 "공동체 탄원시"(psalm of a communal lament)다. 이 시는 끝이 보이지 않는 고난의 상황에서 하나님께 부르짖는 이스라엘 백성의 간구를 담고 있다.

2. 구조

1) 1-3절: 하나님을 향한 부름과 간구
2) 4-7절: 하나님을 향한 탄원
3) 8-11절: 하나님의 과거 구원 행위에 대한 회상
4) 12-15절: 하나님을 향한 탄원
5) 16-19절: 하나님을 향한 결론적 간구 및 찬양 맹세

3. 내용

1) 하나님을 향한 부름과 간구(1-3절)

1 요셉을 양 떼 같이 인도하시는 (분) 이스라엘의 목자여,
귀를 기울이소서.
그룹 사이에 좌정하신 이여,
빛을 비추소서.
2 에브라임과 베냐민과 므낫세 앞에서

주의 능력을 나타내사
우리를 구원하러 오소서.
3 하나님이여,
우리를 돌이키시고
주의 얼굴빛을 비추사
우리가 구원을 얻게 하소서.

1-3절은 하나님께 간구하는 내용이다. 시인은 하나님을 "이스라엘의 목자여"라고 부르며 간구를 시작한다. 여기서는 하나님이 "이스라엘의 목자", "요셉을 양 떼같이 인도하시는 분", "그룹 사이에 좌정하신 이"로 표현된다. "목자"는 먹을 것을 공급해주며 양을 인도하고 보호하는 역할을 한다. 구약에서 하나님을 가리켜 목자로 일컫는 곳은 네 곳밖에 없으며(창 48:15; 49:24; 시 23:1; 80:1), "이스라엘의 목자"라는 표현은 오직 여기에만 등장한다. 또한 여기에 나오는 "요셉"은 이집트 파라오의 치하에 있던 이스라엘을 암시하며, "요셉을 인도하시는 분"은 이집트로부터의 탈출을 계획하시고 광야 여정을 안내하셨던 하나님을 뜻한다.

주의 백성을 양 떼 같이
모세와 아론의 손으로 인도하셨나이다(시 77:20).

그가 자기 백성은 양 같이 인도하여 내시고
광야에서 양 떼 같이 지도하셨도다(시 78:52).

또한 “그룹 사이에 좌정하신 이”는 본디 법궤가 안치되었던 북이스라엘의 실로 성소를 연상시킨다.

> 이에 백성이 실로에 사람을 보내어 그룹 사이에 계신 만군의 여호와의 언약궤를 거기서 가져왔고 엘리의 두 아들 홉니와 비느하스는 하나님의 언약궤와 함께 거기에 있었더라(삼상 4:4).

이는 하나님을 날개로 백성을 보호하시는 전사로 묘사함으로써 이동성을 갖춘 구원 능력을 강조하기도 한다. 즉 이 구절은 북이스라엘을 향해 하나님의 현존을 드러내시고 빛을 비춰달라는 간구로 이해하면 된다.

이어서 시인은 북쪽 지파에 대한 관심을 드러낸다(2절). 요셉의 아들인 에브라임과 므낫세 그리고 그의 유일한 친형제인 베냐민은 모두 북이스라엘을 대변하는 인물이다. 이런 정황으로 볼 때 시인이 북이스라엘의 회복을 간구하고 있음을 확신할 수 있다.

3절은 이 시편의 절정을 형성하는 세 후렴구 중 첫 번째에 해당된다(3, 7, 19절). 이는 민수기 6:25에 나오는 아론의 축복을 적용한 것이다.

> 여호와는 그의 얼굴을 네게 비추사
> 은혜 베푸시기를 원하며(민 6:25).

“하나님의 얼굴”(פָּנֶיךָ,파네카: 호의) 안에 있으면 축복과 구원을 경험할 수 있지만 그분의 얼굴에서 벗어나면 패배와 절망이 찾아온다. 이 후렴구의 "우리를 돌이키시고"라는 말은 민족의 운명을 회복시켜 달라는 뜻이다. 또한 "주의 얼굴빛을 비추사"는 구원을 요청하는 간구다.

2) 하나님을 향한 탄원(4-7절)

4 만군의 하나님 여호와여,
주의 백성의 기도에 대하여
어느 때까지 노하시리이까?
5 주께서 그들에게 눈물의 양식을 먹이시며
많은 눈물을 마시게 하셨나이다.
6 우리를 우리 이웃에게 다툼거리가 되게 하시니
우리 원수들이 서로 비웃나이다.
7 만군의 하나님이여,
우리를 회복하여 주시고
주의 얼굴의 광채를 비추사
우리가 구원을 얻게 하소서.

4-7절은 현실의 고난 가운데서 흘러 나오는 탄원이다. 4절의 "만군의 하나님 여호와"라는 명칭은 이스라엘을 위한 "신적 전사"(神的 戰士, divine warrior)를 가리킨다. 또한 "어느 때까지 노하시리이까?"는 온 백성의 인내가 거의 소진되었음을 뜻한다.

5절은 절망적인 백성의 삶을 묘사한다. 백성들은 하나님의 진노로 인해 고난의 현실에서 허덕이고 있다. 그들은 이제 세상의 웃음거리가 되고 말았다(6절). 7절은 3절의 후렴구를 다시 반복하는데, 여기서는 하나님의 칭호에 "만군의"(צְבָאוֹת, 체바오트)가 첨부되었다.

3) 하나님의 과거 구원 행위에 대한 회상(8-11절)

> 8 주께서 한 포도나무를 애굽에서 가져다가
> 민족들을 쫓아내시고 그것을 심으셨나이다.
> 9 주께서 그 앞서 가꾸셨으므로
> 그 뿌리가 깊이 박혀서 땅에 가득하며
> 10 그 그늘이 산들을 가리고
> 그 가지는 하나님의 백향목 같으며
> 11 그 가지가 바다까지 뻗고
> 넝쿨이 강까지 미쳤거늘

8-11절에서 시인은 하나님이 과거에 행하신 구원의 역사를 회고한다. 이 단락은 포도원의 농부이신 하나님이 포도나무인 이스라엘에게 베푸셨던 은혜의 역사를 전한다. 시인은 포도나무 비유를 언급함으로써 출애굽 사건과 가나안 정착 사건을 서로 결부시키고 있는데, 구약성경에서 이런 의도로 이 비유를 사용한 곳은 여기가 유일하다.

8절은 출애굽과 가나안 정착을, 9절은 가나안에 확보한 광활한 영토의 모습을 묘사한다. 10-11절은 이상적인 왕국으로서의 다윗 시대를 반영한다. 11절의 "바다"(יָם, 얌)는 지중해를, "강"(נָהָר, 나하르)은 유프라테스강을 가리킨다. 이 지역은 다윗과 솔로몬이 통치하던 시기에 이스라엘의 지배 아래에 있었다.

> 르홉의 아들 소바 왕 하닷에셀이 자기 권세를 회복하려고 유브라데 강으로 갈 때에 다윗이 그를 쳐서(삼하 8:3).

> 솔로몬이 그 강에서부터 블레셋 사람의 땅에 이르기까지와 애굽 지경에 미치기까지의 모든 나라를 다스리므로 솔로몬이 사는 동안에 그 나라들이 조공을 바쳐 섬겼더라(왕상 4:21).

시인은 이 단락을 통해 하나님이 이스라엘 백성에게 쏟아부으신 모든 노력을 상기시킴으로써 그분이 구원 행동에 나서시도록 자극한다.

4) 하나님을 향한 탄원(12-15절)

> 12 주께서 어찌하여 그 담을 허시사
> 길을 지나가는 모든 이들이 그것을 따게 하셨나이까?
> 13 숲 속의 멧돼지들이 상해하며
> 들짐승들이 먹나이다.
> 14 만군의 하나님이여,
> 구하옵나니 돌아오소서.
> 하늘에서 굽어보시고 이 포도나무를 돌보소서.
> 15 주의 오른손으로 심으신 줄기요,

주를 위하여 힘있게 하신 가지니이다.

이어서 시인은 다시 탄원한다(12-15절). 바로 앞의 영광스러웠던 과거(8-11절)는 고통스러운 현실과 극명한 대조를 이룬다. 12절에서 백성들은 왜 애써 만드신 포도원을 "원수들" 곧 "길을 지나가는 모든 이들"이 파괴하도록 그냥 내버려두셨냐고 물으며 하나님을 향해 비난을 쏟아낸다(12절).

이제 내가 내 포도원에
어떻게 행할지를
너희에게 이르리라.
내가 그 울타리를 걷어
먹힘을 당하게 하며
그 담을 헐어
짓밟히게 할 것이요(사 5:5).

13절의 "숲 속의 맷돼지들"은 부정한 동물을 가리킨다. "숲 속"(יַעַר, 야아르)은 위험한 장소다. 또한 "들짐승들"(זִיז שָׂדַי, 지즈 사다이)은 본디 기어 다니는 곤충들을 말한다. 이들은 상대적으로 작은 힘을 가진 존재지만 "거대한 적들"인 "들짐승들"이 휩쓸고 지나간 자리에 남은 것들을 남김없이 먹어 치운다. 이들의 습격을 받은 포도원은 회복 불능의 지경에 이르렀다.

14절은 포도원의 회복을 바라는 간구다. "돌아오소서. 하늘에서 굽어보시고.” 백성들은 하나님께서 부재를 청산하고 임재하시기를 간절히 원한다.

15절은 “포도나무”(גֶּפֶן, 게펜)가 하나님이 정성을 기울인 대상이었음을 상기시킨다. 여기서 “가지”(בֵּן, 벤: 아들)는 이스라엘 백성을 가리키는 것으로 보인다.

> 너는 바로에게 이르기를 “여호와의 말씀에 이스라엘은 내 **아들**(**בֵּן**, **벤**) 내 장자라”(출 4:22).

> 이스라엘이 어렸을 때에
> 내가 사랑하여
> 내 **아들**(**בֵּן**, **벤**)을 애굽에서 불러냈거늘(호 11:1).

5) 하나님을 향한 결론적 간구 및 찬양 맹세(16-19절)

> 16 그것이 불타고 베임을 당하며
> 주의 면책으로 말미암아 멸망하오니
> 17 주의 오른쪽에 있는 자
> 곧 주를 위하여 힘있게 하신 인자에게
> 주의 손을 얹으소서.
> 18 그리하시면 우리가 주에게서 물러가지 아니하오리니
> 우리를 소생하게 하소서.
> 우리가 주의 이름을 부르리이다.

19 만군의 하나님 여호와여,

우리를 돌이켜 주시고

주의 얼굴의 광채를 우리에게 비추소서.

우리가 구원을 얻으리이다.

마지막 단락인 16-19절은 하나님을 향한 결론적 간구와 찬양의 맹세다. 시인은 이스라엘을 짓밟은 원수들의 파멸을 간구한다(16절). 그러면서 원수들이 하나님의 포도나무를 잔인하게 태워버리고 베어버렸으므로 마땅히 멸망을 받아야 한다고 말한다.

17절의 "주의 오른쪽에 있는 자"와 "인자"(벤-아담)가 누구를 가리키는지는 분명하지 않다. 아마도 "이스라엘 백성"이나 "왕"("여호와께서 내 주에게 말씀하시기를 '내가 네 원수들로 네 발판이 되게 하기까지 너는 내 오른쪽에 앉아 있으라' 하셨도다", 시 110:1)을 가리키는 것으로 보인다. 또한 "주의 손을 얹음"이라는 표현은 하나님의 힘을 실어주는 것을 뜻한다.

18절은 찬양 맹세다. "주의 이름을 부르리이다"는 하나님을 향한 예배를 지칭하는 전문적인 관용구로서, 이제부터 오직 야웨 하나님만을 섬기겠다는 의지를 드러내는 표현이다. 그들과 동행하시는 하나님을 열방 세계에 증언하는 것이 하나님의 백성에게 부여된 삶의 과제다.

19절의 마지막 후렴구에는 7절의 내용에서 "여호와"(יְהוָה, 야웨)가 추가된다. 이는 하나님을 실제로 경험하고 구원받을 수 있도록 마음속에 믿음의 변화가 일어나게 해달라고 간구하는 백성들의 마지막 요청이다.

4. 메시지

이 탄원시의 시인은 오직 하나님께 관심을 집중한다. 그는 하나님이 구원과 고난 역사의 주인공이심을 고백한다. 하나님을 잘 믿는 백성도 때로 고통을 당한다. 이 시편은 그런 고통 중에서도 하나님의 손길을 간절히 기다리며 기도해야 하는 이유를 잘 보여준다. 시인은 고난에 직면한 순간 하나님께 이전에 보여주셨던 구원 행위를 다시 시작하심으로써 자신을 회복시켜달라고 간구한다. 우리는 어려운 순간일수록 은혜의 상징을 기억할 필요가 있다. 고난 가운데 있더라도 "목자", "양 떼 같이 인도하시는 분", "그룹 사이에 좌정하시는 분", "얼굴빛을 비추어 주시는 분", "하늘에서 굽어보시는 분", "돌보시는 분", "손을 얹으시는 분"을 바라보자. 우리를 지키시는 분은 "좋으신 하나님"이다. 그 하나님은 우리에게 다시 한번 기회를 주신다.

81편

하나님의 말씀 먹기:

“네 입을 크게 열라. 내가 채우리라”

1. 양식

시편 81편은 "예언시"(prophetic psalm)로 분류될 수 있다. 이 시편의 시인은 "예배하라"는 촉구로 서문을 열면서 예언적 신탁을 통해 이스라엘을 훈계하고 있다.

2. 구조

1) 1-5a절: 하나님에 대한 찬양 촉구
2) 5b-16절: 하나님의 신탁
① 5b-7절: 지나간 역사 회고
② 8-10절: 권고의 말
③ 11-12절: 이스라엘의 불순종과 심판
④ 13-16절: 하나님의 탄원

3. 내용

1) 하나님에 대한 찬양 촉구(1-5a절)

1 우리의 능력이 되시는 하나님을 향하여 기쁘게 노래하며
야곱의 하나님을 향하여 즐거이 소리칠지어다.
2 시를 읊으며 소고를 치고
아름다운 수금에 비파를 아우를지어다.

> 3 초하루와 보름과
>
> 우리의 명절에 나팔을 불지어다.
>
> 4 이는 이스라엘의 율례요,
>
> 야곱의 하나님의 규례로다.
>
> 5a 하나님이 애굽 땅을 치러 나아가시던 때에
>
> 요셉의 족속 중에 이를 증거로 세우셨도다.

1-5a절은 찬양을 촉구하는 내용이다. 1절의 "야곱의 하나님"이라는 호칭은 정직하지 못하고 불성실한 조상에게도 변함없이 은혜를 베푸시는 하나님을 암시한다. 이는 하나님께 순종하지 않는 이 민족에게도 하나님의 은혜가 확장되기를 바라는 의도를 담은 표현이다.

2절의 "소고"(출 15:20)와 "수금"과 "비파"(시 33:2; 150:3) 그리고 3절의 "나팔"이라는 네 가지 표준적인 악기들은 하나님을 찬양하는 데 자주 동원된다. 특히 나팔은 큰 소리를 내며 축제의 시작을 알리는 신호용 악기인데 여기서는 절기의 시작을 알린다. 이 구절에 언급된 "명절"은 나팔로 새해를 알리는 가을의 초막절을 시사한다.

> 23 여호와께서 모세에게 말씀하여 이르시되 24 "이스라엘 자손에게 말하여 이르라. 일곱째 달 곧 그 달 첫 날은 너희에게 쉬는 날이 될지니 이는 나팔을 불어 기념할 날이요 성회라.…34 이스라엘 자손에게 말하여 이르라. 일곱째 달 열닷샛날은 **초막절**이니 여호와를 위하여 이레 동안 지킬 것이라"(레 23:23-24, 34; 참조. 민 29:1, 12).

절기는 하나님의 말씀을 청종하는 백성으로 거듭날 수 있는 기회다.

4절의 "율례" 및 "규례" 그리고 5절의 "증거"는 하나님이 제정하신 원칙을 말한다. 절기와 찬양은 인간이 고안한 것이 아니라 하나님이 명령하신 것이다. 하나님을 찬양하는 것은 백성들에게 주어진 당연한 의무다. 여기 등장하는 "요셉"은 이집트의 요셉을 가리키는 것 같다.

> 요셉을 양 떼 같이 인도하시는 이스라엘의 목자여,
> 귀를 기울이소서.
> 그룹 사이에 좌정하신 이여,
> 빛을 비추소서(시 80:1).

절기와 찬양에 관한 규정은 하나님께서 이스라엘 백성을 이집트에서 해방시키실 때부터 주신, 매우 오래된 것이다.

2) 하나님의 신탁(5b-16절)

> 5b 거기서 내가 알지 못하던 말씀을 들었나니
> 6 이르시되 "내가 그의 어깨에서 짐을 벗기고
> 그의 손에서 광주리를 놓게 하였도다.
> 7 네가 고난 중에 부르짖으매
> 내가 너를 건졌고 우렛소리의 은밀한 곳에서 네게 응답하며
> 므리바 물 가에서 너를 시험하였도다. (셀라)
> 8 내 백성이여, 들으라!

내가 네게 증언하리라.

이스라엘이여 내게 듣기를 원하노라.

9 '너희 중에 다른 신을 두지 말며

이방 신에게 절하지 말지어다.

10 나는 너를 애굽 땅에서 인도하여 낸 여호와 네 하나님이니

네 입을 크게 열라. 내가 채우리라' 하였으나

11 내 백성이 내 소리를 듣지 아니하며

이스라엘이 나를 원하지 아니하였도다.

12 그러므로 내가 그의 마음을 완악한 대로 버려 두어

그의 임의대로 행하게 하였도다.

13 내 백성아, 내 말을 들으라.

이스라엘아, 내 도를 따르라.

14 그리하면 내가 속히 그들의 원수를 누르고

내 손을 돌려 그들의 대적들을 치리니

15 여호와를 미워하는 자는 그에게 복종하는 체할지라도

그들의 시대는 영원히 계속되리라.

16 또 내가 기름진 밀을 그들에게 먹이며

반석에서 나오는 꿀로 너를 만족하게 하리라" 하셨도다.

5b-16절은 하나님으로부터 주어진 신탁이다. 첫 번째 단락인 5b-7절은 지나간 역사를 회고한다. 5b절의 "내가 알지 못하던 말씀을 들었나니"는 6-16절에 나오는 신탁을 이끄는 도입부이자 서문의 역할을 한다. 이 서문으로 인해 이어지는 말씀에 특별한 권위가 주어진다. 그 말

씀들은 하나님으로부터 기원한 "신탁"(神託, oracle)이 된다. "알지 못하는 말씀"은 하나님이 이스라엘에게 하시는 말씀이다.

6절은 이집트의 강제 노동에서 해방된 사건을 서술하고 있다. 7절의 "고난"은 이집트로부터의 해방 사건 전후에 겪은 모든 시련을 말한다. "우렛소리"는 시내 산에 임한 하나님의 현현(顯顯)을 암시한다.

> 뭇 백성이 우레와 번개와 나팔 소리와 산의 연기를 본지라. 그들이 볼 때에 떨며 멀리 서서(출 20:18).

7절에 나온 "므리바"는 이스라엘이 물 문제를 놓고 하나님께 불평했던 곳으로서 "르비딤의 므리바"(출 17:1-7)가 아닌 "가데스의 므리바"로 보인다(민 20:1-13). 둘은 서로 다른 곳이다. 이스라엘 백성들은 광야 생활 초기에 신(sin) 광야에 있는 "르비딤의 므리바"에서 하나님을 시험함으로써 다툼을 일으켰고(출 17:7; 신 33:8; 시 95:8), 광야 생활 말기에는 신(zin) 광야에 자리한 "가데스의 므리바"에서 모세가 하나님의 "거룩함"을 가리고 만다(민 20:13; 27:14; 신 32:15; 시 106:32). 신(sin) 광야는 시나이 반도 남서쪽에, 신(zin) 광야는 시나이 반도 북동쪽에 위치한다. 두 광야는 서로 다른 지명이지만, 우리말 성경은 두 곳을 모두 "신" 광야로 번역하고 있어서 혼동하기 쉽다. 이 시에 따르면 하나님은 이 사건을 통해 이스라엘의 믿음을 시험하셨다. 하나님은 이스라엘이 일상의 필요를 위해 자신을 얼마나 신뢰하는지 확인하고 싶으셨다.

두 번째 단락인 8-10절은 권고의 말이다. 하나님은 백성에게 훈계하신다(8절). 청종(聽從)의 기준은 십계명 중 제1계명에 해당된다

(9절). 이는 언약 백성에게 유혹이 되는 온갖 이방 신들로부터 철저히 갈라서라는 명령이다.

10절의 "나는 너를 애굽 땅에서 인도하여 낸 여호와 네 하나님이니"는 출애굽기 20:2과 신명기 5:6에 나오는 하나님의 자기소개와 유사하다.

> 나는 너를 애굽 땅, 종 되었던 집에서 인도하여 낸 네 하나님 여호와니라(출 20:2).

> 나는 너를 애굽 땅, 종 되었던 집에서 인도하여 낸 네 하나님 여호와라(신 5:6).

하나님은 마치 어미 새가 새끼 새를 보호하고 먹이를 물어다주듯이 이스라엘을 이집트에서 구출해내시고 광야 길을 인도하셨다.

> 내가 애굽 사람에게 어떻게 행하였음과 내가 어떻게 **독수리 날개로 너희를 업어 내게로 인도하였음**을 너희가 보았느니라(출 19:4).

이스라엘은 입을 크게 열고 겸손하게 하나님 말씀을 받아먹을 필요가 있다. "네 입을 크게 열라. 내가 채우리라"라는 표현은 말씀으로 무장하라는 의미다.

> 내가 그들의 형제 중에서 너와 같은 선지자 하나를 그들을 위하여 일으

키고 내 말을 그 입에 두리니 내가 그에게 명령하는 것을 그가 무리에게 다 말하리라(신 18:18).

세 번째 단락인 11-12절은 이스라엘의 불순종과 심판을 묘사한다. 하나님은 이스라엘 백성을 위해 모든 것을 베풀어주셨지만, 백성들은 하나님께 반항하면서 그분의 말씀을 청종치 않는다(11절).

불순종을 일삼는 자들에게는 즉각적인 처벌이 임한다(12절). 하나님은 이들을 "내버려"두시기로 결심하신다.

이 때문에 하나님께서 그들을 부끄러운 욕심에 **내버려 두셨으니** 곧 그들의 여자들도 순리대로 쓸 것을 바꾸어 역리로 쓰며(롬 1:26).

"마음의 완악함"(신 29:19)과 "임의대로 행함"(렘 7:24)은 하나님의 목소리를 청종하지 않음에 대한 심판이다.

이 저주의 말을 듣고도 심중에 스스로 복을 빌어 이르기를 "내가 내 **마음이 완악하여** 젖은 것과 마른 것이 멸망할지라도 내게는 평안이 있으리라 할까?" 함이라(신 29:19).

그들이 순종하지 아니하며 귀를 기울이지도 아니하고 자신들의 악한 마음의 꾀와 **완악한 대로 행하여** 그 등을 내게로 돌리고 그 얼굴을 향하지 아니하였으며(렘 7:24).

그들은 멀리 내다보지 못한 채 자기 생각을 쫓다가 결국 파멸로 치닫는다.

네 번째 단락인 13-16절은 고집 센 백성으로 인한 하나님의 슬픔과 안타까움을 반영한 탄원이다. 이 단락은 이스라엘 백성이 하나님의 말씀을 청종했다면 경험하게 되었을 최상의 상황을 서술한다(참조: 이 단락은 개역개정보다 새번역이 더 원문에 가깝다). 13절의 히브리어 원문을 직역하면 "만일 내 백성이 내 말을 들었다면, 이스라엘이 내 길을 따랐다면 (좋았을 텐데)"이 된다. 하나님은 이스라엘을 향해 말씀에 청종해 달라고 구애하신다. 그 안타까움이 어찌나 절절한지 실연당한 사람의 모습을 떠오르게 할 정도다. 하지만 안타깝게도 이스라엘은 하나님의 길 대신 자신의 길을 선택했다.

14-16절은 하나님의 안타까움과 아쉬움을 보여준다. 그들이 하나님의 길을 따랐다면 하나님이 친히 원수들을 물리치셨을 것이다(14절). 그랬다면 원수들이 이스라엘에게 굽실대는 모습을 볼 수 있었을지도 모른다(15절).

이스라엘이여,

너는 행복한 사람이로다.

여호와의 구원을 너 같이 얻은 백성이 누구냐?

그는 너를 돕는 방패시요,

네 영광의 칼이시로다.

네 대적이 네게 복종하리니

네가 그들의 높은 곳을 밟으리로다(신 33:29).

그리고 원수들이 이스라엘에게 복종하는 시대가 지속되었을 것이다.

16절은 약속의 땅에서 이루어지는 축복된 삶을 묘사한다. "기름진 밀"은 풍성함과 풍요로움의 상징이다.

> 네 경내를 평안하게 하시고
> 아름다운 밀로 너를 배불리시며(시 147:14).

또한 고대 사회에서 꿀은 매우 희귀한 별미였다. 특히 "반석에서 나오는 꿀"은 바위 사이에 있는 벌집에서 얻어진 "야생 꿀"로서 당도가 매우 높다고 한다. 기름진 밀과 반석의 꿀은 약속의 땅에서의 풍요로운 삶을 대변한다.

> 13 여호와께서 그가 땅의 높은 곳을 타고 다니게 하시며
> 밭의 소산을 먹게 하시며
> **반석에서 꿀**을,
> 굳은 반석에서 기름을 빨게 하시며
> 14 소의 엉긴 젖과 양의 젖과
> 어린 양의 기름과 바산에서 난 숫양과 염소와
> **지극히 아름다운 밀**을 먹이시며
> 또 포도즙의 붉은 술을 마시게 하셨도다(신 32:13-14).

이스라엘이 하나님의 길을 청종했더라면 이런 별미를 배불리 먹을 수 있었을 것이다. 이와 같은 하나님의 슬픈 탄식이 이 단락에 절절히 배

어 있다.

4. 메시지

이스라엘의 절기는 정기적으로 역사에 나타난 하나님의 길을 묵상하고 자신들의 행위를 돌아보며 "내 백성이 나를 청종"하기를 간절히 호소하시는 주님의 음성을 진지하게 듣는 시간이다. 예배 역시 음악을 연주하고 예전을 시행할 뿐만 아니라 하나님의 말씀을 듣는 기회다. 이 시에는 "듣다"(שמע, 샤마)라는 동사가 무려 다섯 번이나 언급된다(5, 8[2번], 11, 13절). 하나님의 말씀을 "듣는" 것은 말씀을 "먹는" 행위로 이어진다.

> 만군의 하나님 여호와시여,
> 나는 주의 이름으로 일컬음을 받는 자라.
> **내가 주의 말씀을 얻어 먹었사오니**
> 주의 말씀은 내게 기쁨과
> 내 마음의 즐거움이오나(렘 15:16).

> 내게 이르시되 "인자야, 내가 네게 주는 이 두루마리를 네 배에 넣으며 네 창자에 채우라" 하시기에 **내가 먹으니** 그것이 내 입에서 달기가 꿀 같더라(겔 3:3).

> 8 하늘에서 나서 내게 들리던 음성이 또 내게 말하여 이르되 "네가 가서

바다와 땅을 밟고 서 있는 천사의 손에 펴 놓인 두루마리를 가지라" 하기로 9 내가 천사에게 나아가 작은 두루마리를 달라 한즉 천사가 이르되 "갖다 먹어 버리라. 네 배에는 쓰나 네 입에는 꿀 같이 달리라" 하거늘 10 내가 천사의 손에서 **작은 두루마리를 갖다 먹어 버리니** 내 입에는 꿀 같이 다나 먹은 후에 내 배에서는 쓰게 되더라(계 10:8-10).

하나님의 말씀을 먹은 다음에는 말씀이 자신의 살과 피가 되도록 내면화되고 인격화되는 시간이 필요하다. 말씀이 인격화되면 손과 발은 자동적으로 움직이게 된다. 즉 말씀이 외면화되는 과정을 통해 사회적·공동체적 변화가 이루어질 수 있다. 하나님의 말씀을 잘 듣고 그 말씀을 잘 받아먹은 후 그 말씀대로 잘 살자! 날마다 입을 크게 열어 하나님의 말씀으로 넉넉히 내면을 채우자.

82편

약자를 무시하면 신성(神性)도 박탈된다:

"너희는 사람처럼 죽으며"

1. 양식

시편 82편은 "예언시"(prophetic psalm)로 분류될 수 있다. 이 시는 하나님의 말씀을 직접 인용하는 놀라운 시편이다. 이 시편의 시인은 "천상의 신들" 곧 "신적 존재들"에 대한 고발과 심판을 전한 다음 하나님께 최고의 재판장이 되어 지상(地上)의 세상도 심판하고 다스려달라고 간구한다.

2. 구조

1) 1-5절: 하나님의 고발
2) 6-7절: 하나님의 심판 선고
3) 8절: 하나님을 향한 간구

3. 내용

1) 하나님의 고발(1-5절)

1 하나님(엘로힘)은 신들(엘)의 모임 가운데에 서시며
하나님(엘로힘)(은 그들) 가운데에서 재판하시느니라(샤파트).
2 "너희가 불공평한 판단을 하며(샤파트)
악인의 낯 보기를 언제까지 하려느냐? (셀라)
3 가난한 자와 고아를 위하여 판단하며(샤파트)

곤란한 자와 빈궁한 자에게 공의를 베풀지며

4 가난한 자와 궁핍한 자를 구원하여

악인들의 손에서 건질지니라" 하시는도다.

5 그들은 알지도 못하고 깨닫지도 못하여

흑암 중에 왕래하니 땅의 모든 터가 흔들리도다.

1-5절은 하나님께서 친히 나서서 고발하시는 말씀을 기술하고 있다. 1절은 배경 설명으로서 다른 신들을 심판하시는 하나님의 모습을 묘사하고 있다. 이 구절의 히브리어 원문을 직역하면 다음과 같다.

하나님(엘로힘)은 **신**(엘)의 모임 가운데에 서시며

신들(엘로힘) 가운데에서 **재판하시느니라**(샤파트).

1a절의 "하나님"(엘로힘)은 "위엄의 복수"(a plural of majesty)로서 야웨 "하나님"(Yahweh God)을 가리키고, 1b절의 "신들"(엘로힘)은 "진정한 복수"(a true plural)로서 "신들"(gods, angelic beings)을 나타낸다. 이 단락에서 하나님은 최고의 재판장으로 등장하신다. "신들(אֵל, 엘)의 모임"은 고대 근동 세계에서 나오는 만신전(萬神殿, pantheon)을 배경으로 한 표현이다. 만신전은 정점에 있는 최고신과 다수의 신들로 구성된 "신들의 회의"(divine council) 또는 "천상의 회의"(heavenly council)를 말한다.

하지만 다른 신적 존재를 인정하지 않는 구약성경에서는 이런 신들의 회의가 하나님을 정점으로 한 "천상의 존재들(천사들)의 모임"으

로 변형되어 나타난다.

> 19 미가야가 이르되 "그런즉 왕은 여호와의 말씀을 들으소서. 내가 보니 **여호와께서 그의 보좌에 앉으셨고 하늘의 만군이 그의 좌우편에 모시고 서 있는데** 20 여호와께서 말씀하시기를 '누가 아합을 꾀어 그를 길르앗 라못에 올라가서 죽게 할꼬?' 하시니 하나는 이렇게 하겠다 하고 또 하나는 저렇게 하겠다 하였는데"(왕상 22:19-20; 참조. 사 6:1-13; 40:1-8; 욥 1:6-12; 2:1-6).

여기서는 천상의 존재들이 정례적으로 개최하는 "신들의 모임"이 갑자기 재판정으로 바뀐다. 하나님은 이곳에 모인 천상의 존재들을 재판하신다. 일반적으로 하나님은 "좌정해 계시는 분"으로 묘사되는데, 여기서 "서 계신 분"으로 표현된 것은 매우 중요한 사항이 결정되었음을 의미한다.

> 곧 하나님이 땅의 모든 온유한 자를 구원하시려고
> 심판하러 일어나신 때에로다. (셀라)(시 76:9)

> 여호와께서 변론하러 일어나시며
> 백성들을 심판하려고 서시도다(사 3:13).

"언제까지 하려느냐?"는 2절의 의문문은 수사학적인 질문으로서 "언제까지 불의를 행하겠느냐?"라는 뜻을 담고 있다. "악인의 낯 보기를"

이라는 표현은 한마디로 악인을 편드는 것을 의미하며 구체적으로 악인에게 호의를 갖고 부당한 이익을 주는 적극적인 행동을 가리킨다.

3-4절은 권고를 담고 있다. 하나님은 "가난한 자"와 "고아"를 위해 공정한 재판을 하시며 "곤란한 자"와 "빈궁한 자"에게 정의를 베푸신다(3절). 또한 "가난한 자"와 "궁핍한 자"를 구원하고 "악인들의 손"에서 약자들을 구해내라고 권고하신다(4절). 이는 약한 자들의 편에 서서 그들을 돌봐야 한다는 천상 재판의 기준을 보여준다. 즉 약자를 돌보는 것이 하나님이 중히 여기시는 최고의 정의다. 천상의 존재들은 하나님의 정의와 구원을 실현하는 기관이 되어야 한다. 그러나 이들은 악한 자들을 중시하고 약한 자들을 무시했다. 이들의 문제는 "하나님 나라의 가치"인 "약자 돌봄"을 이행하지 못한 데 있다(마 25:31-46).

5절의 "그들"은 2, 4절의 "악인들"을 가리킨다. 악인들은 의도적으로 지혜를 거부한다. "알지도 못하고 깨닫지도 못하여." 그들은 어둠 속을 헤매면서 부정과 악을 양산한다. 결국 이들 때문에 "땅의 모든 터가 흔들린다." 이는 매우 위험한 표시로서 창조세계를 지탱하고 있는 질서가 파괴되고 있음을 의미한다.

> 터가 무너지면
> 의인이 무엇을 하랴?(시 11:3)

인간의 존재 기반이 위태로워지고 전체 사회가 붕괴되기에 이른다. 창조 질서와 사회정의는 상호 직결되어 있다. 이처럼 극도로 위험한 상황이 닥치면 하나님의 개입이 불가피하다.

2) 하나님의 심판 선고(6-7절)

6 내가 말하기를

"너희는 신들(엘로힘)이며 다 지존자(엘욘)의 아들들이라" 하였으나

7 그러나 너희는 사람(아담)처럼 죽으며

고관의 하나 같이 넘어지리로다.

6-7절은 하나님이 직접 말씀하시는 심판 선고로서 가장 극적인 성경 본문 중 하나다. 하나님은 "신적 존재들" 곧 "신들"을 가리켜 "지존자의 아들"이라고 칭하신다(6절). 이들은 가장 위대한 신이신 지존자(עֶלְיוֹן, 엘욘, the Most High)의 특성과 성품을 공유하는 신적 존재다.

그런데 최고 통치자인 하나님이 이들에게 사형 선고를 내리신다(7절). 이들은 "신적 지위"인 "불멸성"(不滅性)을 박탈당하고 사람처럼 "사멸성"(死滅性)을 지닌 존재가 되어 죽음을 면치 못하게 되었다. "불멸의 존재"(immortal)에서 졸지에 "사멸의 존재"(mortal)로 전락한 것이다. 또한 이들은 부정을 저지르고 왕에 의해 왕궁에서 쫓겨나 권력을 상실한 고관과 같은 신세가 된다. 이 구절은 "정의의 실현"과 "약자와의 연대"라는 가치에서 벗어난 신들은 신성을 박탈당할 수 있다는 메시지를 전함으로써 "신들의 신 됨"(Gott-Sein)의 기준을 새롭게 정의하고 있다.

구약성경을 보면 천상의 영역과 세상 사이에 지속적인 관계성이 존재함을 알 수 있다. 여러 나라의 후견인 역할을 하는 "신들" 곧 "신적 존재들"은 자신들이 임명하고 권세를 부여한 왕과 재판관 및 관리의

재판 활동에 책임을 갖고 있다.

> 8 **지극히 높으신 자**(엘욘=야웨)가
>
> 민족들에게 기업을 주실 때에,
>
> 인종을 나누실 때에
>
> 이스라엘 자손의 수효대로 백성들의 경계를 정하셨도다.
>
> 9 여호와의 분깃은 자기 백성이라
>
> 야곱은 그가 택하신 기업이로다(신 32:8-9).

그들의 의지는 인간 대행자에 의해 집행된다. 따라서 신적 존재에 대한 심판은 그들의 인간 대행자에 대한 심판이기도 하다.

3) 하나님을 향한 간구(8절)

> 8 하나님이여,
>
> 일어나사 세상을 심판하소서.
>
> 모든 나라가 주의 소유이기 때문이니이다.

8절은 하나님께 드리는 간구다. 이 구절은 천상의 정의 실현(6-7절)과 더불어 지상의 정의 실현을 간구하고 있다. 1절의 "재판하시느니라"(שפט, 샤파트)와 마지막 8절의 "심판하소서"(שפט, 샤파트)는 같은 히브리어 단어로 수미상관(首尾相關, inclusio)을 이룬다. 시인은 천상(天上)의 재판장(1절)을 향해 지상(地上)도 재판해달라고 간구한다(8절). 왜냐하면 하나님은 모든 나라의 주가 되시기 때문이다.

4. 메시지

이 시는 하나님의 다스리심이 "이미" 도래했지만 "아직" 완전히 실현되지 않은 현실을 반영하고 있다. 하나님은 지금도 모든 권세와 힘을 다스리고 계신다. 하지만 천상에서 이미 힘을 박탈당한 불의한 권세들이 여전히 지상을 활보하고 있기 때문에, 정의의 완전한 열매를 경험하기 위해서는 끊임없이 기도해야 한다. 믿음의 사람은 역사 한복판에 머물면서 "하나님의 정의"를 부인하는 모든 존재에 대한 심판이 속히 이루어지기를 기도해야 한다. 심판의 유일한 기준은 하나님의 정의다. 하나님의 정의는 약자를 돌보는 일을 통해 실현된다. 하나님은 약자를 무시하면 신성(神性)도 박탈될 수 있음을 보여주시면서, 소외된 사람들의 목소리에 귀를 기울이는 것이야말로 "천상"과 "지상"에서 모두 관심을 두어야 할 가치임을 강조하셨다. 하나님은 악을 보고 침묵하시지 않는다. 그렇기 때문에 우리는 "뜻이 하늘에서 이루어진 것 같이 땅에서도 이루어지기를"(마 6:10) 바라는 마음으로 "정의의 하나님"을 붙들고 이 땅에 정의가 완전히 실현되기를 간구해야 한다.

83편

긴급 재활용 청구권인 기도:

“바람에 날리는 지푸라기 같게 하소서”

1. 양식

시편 83편은 "공동체 탄원시"(psalm of a communal lament)로 분류될 수 있다. 이 시는 국가적 위기 속에서 침략자들의 파멸을 간구하는 내용을 담고 있다.

2. 구조

1) 1절: 서론적 간구
2) 2-8절: 탄원
3) 9-12절: 원수들에 대한 심판 간구
4) 13-18절: 심판을 통한 원수들의 깨우침을 간구

3. 내용

1) 서론적 간구(1절)

[1] 하나님이여,
침묵하지 마소서.
하나님이여,
잠잠하지 마시고 조용하지 마소서.

시인은 하나님을 부르며 간구를 시작한다. 그는 하나님을 말없이 숨어

계시는 분으로 묘사하고 있다. 1절에 나오는 "침묵하지 마소서", "잠잠하지 마소서", "조용하지 마소서"라는 세 구절은 하나님의 침묵을 강조하는 표현이다. 하나님의 침묵은 탄원의 근본적인 이유가 된다. 특히 국가적 위기가 닥쳐오는 상황에서는 하나님이 침묵하고 계신 것이 매우 큰 위기로 인식된다.

2) 탄원(2-8절)

> 2 무릇 주의 원수들이 떠들며
> 주를 미워하는 자들이 머리를 들었나이다.
> 3 그들이 주의 백성을 치려 하여 간계를 꾀하며
> 주께서 숨기신 자를 치려고 서로 의논하여
> 4 말하기를 "가서 그들을 멸하여 다시 나라가 되지 못하게 하여
> 이스라엘의 이름으로 다시는 기억되지 못하게 하자" 하나이다.
> 5 그들이 한마음으로 의논하고
> 주를 대적하여 서로 동맹하니
> 6 곧 에돔의 장막과 이스마엘인과
> 모압과 하갈인이며
> 7 그발과 암몬과 아말렉이며
> 블레셋과 두로 사람이요,
> 8 앗수르도 그들과 연합하여
> 롯 자손의 도움이 되었나이다. (셀라)

2-8절은 이스라엘의 탄원을 담고 있다. 시인이 하나님께 침묵하지 말아달라고 간청하는 이유는 하나님의 원수이자 이스라엘의 원수들의 행위를 더는 묵과할 수 없기 때문이다. 하나님이 절대 침묵 속에 계시는 동안 원수들은 의기양양하게 온갖 소란을 피우고 있다(2절). 하나님의 "침묵"과 원수들의 "떠듦"이 대조를 이룬다. 하나님을 "미워하는 자들이 머리를 든다"는 표현은 하나님에 대한 그들의 의도적인 반역과 승리에 대한 확신을 드러낸다.

> 미디안이 이스라엘 자손 앞에 복종하여 **다시는 그 머리를 들지 못하였으므로** 기드온이 사는 사십 년 동안 그 땅이 평온하였더라(삿 8:28).

3절에 따르면 이스라엘의 원수는 곧 하나님의 원수이기도 하다.

> "여호와여, 주의 원수들은 다 이와 같이 망하게 하시고 주를 사랑하는 자들은 해가 힘 있게 돋음 같게 하시옵소서" 하니라. 그 땅이 사십 년 동안 평온하였더라(삿 5:31).

이스라엘은 "하나님의 백성"이자 "하나님이 숨기신 자" 곧 "하나님이 보호하시는 자"이기 때문이다. 여기서 "간계를 꾀하다"는 말은 창세기 3:1에 등장하는 뱀처럼 음흉하고 교활하다는 뜻이다.

4절은 적들의 계략을 구체적으로 밝힌다. 그들은 이스라엘을 복속시키는 것에 만족하지 않고 완전히 진멸할 계획을 세우고 있다.

> 왕이 옳게 여기시거든 조서를 내려 그들을 **진멸하소서.** 내가 은 일만 달란트를 왕의 일을 맡은 자의 손에 맡겨 왕의 금고에 드리리이다 하니(에 3:9).

> 이에 그 조서를 역졸에게 맡겨 왕의 각 지방에 보내니 열두째 달 곧 아달월 십삼일 하루 동안에 모든 유다인을 젊은이 늙은이 어린이 여인들을 막론하고 죽이고 도륙하고 **진멸하고** 또 그 재산을 탈취하라 하였고(에 3:13).

원수들은 하나님을 대적하여 서로 언약(동맹)을 맺는다(5절). 이는 특정한 대상을 "대적하기 위해" 의도적으로 맺는 언약이다. 그들은 힘을 합쳐 이스라엘과 언약을 맺으신 하나님께 대항하기로 한다. 여기서 "하나님의 언약"과 "원수들의 언약"이 서로 대조된다.

6-8절은 열 개의 동맹국을 나열한다. 여기에는 아홉 개의 작은 나라와 하나의 큰 제국인 아시리아가 포함된다. 6절의 "에돔", "이스마엘", "모압"과 "하갈"은 이스라엘과 인종적으로 매우 가까운 나라들이다. 에돔은 이삭의 후손이고(창 36:1) 모압은 롯의 후손이다(창 19:37). 그리고 이스마엘과 하갈은 각각 아브라함의 아들과 아내였다(창 25:12-18).

7절의 "그발"은 비블로스(Byblos, 겔 27:9)나 에돔의 산악 지대인 페트라(Petra)일 가능성이 크다. "암몬"은 롯의 후손으로서 이들 역시 이스라엘과 인종적으로 가까운 관계였다(창 19:38). "아말렉"은 출애굽 이후 광야 시절부터 이스라엘과 줄곧 적대 관계에 있었다(출 17:8-16;

신 25:17-19). "블레셋"은 오랜 기간 동안 군사적으로 대립하는 관계였으며 "두로"는 상업적으로 밀접한 관계였다.

8절은 "앗수르"를 언급하면서 "도"(감)라는 단어를 붙인다. 이는 아시리아라는 초강대국까지 이 동맹에 합류했음을 강조하는 표현이다.

이스라엘을 공격하기 위한 열 나라의 공동 연합은 역사적으로 알려진 사실이 아니며, 실제로도 불가능해 보이는 일이다. 열 나라는 이스라엘의 과거 역사에서 도출해낸 상징적인 숫자다. 성경에서 "10"이라는 숫자는 완전성(totality)을 뜻한다("십계명", "열 가지 재앙" 등, 창 31:7; 민 14:22; 욥 19:3). 이 단락은 주변 동맹국에 의해 완전히 포위당한 이스라엘의 상황을 묘사한다. 이제 시인의 탄원이 끝나고 곧이어 그의 간구가 시작된다.

3) 원수들에 대한 심판 간구(9-12절)

9 주는 미디안인에게 행하신 것 같이,
기손 시내에서 시스라와 야빈에게 행하신 것 같이
그들에게도 행하소서.
10 그들은 엔돌에서 패망하여
땅에 거름이 되었나이다.
11 그들의 귀인들이 오렙과 스엡 같게 하시며
그들의 모든 고관들은 세바와 살문나와 같게 하소서.
12 그들이 말하기를
"우리가 하나님의 목장을 우리의 소유로 취하자" 하였나이다.

시인은 하나님이 사사 시대에 이스라엘을 구원해주셨던 사건을 언급하면서 동일한 은혜를 베풀어달라고 간구한다(9-12절). 9절에 언급된 가나안 왕 "시스라"와 그의 장수인 "야빈"과 관련된 사건은 드보라 이야기(삿 4-5장)에 기록되어 있다. 이들은 드보라, 바락, 야엘에 의해 제거된다.

10절의 "엔돌"은 사사기 4-5장에 언급되지 않는다. 엔돌은 기손 시내와 다볼산 사이에 위치하는 장소로서, 거기서 미디안 사람인 세바와 살문나가 죽음을 맞이한 것으로 추정된다(삿 8:18-21).

11절에 나오는 미디안 방백들인 "오렙과 스엡"(삿 7:25), 미디안의 왕들인 "세바와 살문나"(삿 8:21)는 기드온 이야기(삿 6-8장)에 등장한다. 이들은 이스라엘을 공격하려는 태세를 갖춘 민족들로서, 이스라엘의 땅뿐만 아니라 "하나님의 땅" 곧 "하나님의 목장"을 노렸다(12절).

4) 심판을 통한 원수들의 깨우침을 간구(13-18절)

13 나의 하나님이여,
그들이 굴러가는 검불 같게 하시며
바람에 날리는 지푸라기 같게 하소서.
14 삼림을 사르는 불과
산에 붙는 불길 같이
15 주의 광풍으로 그들을 쫓으시며
주의 폭풍으로 그들을 두렵게 하소서.
16 여호와여,

그들의 얼굴에 수치가 가득하게 하사

그들이 주의 이름을 찾게 하소서.

17 그들로 수치를 당하여 영원히 놀라게 하시며

낭패와 멸망을 당하게 하사

18 여호와라 이름하신 주만

온 세계의 지존자로 알게 하소서.

이제 과거에서 현재로 초점이 바뀐다(13-18절). 이스라엘은 하나님을 붙들고 현재의 역경에서 자신들을 구원해달라고 간구한다. 13-15절은 하나님을 "폭풍의 하나님"(Storm God)으로 묘사한다. "폭풍의 하나님"은 성경에서 가장 강력한 하나님의 심판 이미지다. 원수들은 가벼운 방랑초나 겨가 바람에 날려가 버리듯이 하나님의 심판으로 흔적조차 없어질 것이다(13절). 하나님이 내리시는 불의 심판은 숲의 일부를 불사르는 데 그치지 않고 산 전체를 덮고 있는 거대한 삼림을 모두 태운다(14절). 광풍과 폭풍도 가공할 만한 하나님의 심판 도구로 쓰인다(15절).

시인은 이런 간구를 통해 원수들이 수치를 당하고 몰락하기를 기원한다(16-17절). 이들은 한때 자신들의 능력을 과시했다(2절). 그리고 이스라엘을 완전히 제거하려고 했다(4절). 그러나 이스라엘은 원수들의 완전한 죽음을 목표로 삼지 않았다. 대신 원수들이 수치를 통해 하나님의 이름을 찾으며(16절) 야웨 하나님이 최고의 신이심을 깨닫고 인정하게 되기를 원한다(18절). 여기서 "지존자"(עֶלְיוֹן, 엘욘: The Most High)는 이방의 신들을 지배하는 "최고의 신"을 가리킨다. 원수들이 하나님을 "찾고" "알게" 하는 것이 심판의 진정한 목적이다. 이처럼 하나님은 궁극적으로 "열방의 파괴"가 아닌 "열방의 하나님 인식"을 목표로 삼고 계신다.

4. 메시지

시인은 현재의 곤란함 속에서 과거의 구원 경험을 기억해냄으로써 앞으로 다가올 미래의 구원을 희망한다. 그는 원수들의 공격에 맞서 직접적인 방어를 포기하고 오히려 방어와 구원의 시간표(timetable)를 하나님의 손에 맡긴다. 또한 인간적인 능력과 자원에 의존하지 않기로 결심하면서 자신의 안전을 강력하고 정의로운 하나님께 전적으로 맡긴다. 하나님의 백성이 소유한 가장 큰 자원과 무기는 "기도"다. 기도는 과거의 구원 체험에 대한 기억을 되살림으로써 현재를 견디고 미래를 바라보게 한다. 이처럼 기도는 과거와 현재와 미래의 하나님을 놓치지 않고 이어주는 강력한 끈이 된다. 한마디로 기도는 위기의 순간에 과거의 구원 에너지를 되살릴 수 있는 긴급 재활용 청구권이다. 주님, 과거에 하셨던 것처럼 지금도 내게 역사하소서!

84편

정직한 순례자:

“주의 장막이 어찌 그리 사랑스러운지요?”

1. 양식

시편 84편은 "시온시"(a song of Zion)로 분류될 수 있다. 이 시는 예루살렘 성소를 바라보면서 시온을 순례하고 찬양하는 노래다.

2. 구조

1) 1-4절: 성전에 대한 사모
2) 5-7절: 성전 순례자의 기쁨
3) 8-9절: 왕을 위한 간구
4) 10-12절: 성전에서 누리는 기쁨

3. 내용

1) 성전에 대한 사모(1-4절)

1 만군의 여호와여,
주의 장막이 어찌 그리 사랑스러운지요?
2 내 영혼이 여호와의 궁정을 사모하여 쇠약함이여,
내 마음과 육체가 살아 계시는 하나님께 부르짖나이다.
3 나의 왕, 나의 하나님, 만군의 여호와여,
주의 제단에서 참새도 제 집을 얻고
제비도 새끼 둘 보금자리를 얻었나이다.

4 주의 집에 사는 자들은 복이 있나니
그들이 항상 주를 찬송하리이다. (셀라)

1-4절은 성전을 그리워하며 사모하는 내용이다. 이 시는 다음과 같은 구절로 기쁨과 즐거움을 표현하며 시작한다. "주의 장막이 어찌 그리 사랑스러운지요?"(1절) 여기서 "만군의 여호와"는 언약궤와 관련된 하나님의 칭호다. 이는 자기 백성과 함께하시고자 하는 하나님을 상징한다.

영광의 왕이 누구시냐?
만군의 여호와께서 곧 영광의 왕이시로다. (셀라)(시 24:10)

주님은 만군의 하나님 여호와,
이스라엘의 하나님이시오니
일어나 모든 나라들을 벌하소서.
악을 행하는 모든 자들에게 은혜를 베풀지 마소서. (셀라)(시 59:5)

시인은 "하나님의 성전" 곧 "하나님의 장막"의 아름다움을 노래한다.

2절의 "영혼"(נֶפֶשׁ, 네페쉬)은 특히 "인간의 활력"이 나오는 중심을 가리키며 시인의 "전(全) 존재"를 뜻한다. 또한 "내 영혼이 여호와의 궁정을 사모하여 쇠약함이여"는 모든 존재가 성전에 대한 그리움으로 사무쳐서 괴로워하고 있음을 드러내는 표현이다. "마음과 육체"는 인간의 전체성(全體性)을 가리킨다. "살아 계시는 하나님"이라는 말은 단순히 살아 있는 하나님을 지칭하는 것이 아니라 우리에게 생명을 주시는 하나님을 뜻한다. 이처럼 성전에서 드리는 예배에 대한 열정이 마음과 몸을 포함한 한 인간의 전(全) 존재를 사로잡는다.

3절에서 시인은 하나님을 가리켜 "나의 왕, 나의 하나님, 만군의 여호와여"라고 부른다. "나의"라는 1인칭 소유격 표현은 시인과 하나님이 개인적으로 매우 가깝다는 사실을 드러낸다. 시인은 성전에 보금자리를 만든 참새와 제비를 언급한다. 참새와 제비는 널리 알려진 바와 같이 약한 짐승들이다. 그런데 시인은 이들을 부러워한다. 이 연약한 날짐승들마저도 하나님께 가까이 거하여 생명과 자유와 기쁨을 누리고 있기 때문이다.

4절에서 시인은 성전에 사는 모든 이들을 부러워한다. 왜냐하면 이들 역시 항상 하나님의 집에서 보호를 받으며 하나님을 찬양할 수 있기 때문이다.

2) 성전 순례자의 기쁨(5-7절)

5 주께 힘을 얻고
그 마음에 (시온의) 대로가 있는 자는
복이 있나이다.
6 그들이 눈물 골짜기로 지나갈 때에
그 곳에 많은 샘이 있을 것이며
이른 비가 복을 채워 주나이다.
7 그들은 힘을 얻고 더 얻어 나아가

시온에서 하나님 앞에 각기 나타나리이다.

5-7절은 성전을 순례하는 자들의 기쁨을 묘사한다. 5절에서 시인은 "성전에 사는 자들의 기쁨"(4절)과 "성전 순례자들의 기쁨"을 서로 연결시킨다. 개역개정에서는 "시온의 대로"라고 번역되었으나 히브리어 원문에는 "시온"이라는 단어가 나오지 않는다. 그러나 이 "대로"(מְסִלָּה, 메실라)는 시온의 성전에 이르는 큰길을 가리킨다. 이처럼 히브리어 원문에는 없지만 "대로"는 "시온의 대로"를 지칭하는 것이기 때문에 우리말 성경에 "시온"을 삽입한 것으로 보인다. 성전 순례자들은 하나님께로 향하는 순례의 길을 깊이 사모한다. 그 길을 걸으면서 하나님이 부어주시는 힘을 얻을 수 있기 때문이다. 시인은 이런 자들이야말로 "행복자"라고 선언한다.

6-7절은 구체적인 순례의 길을 묘사한다. 순례자들은 "눈물 골짜기"를 지나간다(6절). "눈물 골짜기"는 목마름과 고통을 주는 곳을 상징한다. 그러나 순례자들은 고통의 여정에서도 "많은 샘"과 "이른 비"의 복을 받는다. 여기서 "이른 비"는 가을비를 가리킨다.

시온의 자녀들아,
너희는 너희 하나님 여호와로 말미암아
기뻐하며 즐거워할지어다.
그가 너희를 위하여 비를 내리시되
이른 비를 너희에게 적당하게 주시리니
이른 비와 늦은 비가 예전과 같을 것이라(욜 2:23).

가을비는 기나긴 여름의 가뭄을 몰아낸다.

순례자들은 거룩한 시온에 다가갈수록 더 힘을 얻는다(7a절). 일반적인 여행객과 달리 하나님을 찾아가는 순례자는 여정 중에 지치지 않는다.

> 오직 여호와를 앙망하는 자는 새 힘을 얻으리니
> 독수리가 날개치며 올라감 같을 것이요,
> 달음박질하여도 곤비하지 아니하겠고
> 걸어가도 피곤하지 아니하리로다(사 40:31).

왜냐하면 순례자들은 사모하는 하나님을 그리워하며 나아가기 때문이다. 7b절은 순례의 목적을 표현한다. 그들은 "시온에서 하나님 앞에 나타"나길 바란다.

3) 왕을 위한 간구(8-9절)

> **8** 만군의 하나님 여호와여,
> 내 기도를 들으소서.
> 야곱의 하나님이여,
> 귀를 기울이소서. (셀라)
> **9** 우리 방패이신 하나님이여(우리 방패를 보십시오. 하나님),
> 주께서 기름 부으신 자의 얼굴을 살펴 보옵소서.

8-9절은 이 시편에서 유일한 간구다. 시인은 하나님을 향해 자신의 기도에 귀 기울여 달라고 기도한다(8절). 간구에 등장하는 "야곱"은 이스라엘의 조상으로서 수많은 흠결을 갖고 많은 곤경을 겪었지만 하나님은 그를 은혜로 돌봐주셨다. 시인은 "야곱의 하나님"이라는 표현을 통해 이와 동일한 돌봄의 은혜를 구하고 있다. 이처럼 성소는 신뢰와 고백과 경배와 간구를 동시에 바치는 자리다.

9절의 "우리 방패이신 하나님이여"는 "우리 방패를 보십시오. 하나님"으로 수정되어야 한다. 여기서 "방패"(מָגֵן, 마겐)는 왕을 가리킨다.

우리의 **방패**(마겐)는 여호와께 속하였고
우리의 **왕**은 이스라엘의 거룩한 이에게 속하였기 때문이니이다(시 89:18).

또한 방패는 "기름 부으신 자" 곧 "기름 부음 받은 자"와 동일시된다. 우리는 이를 통해 시인의 간구가 결국 왕을 위한 기도임을 알 수 있다. 왕의 책무는 하나님의 백성을 공의와 정의로 통치하는 것이다.

그가 주의 백성을 공의로 재판하며
주의 가난한 자를 정의로 재판하리니(시 72:2).

따라서 왕을 위한 기도는 결과적으로 백성을 위한 기도가 된다.

4) 성전에서 누리는 기쁨(10-12절)

> 10 주의 궁정에서의 한 날이
> 다른 곳에서의 천 날보다 나은즉
> 악인의 장막에 사는 것보다
> 내 하나님의 성전 문지기로 있는 것이 좋사오니
> 11 여호와 하나님은 해요 방패이시라.
> 여호와께서 은혜와 영화를 주시며
> 정직하게 행하는 자에게 좋은 것을 아끼지 아니하실 것임이니이다.
> 12 만군의 여호와여,
> 주께 의지하는 자는 복이 있나이다.

10-12절은 성전에서 누리는 기쁨을 묘사한다. 10절은 "주의 궁정에서의 한 날"과 "다른 곳에서의 천 날"을 대비한다. 시인은 성전에서 순례자로서 예배하는 하루가 성전이 아닌 곳에서 지내는 천 날보다 더 낫다고 고백한다. 또한 "악인의 장막에 사는 것"과 "내 하나님의 성전 문지기로 있는 것"을 비교한다. 여기서 "악인"은 성소의 출입이 금지된 자들을 뜻한다.

> **오만한 자들이 주의 목전에 서지 못하리이다.**
> 주는 모든 행악자를 미워하시며(시 5:5).

그리고 "성전 문지기"는 성전에 들어가기 위해 오랜 시간 문 앞에 서 있는 사람을 의미한다.

> 여호와여, 주의 장막에 머무를 자 누구오며
> 주의 성산에 사는 자 누구오니이까?(시 15:1)

> 여호와의 산에 오를 자가 누구며
> 그의 거룩한 곳에 설 자가 누구인가?(시 24:3)

시인은 이 구절을 통해 성소 출입이 금지된 악인의 장막에서 편안하게 사는 것보다 불편하더라도 성소 앞에서 장시간 줄 서 있는 것이 더 좋다고 고백한다. 이처럼 그는 성전을 귀하게 여기고 그곳에 거하길 사모한다.

11절은 하나님을 "해와 방패"로 표현한다. 이 구절은 하나님이 태양으로 표현된 유일한 본문이다. "해와 방패"는 보호를 의미한다. 시인은 성전에서 하나님이 "은혜"(חֵן, 헨)와 "영화"(כָּבוֹד, 카보드: 영광)를 주시며 "정직하게 행하는 자"에게 "좋은 것"을 베푸신다고 고백한다.

12절에서 시인은 시작 절에서 그랬던 것처럼 "만군의 여호와"를 부른 뒤 "하나님을 신뢰하는 자"는 "행복한 자"라고 찬양하며 이 시를 마무리한다.

4. 메시지

우리는 시간과 공간 속에 존재한다. 그렇기 때문에 하나님도 시간과 공간을 통하시지 않고는 우리를 만날 수 없다. 우리는 천상에 존재하시면서 이 땅에 임재하고 계신 하나님을 뵙기 위해 정기적으로 그분이 머무시는 시간과 공간으로 나아간다. 우리가 믿는 자들의 모임인 교회에 나가는 것은 심오한 의미에서 모두 순례에 해당한다. 시편 84편은 순례에 대한 시다. 순례는 밖에서 안으로, 지방에서 예루살렘과 성전으로, 평범한 것에서 특별한 것으로, 일상적 관심사에서 거룩한 관심사로 나아가는 것이다. 우리는 쳇바퀴 같은 일상에서 벗어나 정기적으로 거룩한 성소로 입장하는 순례의 삶을 통해 삶을 반성하고 정화함으로써 새롭고 거룩한 에너지를 얻는다. "정직하게 행하는 자"에서 "행하다"라는 단어는 본디 "걷다"(הלך, 할라크)라는 뜻을 지닌 표현인데, 여기에는 이중적 의미가 내포되어 있다. 한편으로는 성소를 향한 순례자의 발걸음을, 다른 한편으로는 일상에서 정직하게 살아가는 삶을 가리킨다. 성소에 계신 하나님은 정직하게 살아가는 자들에게 복을 아낌없이 부어 주신다. 순례자의 삶은 정직으로 채워진다. 따라서 순례의 동반자는 "정직함"(תָּמִים, 타밈)이라고 할 수 있다.

> 1 여호와여, 주의 장막에 머무를 자 누구오며
>
> 주의 성산에 사는 자 누구오니이까?
>
> 2 **정직하게**(타밈) **행하며**(할라크)
>
> 공의를 실천하며

그의 마음에 진실을 말하며(시 15:1-2).

이것이 노아의 족보니라. 노아는 의인이요 당대에 **완전한 자**(타밈)라. 그는 하나님과 **동행하였으며**(할라크)(창 6:9).

아브람이 구십구 세 때에 여호와께서 아브람에게 나타나서 그에게 이르시되 "나는 전능한 하나님이라. 너는 내 앞에서 **행하여**(할라크) **완전하라**(타밈)"(창 17:1).

85편

정의의 삶이 최선이다:

“의와 화평이 서로 입 맞추었으며”

1. 양식

시편 85편은 "공동체 탄원시"(psalm of a communal lament)로 분류될 수 있다. 이 시에는 백성의 탄원과 간구의 요소 및 예언적인 구원의 메시지가 담겨 있다.

2. 구조

1) 1-3절: 하나님을 향한 부름과 역사 회고(과거)
2) 4-7절: 백성의 간구와 탄원(현재)
3) 8-13절: 예언자를 통한 하나님의 응답(미래)

3. 내용

1) 하나님을 향한 부름과 역사 회고(과거)(1-3절)

1 여호와여,
주께서 주의 땅에 은혜를 베푸사
야곱의 포로 된 자들이 돌아오게 하셨으며
2 주의 백성의 죄악을 사하시고
그들의 모든 죄를 덮으셨나이다. (셀라)
3 주의 모든 분노를 거두시며
주의 진노를 돌이키셨나이다.

1-3절은 하나님을 부르면서 지나간 은총의 역사를 회고하는 내용이다. 시인은 과거에 하나님이 그분의 땅과 백성에게 보여주셨던 은혜, 즉 포로 생활의 "종결"과 "회복"을 회상하면서 이 시를 시작한다(1절). 포로지에서 귀환하리라는 예언자들의 구원 약속이 드디어 성취된 것이다.

> 여호와께서 시온의 포로를 돌려 보내실 때에
> 우리는 꿈꾸는 것 같았도다(시 126:1).

2절의 "죄악을 사하시고"(נָשָׂאתָ עֲוֹן, 나사타 아본)는 직역하면 "죄의 짐(죄책감)을 들어주시고"가 된다. "죄악"(עָוֹן, 아본)은 죄인이 감당해야 할 무거운 죄의 짐을 의미한다. "사하시고"(נשׂא, 나사)는 "치우다, 제거하다"라는 뜻이다. 하나님은 그분의 백성을 억누르고 있던 무거운 죄의 짐을 제거해주셨다. 모든 죄가 용서될 때 운명의 변화가 시작된다.

> 너희는 예루살렘의 마음에 닿도록 말하며
> 그것에게 외치라.
> "그 노역의 때가 끝났고
> 그 죄악이 사함을 받았느니라.
> 그의 모든 죄로 말미암아
> 여호와의 손에서 벌을 배나 받았느니라 할지니라" 하시니라(사 40:2).

하나님의 분노와 진노가 거두어져야 진정한 회복이 가능해진다(3절).

이스라엘 공동체는 과거에 하나님이 베풀어주신 은총을 언급함으로써 그분의 도움을 요청하고 있다.

2) 백성의 간구와 탄원(현재)(4-7절)

4 우리 구원의 하나님이여,
우리를 돌이키시고
우리에게 향하신 주의 분노를 거두소서.
5 주께서 우리에게 영원히 노하시며
대대에 진노하시겠나이까?
6 주께서 우리를 다시 살리사
주의 백성이 주를 기뻐하도록 하지 아니하시겠나이까?
7 여호와여,
주의 인자하심을 우리에게 보이시며
주의 구원을 우리에게 주소서.

4-7절은 현재 상황에 대한 백성의 간구와 탄원을 담고 있다. 이 난락에는 간구와 탄원이 혼재되어 있다. 4절은 간구, 5-6절은 탄원, 7절은 다시 간구다. 포로 생활에서 풀려나 구원을 얻었지만 백성들의 삶은 아직 회복되지 않았다.

우리가 곰 같이 부르짖으며
비둘기 같이 슬피 울며

정의를 바라나 없고

구원을 바라나 우리에게서 멀도다(사 59:11).

백성은 다시 한번 구원의 하나님께 분노를 거두어달라고 간구한다(4절). 그들의 삶의 모습을 보면 여전히 하나님의 분노에서 벗어나지 못한 것 같다(5절). 4-5절에서는 "분노"(כַּעַס, 카아스), "노"(אנף, 아나프), "진노"(אַף, 아프)라는 표현을 통해 하나님의 분노를 세 번이나 강조하여 서술한다. 하나님의 분노가 완전히 풀려야 온전한 회복이 이루어질 것이다.

그들은 "다시 살리사 주의 백성이 주를 기뻐하도록 하지 아니하시겠나이까?"라며 하나님께 탄원한다(6절). "주의 인자하심을 보다"라는 7절의 표현은 하나님의 강력한 개입을 의미한다. "인자하심"(חֶסֶד, 헤세드: a faithful love)은 하나님의 특성이며 "은혜"의 근본 토대가 된다. 즉 "인자하심"이 은혜의 뿌리가 된다. 그러므로 야웨께서 분노를 거두시고(4-5절) 그들에게 인자하심을 보여주신다면 반드시 구원이 이루어질 것이다.

3) 예언자를 통한 하나님의 응답(미래)(8-13절)

8 내가 하나님 여호와께서 하실 말씀을 들으리니

무릇 그의 백성, 그의 성도들에게 화평을 말씀하실 것이라.

그들은 다시 어리석은 데로 돌아가지 말지로다.

9 신실로 그의 구원이 그를 경외하는 자에게 가까우니

영광이 우리 땅에 머무르리이다.

10 인애와 진리가 같이 만나고

의와 화평이 서로 입맞추었으며

11 진리는 땅에서 솟아나고

의는 하늘에서 굽어보도다.

12 여호와께서 좋은 것을 주시리니

우리 땅이 그 산물을 내리로다.

13 의가 주의 앞에 앞서 가며

주의 길을 닦으리로다.

8-13절은 예언자를 통한 하나님의 응답을 전한다. 8절의 "내가 하나님 여호와께서 하실 말씀을 들으리니"라는 표현은 하나님의 신탁을 소개하는 문구다(민 9:8; 시 81:5). 하나님이 하시는 말씀은 "화평의 메시지"다. "평화"(שָׁלוֹם, 샬롬)는 모든 복의 총체로서 복지이자 번영이며 행복이고 안정이다. 이 메시지는 하나님의 백성과 성도들이 어리석음으로 돌아가지 않게끔 권고하려는 목적을 갖고 있다.

9절이 전하는 예언자적 하나님의 말씀은 "하나님의 구원이 하나님을 경외하는 자에게 가까이 있고" "하나님의 영광이 땅에 지속적으로 머물 것이다"라는 두 가지 메시지로 압축된다. "구원이 가깝다"는 표현은 하나님께서 그들에게 다가오심을 뜻한다.

내가 나의 공의를 가깝게 할 것인즉

그것이 멀지 아니하나니

나의 구원이 지체하지 아니할 것이라.
내가 나의 영광인 이스라엘을 위하여
구원을 시온에 베풀리라(사 46:13).

여호와께서 이와 같이 말씀하시기를
"너희는 정의를 지키며 의를 행하라.
이는 나의 구원이 가까이 왔고
나의 공의가 나타날 것임이라" 하셨도다(사 56:1).

"하나님의 영광" 역시 백성과 함께하시는 하나님의 현존(現存) 곧 하나님이 가까이 계심을 의미하는 말이다.

10절에서 언급된 "인애"(חֶסֶד, 헤세드)와 "진리"(אֱמֶת, 에메트), "의"(צֶדֶק, 체데크)와 "화평"(שָׁלוֹם, 샬롬)은 하나님의 중요한 속성으로서 의인화되어 나타난다. "인애와 진리" 그리고 "의와 화평"은 각각 짝을 이루어 함께 나온다. 이들은 "같이 만나고"와 "서로 입 맞추다"라는 상호적 의미를 지닌다. "인애"와 "진실"(진리)은 하나님의 사랑과 자비의 특성으로서 하나님과 백성 사이의 "신앙적 관계"를 나타낸다. 또한 "정의"(의)와 "평화"(화평)는 법과 질서의 측면에서 본 사람 사이의 "윤리적 관계"를 나타낸다. 평화는 정의의 원칙이 실행될 때 이루어진다. 즉 하나님의 완전한 구원은 "인애"와 "진실"이 연합한 토대 위에 "정의"와 "평화"가 조화를 이룰 때 성취된다.

11절에 따르면 "진실"(אֱמֶת, 에메트: 진리)은 땅에서, "정의"(צֶדֶק, 체데크: 의)는 하늘에서 온다. 여기서 "땅과 하늘"은 총칭 용법(merism)으로서 "온 세계"를 가리킨다.

태초에 하나님이 **천(하늘) 지(땅)**를 창조하시니라(창 1:1).

이 표현은 하나님이 베푸시는 구원의 능력인 "진실"과 "정의"가 세계를 에워싸고 있다는 뜻이다. 한마디로 복의 능력이 세계를 가득 채우고 있다.

12절의 "좋은 것"(טוֹב, 토브)은 풍년의 축복을 말한다. 하나님은 이런 축복을 통해 풍성한 열매를 맺게 하심으로써 백성을 회복시켜 주신다. "백성의 땅이 산물을 내어 주는 것"은 9절에서 언급된 하나님의 영광이 이 땅에 머물러 계시기 때문에 가능한 일이다.

13절에서는 "의"(צֶדֶק, 체데크)가 의인화된 표현으로 등장한다. 의는 왕보다 앞선 선발대가 되어 하나님의 오심을 전한다.

아름다운 소식을 시온에 전하는 자여,
너는 높은 산에 오르라.
아름다운 소식을 예루살렘에 전하는 자여,
너는 힘써 소리를 높이라.
두려워하지 말고 소리를 높여
유다의 성읍들에게 이르기를
"너희의 하나님을 보라" 하라(사 40:9).

여호와께서 땅 끝까지 선포하시되

"너희는 딸 시온에게 이르라.
보라, 네 구원이 이르렀느니라.
보라, 상급이 그에게 있고
보응이 그 앞에 있느니라" 하셨느니라(사 62:11).

"정의"(의)는 하나님보다 앞서서 그분이 오실 길을 준비한다. 그 길 위에 하나님이 발걸음을 내딛으시면 구원이 현실이 된다. 이처럼 정의는 하나님의 오심을 예비하는 역할을 한다.

4. 메시지

백성들은 과거를 돌아보면서 하나님께서 구원을 통해 자신들을 회복시키셨던 일을 기억한다(1-3절). 그들은 실패와 좌절 및 갈등으로 점철된 현실 속에서 또다시 하나님의 도움을 요청한다(4-7절). 이 시는 한때 구원을 받았지만 아직 온전한 구원에 이르지 못한 채 현실을 살아가는 사람들을 위한 기도다. 이 백성은 "실현된 현재의 구원"과 "완성될 미래의 구원"의 사이에 서 있다. 궁극적 구원은 인애와 진실(진리), 정의(의)와 평화(화평)가 서로 만날 때 완성된다. 즉 하나님의 네 가지 속성이 어우러질 때 궁극적인 구원이 이루어지는 것이다. 하나님의 구원은 그분의 인격이 총동원되어 이루어지는 역동적인 과정이다. 이 땅의 구원은 하나님의 "인애와 진실" 그리고 "정의와 평화"가 사람들 안에서 유기적으로 연합할 때 달성된다. 하나님 나라는 인애와 진실이 같이 만나고 정의와 평화가 서로 입 맞추는 곳에서 실현되고 완성된다. 특히 정의는 하나님이 오시는 길을 미리 닦음으로써 그분의 오심을 준비하고 예비하는 역할을 맡는다. 그러므로 하나님을 경외하면서 정의를 위해 수고를 마다하지 않는 것이야말로 하나님 나라를 위한 최선의 삶이라 할 수 있겠다.

86편

찬양은 기도의 에너지원이다:

“일심으로 주의 이름을 경외하게 하소서”

1. 양식

시편 86편은 "개인 탄원시"(psalm of an individual lament)로 분류된다. 이 시의 내용은 주로 간구로 이루어져 있는데, 다른 탄원시에서 흔히 나타나는 원수들에 대한 심판의 간구가 없다는 점이 인상적이다.

2. 구조

1) 1-7절: 간구
2) 8-13절: 찬양과 찬양 맹세
3) 14-17절: 탄원과 간구

3. 내용

1) 간구(1-7절)

1 여호와여,
나는 가난하고 궁핍하오니
주의 귀를 기울여 내게 응답하소서.
2 나는 경건하오니 내 영혼을 보존하소서.
내 주 하나님이여,
주를 의지하는 종을 구원하소서.
3 주여,

내게 은혜를 베푸소서.

내가 종일 주께 부르짖나이다.

4 주여,

내 영혼이 주를 우러러보오니

주여,

내 영혼을 기쁘게 하소서.

5 주는 선하사 사죄하기를 즐거워하시며

주께 부르짖는 자에게 인자함이 후하심이니이다.

6 여호와여,

나의 기도에 귀를 기울이시고

내가 간구하는 소리를 들으소서.

7 나의 환난 날에 내가 주께 부르짖으리니

주께서 내게 응답하시리이다.

1-7절은 하나님께 간구하는 내용이다. 시인은 하나님께 자신의 간구를 들으시고 어려운 현실을 바꾸어달라고 요청한다(1절). "나는 가난하고 궁핍하오니"라는 표현은 자신이 하나님의 돌봄을 절실히 필요로 하는 사람임을 드러낸다.

내 모든 뼈가 이르기를

"여호와와 같은 이가 누구냐?

그는 가난한 자를 그보다 강한 자에게서 건지시고

가난하고 궁핍한 자를 노략하는 자에게서 건지시는 이라" 하리로다(시

35:10).

나는 **가난하고 궁핍하오나**
주께서는 나를 생각하시오니
주는 나의 도움이시요,
나를 건지시는 이시라.
나의 하나님이여, 지체하지 마소서(시 40:17).

시인은 하나님이 가난하고 궁핍한 사람을 돌보시는 분이라는 점에 근거하여 간구하고 있다.

2절에서 시인은 자신을 "주를 의지하는 종"이라고 부른다. 그는 자신이 하나님과 주종 관계에 있다고 말한다. 주종 관계에서 종이 가장 기본적으로 갖춰야 하는 태도는 "의지"(신뢰)다. 또한 시인은 자신이 경건하다고 말하면서 하나님께 충실하고 성실한 사람임을 드러낸다. "영혼"(נֶפֶשׁ, 네페쉬)은 인간의 생명력을 뜻한다. 이처럼 그는 자신의 경건과 신뢰에 근거하여 생명을 지켜달라고 간구한다.

3절의 "주여, 내게 은혜를 베푸소서"에서 "주"는 "야웨"가 아닌 "아도나이"(אָדוֹן, 아돈: 주인)다. 하나님을 향한 시인의 간구는 주종 관계에 기초를 둔다. 시인은 "종일"(כָּל־הַיּוֹם, 콜-하욤) 주께 부르짖는다. 즉 그는 가장 먼저(first) 지속적으로(last) 늘(always) 하나님께 매달린다. 하나님의 은혜에 의지하지 않고서는 도움을 받을 수 없음을 잘 알기 때문이다.

4절의 "내 영혼이 주를 우러러보오니"는 문자적으로 "내 영혼을 당신께 들어 올립니다"라는 뜻이다. 이는 구원을 목말라하며 전적으로 하나님만 바라보는 모습을 묘사하는 표현이다.

여호와여,

나의 영혼이 주를 우러러보나이다(시 25:1).

시인은 자신의 영혼을 기쁘게 해달라고 간구한다. 기쁨은 주인이신 하나님께서 그분의 종에게 주시는 선물이다.

5절은 "왜냐하면"(כִּי, 키)으로 시작한다. 하지만 우리말 성경에는 "왜냐하면"이 생략되어 있다. 그런데 이 표현은 시인이 기도하는 근거가 된다. 그는 왜냐하면 뒤에 "선하시고", "사죄하기를 즐거워하시고", "인자하심이 후하시다"라는 하나님의 세 가지 특성을 언급함으로써, 하나님이 인격적인 분이심을 강조한다. 6절의 "나의 기도"와 "내가 간구하는 소리"는 대구를 이룬다. 시인의 기도는 점점 더 간절해진다. 시인은 "환난 날"에 드리는 자신의 간구를 듣고 "선하시며 용서하시고 인자하신 하나님"께서 응답해주실 것이라고 확신한다(7절). 환란의 상황은 아직 상세히 설명되지 않고 14-17절에서 구체화된다.

2) 찬양과 찬양 맹세(8-13절)

8 주여,

신들 중에 주와 같은 자 없사오며

주의 행하심과 같은 일도 없나이다.

9 주여,

주께서 지으신 모든 민족이 와서 주의 앞에 경배하며

주의 이름에 영광을 돌리리이다.

10 무릇 주는 위대하사 기이한 일들을 행하시오니

주만이 하나님이시니이다.

11 여호와여,

주의 도를 내게 가르치소서.

내가 주의 진리에 행하오리니

일심으로 주의 이름을 경외하게 하소서.

12 주 나의 하나님이여,

내가 전심으로 주를 찬송하고

영원토록 주의 이름에 영광을 돌리오리니

13 이는 내게 향하신 주의 인자하심이 크사

내 영혼을 깊은 스올에서 건지셨음이니이다.

여기서부터는 부르짖음이 찬양으로 바뀌면서 갑자기 분위기가 전환된다. 이 단락에는 하나님에 대한 찬양과 찬양 맹세가 동시에 등장한다(8-13절). 8-10절에서 시인은 하나님의 뛰어나심을 우주적으로 찬양한다. 우선 그는 야웨의 "비교불가능성"(incomparability)과 "업적"을 찬양하는데(8절), 특별히 업적은 출애굽 사건과 해방을 가리킨다.

여호와여,

신 중에 주와 같은 자가 누구니이까?

주와 같이 거룩함으로 영광스러우며
찬송할 만한 위엄이 있으며
기이한 일을 행하는 자가 누구니이까?(출 15:11)

그 어떤 신도 하나님이 행하신 일을 흉내낼 수 없다.

주 여호와여, 주께서 주의 크심과 주의 권능을 주의 종에게 나타내시기를 시작하셨사오니 천지간에 어떤 신이 능히 주께서 행하신 일 곧 주의 큰 능력으로 행하신 일 같이 행할 수 있으리이까?(신 3:24)

9절은 창조주이신 야웨 하나님을 경배하려고 몰려드는 열방 민족의 순례 행렬을 묘사한다. "왜나하면"(키: 우리말 성경에는 생략됨)으로 시작되는 10절은 8-9절의 찬양에 대한 근거가 된다. 야웨 하나님은 여러 신들 가운데 최고이자 유일한 하나님이시다.

11절은 하나님을 향한 시인의 간구다. 이 구절은 이 시의 주제적 중심을 이룬다. 시인은 "일심" 곧 한 마음"을 갖고 주의 이름을 경외하겠다고 고백한다. 그는 하나님께 "새로운 가르침"인 "주의 도"를 가르쳐달라고 간구한다. 또한 "주의 진리에 행하오리니"라고 말하며 그분의 진리가 보호해주시는 길로 걷고 싶은 소망을 드러낸다. 시인은 신실하지 못한 자신의 성향을 깨닫고 하나님께 자신의 전 인격을 하나로 통합시켜 달라고 요청한다.

12-13절은 하나님을 찬양한 다음에 이루어진 찬양 맹세다. 시인은 "전심으로" 하나님을 찬양하겠다고 맹세한다(12절). 원문에서 "왜

냐하면"(키: 우리말 성경에는 생략됨)으로 시작되는 13절은 하나님의 "인자하심"과 시인을 "죽음(깊은 스올)에서 건져내심"이 찬양의 이유임을 밝힌다.

3) 탄원과 간구(14-17절)

14 하나님이여,

교만한 자들이 일어나 나를 치고

포악한 자의 무리가 내 영혼을 찾았사오며

자기 앞에 주를 두지 아니하였나이다.

15 그러나 주여, 주는 긍휼히 여기시며

은혜를 베푸시며 노하기를 더디하시며

인자와 진실이 풍성하신 하나님이시오니

16 내게로 돌이키사 내게 은혜를 베푸소서.

주의 종에게 힘을 주시고

주의 여종의 아들을 구원하소서.

17 은총의 표적을 내게 보이소서.

그러면 나를 미워하는 그들이 보고 부끄러워하오리니

여호와여,

주는 나를 돕고 위로하시는 이시니이다.

이 단락은 시인의 탄원(14절)과 간구(15-17절)로 이루어져 있다. 시인은 13절에서 하나님을 "찬양"하다가 14절에서 느닷없이 "두려움"으로 태세를 바꾼다. 지금까지 하나님과의 관계에 집중했다면 이제는 시인의 직접적인 문제로 눈을 돌린다. 7절에서 언급했던 "환난"의 정체가 여기서 명확히 드러난다. 시인은 "자기 앞에 하나님을 두지 않는" "교만한 자들"과 "포악한 자의 무리"로부터 위협을 당하고 있다.

> 악인은 그의 교만한 얼굴로 말하기를
> "여호와께서 이를 감찰하지 아니하신다" 하며
> "그의 모든 사상에 하나님이 없다" 하나이다(시 10:4).

> 말하기를 "하나님이 어찌 알랴?
> 지존자에게 지식이 있으랴?" 하는도다(시 73:11).

이들은 하나님에 대해 무지(無智)한 데다가 그분을 무시(無視)하기까지 하는 불경건한 자들이다. 불경건한 이들은 조금도 주저하지 않고 경건한 시인을 공격한다.

이때 시인은 하나님을 외면하는 원수들로부터 시선을 거두고 하나님께로 눈을 돌린다(15절). 그리고 시내 산에서 계시된 하나님의 본성을 언급하면서 다음과 같이 호소한다.

> 여호와께서 그의 앞으로 지나시며 선포하시되 "여호와라, 여호와라. 자비롭고 은혜롭고 노하기를 더디하고 인자와 진실이 많은 하나님이라"(출 34:6).

여호와는 긍휼이 많으시고 은혜로우시며
노하기를 더디 하시고 인자하심이 풍부하시도다(시 103:8).

여호와는 은혜로우시며 긍휼이 많으시며
노하기를 더디 하시며 인자하심이 크시도다(시 145:8).

하나님은 "긍휼히 여기시고 은혜를 베푸시며 노하기를 더디 하시고 인자와 진실이 풍성"하신 분이다.

시인은 하나님을 향해 자신에게 은혜를 베푸셔서 원수들에게 저항할 수 있는 힘을 주시고 시련에서 구해달라고 간구한다(16절). 그는 여기서도 자신이 "하나님의 종"임을 명확히 드러냄으로써 하나님과의 주종 관계를 간청의 근거로 제시한다. 여기서 "주의 여종의 아들"이라는 표현은 "오랜 기간" 곧 "대를 이어" 주종의 관계가 지속되었음을 암시한다. "여종의 아들"이란 주인의 집에서 태어났기 때문에 풀려날 수 없는 노예를 가리킨다. 이를 통해 시인은 자신이 하나님께 속해 있으며 하나님께 전적으로 의존할 수 밖에 없는 존재임을 강조한다.

17절에서 시인은 마지막으로 하나님께 "은총의 표적"을 보여달라고 간곡히 요청한다. "은총의 표적"은 시인에게 죄가 없다는 표적일 수도 있고 하나님의 은혜를 나타내는 표적일 수도 있다. 그것을 본 원수들은 부끄러움을 당할 것이다. 시인은 하나님의 도우심과 위로하심을 확신하며 이 시를 마무리한다.

4. 메시지

이 시는 인간적인 능력을 최고로 생각하고 하나님의 힘을 믿지 않으려는 현대인들에게 하나님의 힘을 의지하는 참 신앙인의 겸손한 모습을 보여준다. 시인은 하나님을 인정하지 않는 원수들은 큰 힘을 가질 수 없다고 생각한다. 우리는 하나님의 도우심과 위로하심이 있어야만 형통한 삶을 살 수 있다. 그래서 시인은 악인과 실랑이를 벌이는 데 인생을 낭비하지 않는다. 오히려 하나님께 일심(一心)으로 집중하기를 원한다. 주인이신 하나님을 떠나면 삶을 위태롭게 하는 위험에 직면하게 된다. 그러나 온전한 마음을 가지고 일심으로 주인이신 하나님을 바라보면 필요한 것을 충분하게 공급받게 된다. 또한 시인은 간구로 시작하면서 하나님을 찬양했다가 다시 간구로 되돌아간다. 찬양은 응답을 받았을 때만 하는 것이 아니다. 우리는 도움을 청하는 중에도 하나님을 찬양해야 한다. 실제로 찬양은 기도의 에너지가 된다. 찬양은 기도할 수 있는 힘을 완충(完充)해준다. 이처럼 찬양으로 충전된 에너지는 간절한 기도의 에너지원이 된다.

87편

한 가족인 인류:

“나의 모든 근원이 네게 있도다”

1. 양식

시편 87편은 "시온시"(a song of Zion)로 분류될 수 있다(시 46, 48, 76, 84, 122편). 이 시편의 시인은 하나님이 거하시는 성(城)이자 세상의 근원적인 발생지인 시온을 찬양한다.

2. 구조

1) 1-3절: 하나님의 사랑의 대상인 시온을 찬양
2) 4-6절: 열방의 어머니인 시온을 찬양
3) 7절: 결론적 찬양

3. 내용

1) 하나님의 사랑의 대상인 시온을 찬양(1-3절)

1 그의 터전이
성산에 있음이여,
2 여호와께서 야곱의 모든 거처보다
시온의 문들을 사랑하시는도다.
3 하나님의 성이여,
너를 가리켜 영광스럽다 말하는도다. (셀라)

이 단락에서 시인은 하나님의 사랑의 대상이 되는 "시온"을 찬양한다. 1절은 이 시편의 중심 사상인 "시온"을 강조한다. 시온은 "거룩한 산" 곧 "성산" 위에 세워졌다. 여기서 "성산(聖山)들"은 문자적으로 보면 "거룩한 산들"(הַרְרֵי־קֹדֶשׁ, 하르레-코데쉬)이다. 이 "산들"(복수)은 "장엄함의 복수형"(a plural of majesty)으로서, "많은 산들"을 지칭하는 것이 아니라 "위대한 산"(단수)인 "시온"을 뜻한다. "그의 터전"(יְסוּדָתוֹ, 예수다토)에서 "그"는 하나님을 가리킨다. 하나님은 시온에 그분의 터전을 세우셨다.

> 그 나라 사신들에게 어떻게 대답하겠느냐?
> "여호와께서 시온을 세우셨으니
> 그의 백성의 곤고한 자들이 그 안에서 피난하리라" 할 것이니라(사 14:32).

또한 하나님은 "시온의 문들을 사랑하신다"(2절). 여기서 "사랑하다"(אהב, 아하브)는 "선택하다"라는 의미를 내포한다.

> 여호와께서 네 조상들을 **사랑하신** 고로 그 후손인 너를 **택하시고** 큰 권능으로 친히 인도하여 애굽에서 나오게 하시며(신 4:37; 참조. 신 10:15; 시 78:68; 사 41:8).

하나님은 시온을 선택하셨다. 따라서 이스라엘(야곱)의 모든 거처 중 시온이 가장 중요하다. 하나님은 택하신 시온을 지속적으로 돌보신다.

"하나님의 성"(עִיר הָאֱלֹהִים, 이르 하엘로힘)이라는 3절의 표현은 오직 시온시에만 등장한다.

한 시내가 있어 나뉘어 흘러

하나님의 성 곧 지존하신 이의 성소를 기쁘게 하도다(시 46:4).

여호와는 위대하시니

우리 **하나님의 성**,

거룩한 산에서 극진히 찬양 받으시리로다(시 48:1).

우리가 들은 대로

만군의 여호와의 성,

우리 **하나님의 성**에서 보았나니

하나님이 이를 영원히 견고하게 하시리로다. (셀라)(시 48:8)

이는 "시온" 곧 "예루살렘"을 가리키는 말이다. 위에 인용된 여러 말씀을 보면 알 수 있듯이 "하나님의 성"인 "시온"은 영광스럽다는 찬송을 받는다.

2) 열방의 어머니인 시온을 찬양(4-6절)

4 나는 "라합과 바벨론이

나를 아는 자 중에 있다" 말하리라.

보라, 블레셋과 두로와 구스여,

"이것들도 거기서 났다" 하리로다.

5 시온에 대하여 말하기를

"이 사람, 저 사람이 거기서 났다"고 말하리니

지존자가 친히 시온을 세우리라 하는도다.

6 여호와께서 민족들을 등록하실 때에는

그 수를 세시며

"이 사람이 거기서 났다" 하시리로다. (셀라)

4-6절은 열방의 어머니로 묘사된 "시온"을 찬양한다. 이 단락은 시인이 하나님의 신탁을 대변하는 것처럼 보인다. 4절의 "나를 아는 자 중에 있다"는 표현은 "나(하나님)의 백성이 되었다"는 의미다. 여기서는 다섯 나라가 하나님의 백성으로 인정된다. 이 다섯 이방 나라는 이스라엘과 깊은 관련이 있다. 첫째, "라합"은 이집트를 가리킨다.

애굽의 도움은 헛되고 무익하니라.

그러므로 내가 **애굽**을 가만히 앉은 **라합**이라 일컬었느니라(사 30:7).

주께서 **라합**을 죽임 당한 자 같이 깨뜨리시고

주의 원수를 주의 능력의 팔로 흩으셨나이다(시 89:10).

남쪽의 초강대국인 이집트는 이스라엘을 자주 혼돈에 빠뜨렸다. 둘째, "바벨론"은 동쪽의 초강대국으로 이스라엘을 점령한 적이 있는 나라다. 셋째, "블레셋"은 서쪽의 해안 지대에서 지속적으로 이스라엘을 괴롭힌 나라다. 넷째, "두로"는 북쪽에 있는 무역 국가로서 이스라엘에 바알 신에 대한 우상숭배를 전파한 나라다. 마지막으로 "구스"(에티오피아)는 가장 멀리 떨어진 남쪽 나라다.

각 나라는 "동서남북" 네 가지 방향을 나타내고 있는데, 이를 합치면 온 세상이 된다. 시온은 "지구의 배꼽"으로서 전 "세계의 중심"(the world centre)이 된다. 시온의 동쪽에는 바벨론, 서쪽에는 블레셋, 남쪽에는 이집트(라합)와 구스, 북쪽에는 두로가 있다. 이스라엘을 중심으로 초강대국인 이집트와 바벨론, 이스라엘에 근접한 블레셋과 두로, 이스라엘에서 멀리 떨어진 구스에 이르기까지 온 세상이 "시온에서부터 출생"했다("이것들도 거기서 났다"). 여기서 "났다"(ילד, 얄라드: 태어나다)라는 표현은 하나님의 백성으로 "거듭나다"는 의미로서 이방 민족들이 시온의 시민권을 부여받았다는 뜻이다.

5절의 "이 사람과 저 사람"(이쉬 베이쉬)이라는 표현은 이 시에서만 사용된다. 이 표현은 "이스라엘 본토민"과 "하나님을 예배하는 이방 민족" 모두를 지칭하는 것으로 보인다. 이 단락에서는 본토민과 이방인 모두 동등한 시온 태생으로 간주된다. 이처럼 열방을 품는 이 시온을 "지존자"(עֶלְיוֹן, 엘욘)가 친히 세우실 것이다.

6절에 따르면 야웨께서 민족들(עַמִּים, 아밈)을 책에 기록하고 그들에게 시온의 시민권을 부여하신다. 여기서 "민족들"은 세상 모든 나라의 백성을 포함한다. 시온은 세계 모든 민족의 고향이 될 것이다. 모든 나라의 백성들은 출생지와 상관없이 영적으로 시온의 시민권을 갖는다.

3) 결론적 찬양(7절)

> 7 노래하는 자와 뛰어 노는 자들이 말하기를
> "나의 모든 근원이 네게 있다" 하리로다.

7절은 이 시의 결론적 찬양에 해당한다. 예전부터 하나님의 백성이었던 이스라엘과 새로 하나님의 백성이 된 열방 민족들이 시온의 축제에 참여하여 함께 노래하며 뛰논다.

> 2 말일에 여호와의 전의 산이 모든 산 꼭대기에 굳게 설 것이요,
> 모든 작은 산 위에 뛰어나리니
> 만방이 그리로 모여들 것이라.
> 3 많은 백성이 가며 이르기를
> "오라! 우리가 여호와의 산에 오르며
> 야곱의 하나님의 전에 이르자.
> 그가 그의 길을 우리에게 가르치실 것이라.
> 우리가 그 길로 행하리라" 하리니
> 이는 율법이 시온에서부터 나올 것이요,
> 여호와의 말씀이 예루살렘에서부터 나올 것임이니라(사 2:2-3).

이 구절은 구원을 경험한 사람들이 주님께 감사의 찬송을 드리며 기뻐하는 모습을 묘사하고 있다. 이들은 시온을 향하여 "나의 모든 근원이 네게 있다"고 찬양한다. 시온은 온 인류의 모태이자 온 인류의 어

머니다.

4. 메시지

이 시편은 모든 민족이 주의 왕 되심을 인정하게 되길 바라는 구약의 소망을 극적으로 묘사하고 있다.

> 땅의 모든 끝이 여호와를 기억하고 돌아오며
> 모든 나라의 모든 족속이 주의 앞에 예배하리니(시 22:27; 참조. 사 2:2-4; 45:22).

하나님의 성인 시온은 모든 민족의 영적 출생지이자 고향이다. "시온"(예루살렘)은 만백성의 어머니다.

> 오직 위에 있는 예루살렘은 자유자니 곧 우리 어머니라(갈 4:26).

하나님은 이스라엘과 비(非)이스라엘 백성 모두를 낳으셨으므로 온 인류는 같은 근원에서 나왔다고 할 수 있다. 따라서 우리 모두는 한 가족이다. 하나님을 주님(주인)으로 인정하는 자는 어디에 살든 상관없이 모두 시온의 시민이다. 바울 역시 그리스도 안에서 하나가 된 사람들은 하나님의 한 가족이라고 말했다.

> 그러므로 이제부터 너희는 외인도 아니요, 나그네도 아니요, 오직 성도

들과 동일한 시민이요, 하나님의 권속이라(엡 2:19).

이처럼 모든 인류는 하나님을 한 아버지로 모신 한 가족이다.

88편

하나님의 침묵 속의 임재:

“나의 영혼에는 재난이 가득하며”

1. 양식

시편 88편은 "개인 탄원시"(psalm of an individual lament)로 분류될 수 있다. 탄원시에는 일반적으로 신뢰 확신과 찬양의 내용이 포함되지만, 이 시는 그런 내용을 다루지 않고 처음부터 끝까지 절망적인 분위기를 띤다. 시편 39편과 함께 일종의 "욥의 시"(욥 30장)라고도 불리는 이 시는 "부재(不在)하신 하나님과의 대화" 또는 "가장 암울한 시편"으로 알려져 있다.

2. 구조

1) 1-2절: 간구

2) 3-9절: 긴 탄원

3) 10-12절: 탄원조의 짧은 질문

4) 13-18절: 또 다른 긴 탄원

3. 내용

1) 간구(1-2절)

[1] 여호와 내 구원의 하나님이여,

내가 주야로 주 앞에서 부르짖었사오니

[2] 나의 기도가 주 앞에 이르게 하시며

나의 부르짖음에 주의 귀를 기울여 주소서.

1-2절은 하나님께 간구하는 내용이다. 1절을 여는 "여호와 내 구원의 하나님"(יְהוָה אֱלֹהֵי יְשׁוּעָתִי, 야웨 엘로헤 예슈아티)이라는 말은 이 시에서 유일하게 긍정적인 표현이다. 시인은 오래전에 하나님의 구원을 경험했던 것으로 보인다. 그는 이 사실을 언급하면서 하나님께 자신이 지금 겪는 고통에 속히 개입해달라고 밤낮으로 간구한다. 2절의 기도는 이 시에 단 한 번 나오는 간구다.

2) 긴 탄원(3-9절)

3 무릇 나의 영혼에는 재난이 가득하며

나의 생명은 스올에 가까웠사오니

4 나는 무덤에 내려가는 자 같이 인정되고

힘없는 용사와 같으며

5 죽은 자 중에 던져진 바 되었으며

죽임을 당하여 무덤에 누운 자 같으니이다.

주께서 그들을 다시 기억하지 아니하시니

그들은 주의 손에서 끊어진 자니이다.

6 주께서 나를 깊은 웅덩이와

어둡고 음침한 곳에 두셨사오며

7 주의 노가 나를 심히 누르시고

주의 모든 파도가 나를 괴롭게 하셨나이다. (셀라)

8 주께서 내가 아는 자를 내게서 멀리 떠나게 하시고
나를 그들에게 가증한 것이 되게 하셨사오니
나는 갇혀서 나갈 수 없게 되었나이다.
9 곤란으로 말미암아 내 눈이 쇠하였나이다.
여호와여,
내가 매일 주를 부르며
주를 향하여 나의 두 손을 들었나이다.

3-9절은 하나님을 향한 긴 탄원이다. 3절의 원문은 "왜냐하면"(כִּי, 키: "무릇")이라는 단어로 시작함으로써 탄원의 이유를 밝힌다. 시인은 온갖 재난으로 가득한 삶 가운데서 생명에 위협을 느끼는 고통스러운 상황을 자세히 상술한다(3절).

죽은 사람처럼 취급당하고 있는 시인은 자신의 기운이 모두 소진되었다고 느낀다(4절). 그는 심지어 하나님께도 버림받았다고 여긴다(5절). 죽은 사람 취급을 받는 것도 힘들지만 하나님의 기억에서 지워진 것 같은 현실이 더욱 슬프다.

시인은 이 모든 일이 하나님 때문이라고 탄식한다. 하나님이 시인을 "깊고 어둡고 음침한 웅덩이"(שְׁאוֹל, 쉐올: 무덤)에 가두셨다(6절). 하나님의 진노가 죽음의 파도같이 밀려와 시인을 짓누른다(7절). 하나님은 시인의 모든 인간관계를 차단하심으로써 그가 사회적으로 버림 받게(고립되게) 하셨다(8절). 가까운 사람들이 그를 외면하고 떠나자 시인의 고통은 더 심해진다.

기운이 완전히 고갈된 시인은 모든 활력을 잃어버렸다(9절). "내 눈이 쇠하였나이다"는 생명력이 소진되었음을 가리킨다. 이 단락은 부르짖음으로 끝난다. "내가 매일 주를 부르며 주를 향하여 나의 두 손을 들었나이다." 이는 1절의 "내가 주야로 부르짖었사오니"와 수미상관을 이룬다.

3) 탄원조의 짧은 질문(10-12절)

> 10 주께서 죽은 자에게 기이한 일을 보이시겠나이까?
> 유령들이 일어나 주를 찬송하리이까? (셀라)
> 11 주의 인자하심을 무덤에서,
> 주의 성실하심을 멸망 중에서 선포할 수 있으리이까?
> 12 흑암 중에서 주의 기적과 잊음의 땅에서
> 주의 공의를 알 수 있으리이까?

10-12절은 하나님께 부르짖는 탄식조의 수사학적 질문으로 구성되어 있다. 이는 실제로 하나님께 답을 기대하는 질문이라기보다는 특정 사실을 강조하기 위한 표현 방식이다. 이 단락에는 다음과 같은 여섯 가지 질문이 등장한다.

> 첫째, 내가 죽은 다음에야 응답하시겠습니까?(10a절)
> 둘째, 어떻게 죽은 자가 하나님을 찬양할 수 있습니까?(10b절)
> 셋째, 무덤에서 하나님의 인자하심을 선포할 수 있습니까?(11a절)
> 넷째, 죽은 자들이 모인 멸망의 나라에서 하나님의 성실하심을 선포할

수 있습니까?(11b절)

다섯째, 흑암 중에서 하나님의 기적을 알 수 있습니까?(12a절)

여섯째, 잊음의 땅에서 하나님의 공의를 알 수 있습니까?(12b절)

시인은 침묵하시는 하나님 때문에 몹시 화가 나 있다. 죽음을 다스리시는 하나님의 능력에 의문을 품은 그는 죽음으로 인해 하나님과 자신의 관계가 깨어질 수도 있음을 강조하면서 하나님의 손이 미치지 못하는 곳으로 밀려 떨어지기 전에 자신을 긴급하게 구조해달라고 요청한다.

4) 또 다른 긴 탄원(13-18절)

13 여호와여,

오직 내가 주께 부르짖었사오니

아침에 나의 기도가 주의 앞에 이르리이다.

14 여호와여,

어찌하여 나의 영혼을 버리시며

어찌하여 주의 얼굴을 내게서 숨기시나이까?

15 내가 어릴 적부터 고난을 당하여 죽게 되었사오며

주께서 두렵게 하실 때에 당황하였나이다.

16 주의 진노가 내게 넘치고

주의 두려움이 나를 끊었나이다.

17 이런 일이 물 같이 종일 나를 에우며

함께 나를 둘러쌌나이다.

18 주는 내게서 사랑하는 자와 친구를 멀리 떠나게 하시며

내가 아는 자를 흑암에 두셨나이다.

13-18절에서 시인은 또 장황한 탄원을 올린다. 13절은 "그러나 나는"(וַאֲנִי, 바아니: "오직 내가")으로 시작하는데, 이는 앞서 언급한 10-12절의 수사학적 질문과 강한 대조를 보인다. 시인은 주로 죽음의 언어에 집중했지만 여기서는 생명에 눈을 돌린다. 그는 응답이 없는 상황에서도 계속 하나님께 매달리며 간구한다(눅 11:5-8; 18:1-8). 밤새도록 기도하다가 아침이 밝아올 때쯤 하나님이 응답해주시기를 기대한다. 성경적 이해에 따르면 아침은 심판과 죽음의 시간인 "밤"이 끝나고 빛이 어두움을 몰아내며 등장하는 시간으로서 구원의 때를 의미한다.

하나님이 그 성 중에 계시매

성이 흔들리지 아니할 것이라.

새벽에 하나님이 도우시리로다(시 46:5).

아침에 주의 인자하심이 우리를 만족하게 하사

우리를 일생 동안 즐겁고 기쁘게 하소서(시 90:14).

아침에 나로 하여금 주의 인자한 말씀을 듣게 하소서.

내가 주를 의뢰함이니이다.

내가 다닐 길을 알게 하소서.

내가 내 영혼을 주께 드림이니이다(시 143:8).

그러나 시인은 끈질긴 기도에도 불구하고 하나님의 응답을 받지 못한다. 14절의 첫 단어는 "어찌하여"(לָמָּה, 라마)다. 이 말로 시작하는 14절의 수사의문문은 앞의 수사의문문(10-12절)보다 훨씬 더 공격적이고 거칠다. 시인은 야웨께서 자신의 영혼을 버리고 얼굴을 숨기셨다고 원망하며 탄식한다(14절).

평생 고통을 당하며 살아온 시인은 급기야 죽을 위기에 처했다(15절). 그는 자신이 하나님의 원수가 된 것 같아 당황스럽다. 이제 그의 눈에 비치는 하나님은 무섭고 두려운 존재다.

> 놀람과 두려움이 그들에게 임하매
> 주의 팔이 크므로 그들이 돌 같이 침묵하였사오니
> 여호와여,
> 주의 백성이 통과하기까지
> 곧 주께서 사신 백성이 통과하기까지였나이다(출 15:16).

> 내가 내 위엄을 네 앞서 보내어 네가 이를 곳의 모든 백성을 물리치고 네 모든 원수들이 네게 등을 돌려 도망하게 할 것이며(출 23:27).

시인은 자신을 향한 하나님의 진노와 두려움에 압도되었다(16절). 그는 울부짖는 것조차 힘들 정도로 큰 충격을 받았다.

시인은 하나님의 진노와 두려움이 물처럼 자신을 온종일 에워싸고 있는 상황에 놓였다(17절). 그는 사랑하는 자와 친구로부터도 버림을 받았다(18a절). 하나님이 모든 사람을 멀리 떠나게 만드셨기 때문에 그가 아는 자는 이제 "흑암"밖에 없다(18b절). "흑암"이 이 시인에게 남은 유일한 친구가 되었다. 이 시에 마지막으로 등장하는 히브리어 단어는 "흑암"(מַחְשָׁךְ, 마흐샤크)이다. 구약성경에 나오는 대부분의 탄원시는 찬양이나 찬양 맹세로 끝난다. 또는 현재 응답을 받지 못했더라도 하나님께서 과거에 그리하셨던 것처럼 앞으로 자신을 구원해주실 것을 확신하는 고백으로 끝을 맺는다. 그러나 이 시는 예외적으로 감사나 찬양이 아닌 시인의 앞에 펼쳐진 흑암을 언급하며 암담한 분위기로 마무리된다.

4. 메시지

총 150편에 이르는 시편 가운데 가장 슬픈 이 시편에는 일말의 위로나 희망이 보이지 않는다. 시인은 외로움과 고통에 짓눌린 상황에서 이 시를 기록했다. 이 시는 하나님과 사람들로부터 완전히 고립된 사람이 내뱉는 처절한 마지막 절규다. 시인은 인생이 항상 해피엔딩으로 끝나지 않음을 상기시킨다. 이런 시가 성경의 시편에 포함되어 있다는 사실은 매우 중요하다. 왜냐하면 우리의 삶이 실제로 이러하기 때문이다. 믿음이 항상 삶의 문제를 해결해주는 것은 아니다. 그저 견디게만 해줄 때도 있다.

시인은 절망을 느끼며 죽어 가는 와중에도 포기하지 않고 마지막까지 하나님께 매달린다. 여기에 숨은 진리가 있다. 이는 시인의 "세계관"보다 "신관"(神觀)을 통해 더 명확히 드러난다. 시인은 하나님이 정말로 선하고 의로우신 분인지 의혹을 품는다. 하지만 하나님의 존재만은 의심하지 않는다. 그는 죽음의 심연에서도 마지막까지 하나님을 부르면서 그분께 격렬히 따져 묻는다. 이 또한 하나님에 대한 일종의 희망이자 신앙이 아닐까? 바로 이것이 시인이 지닌 신학적 강점(强點)이다.

시인은 경건한 자가 곤경에 처해 철저한 흑암 속에 놓여 있다 할지라도 하나님으로부터 절대 버려지지 않는다고 말한다. 하나님의 침묵은 그분의 부재를 의미하는 것이 아니다. 그분을 철저히 신뢰하는 사람들은 "하나님의 침묵 속의 임재"를 인식할 수 있다. 참된 신앙은 하나님의 절대 침묵 속에서도 오직 그분께 끊임없이 마지막까지 말을 거는 데 있다. 우리의 마지막 호흡은 그 호흡을 주신 분이 그것을 거두어 가시는 순간에도 그분께 말을 건네는 일에 사용되어야 하지 않을까!

89편

하나님 없이, 하나님 앞에서, 하나님께:

"주여, 그 전의 인자하심이 어디 있나이까?"

1. 양식

시편 89편은 "제왕시"(royal psalm)로 분류될 수 있다. 전쟁에서 패배한 시인은 존립 위기에 처한 왕조를 구해달라고 하나님께 탄원한다. 또한 이 시는 시편 119편, 78편에 이어 세 번째로 긴 시편이다.

2. 구조

1) 1-18절: 하나님을 향한 찬양

2) 19-37절: 하나님의 신탁

3) 38-51절: 하나님을 향한 탄원

4) 52절: 하나님을 향한 종결 찬양

3. 내용

1) 하나님을 향한 찬양(1-18절)

1 내가 여호와의 인자하심을 영원히 노래하며

주의 성실하심을 내 입으로 대대에 알게 하리이다.

2 내가 말하기를

"인자하심을 영원히 세우시며

주의 성실하심을

하늘에서 견고히 하시리라" 하였나이다.

3 주께서 이르시되

“나는 내가 택한 자와 언약을 맺으며

내 종 다윗에게 맹세하기를

4 내가 네 자손을 영원히 견고히 하며

네 왕위를 대대에 세우리라” 하셨나이다. (셀라)

5 여호와여,

주의 기이한 일을 하늘이 찬양할 것이요,

주의 성실도 거룩한 자들의 모임 가운데에서 찬양하리이다.

6 무릇 구름 위에서

능히 여호와와 비교할 자 누구며

신들 중에서

여호와와 같은 자 누구리이까?

7 하나님은 거룩한 자의 모임 가운데에서

매우 무서워할 이시오며

둘러 있는 모든 자 위에

더욱 두려워할 이시니이다.

8 여호와 만군의 하나님이여,

주와 같이 능력 있는 이가 누구리이까?

여호와여,

주의 성실하심이 주를 둘렀나이다.

9 주께서 바다의 파도를 다스리시며

그 파도가 일어날 때에 잔잔하게 하시나이다.

10 주께서 라합을 죽임 당한 자 같이 깨뜨리시고

주의 원수를 주의 능력의 팔로 흩으셨나이다.

11 하늘이 주의 것이요,

땅도 주의 것이라.

세계와 그중에 충만한 것을

주께서 건설하셨나이다.

12 남북을 주께서 창조하셨으니

다볼과 헤르몬이 주의 이름으로 말미암아 즐거워하나이다.

13 주의 팔에 능력이 있사오며

주의 손은 강하고

주의 오른손은 높이 들리우셨나이다.

14 의와 공의가 주의 보좌의 기초라.

인자함과 진실함이 주 앞에 있나이다.

15 즐겁게 소리칠 줄 아는 백성은 복이 있나니

여호와여,

그들이 주의 얼굴 빛 안에서 다니리로다.

16 그들은 종일 주의 이름 때문에 기뻐하며

주의 공의로 말미암아 높아지오니

17 주는 그들의 힘의 영광이심이라.

우리의 뿔이 주의 은총으로 높아지오리니

18 우리의 방패는 여호와께 속하였고

우리의 왕은 이스라엘의 거룩한 이에게 속하였기 때문이니이다.

이 시의 첫 번째 단락(1-18절)은 다섯 개의 찬양으로 소분(小分)된다.

시인은 첫 번째 찬양(1-4절)을 통해 야웨의 인자하심(חֶסֶד, 헤세드)과 성실하심(אֱמוּנָה, 에무나)을 찬양하기로 약속한다(1-2절). 그는 하나님이 다윗과 맺은 영원한 인약("내 집과 네 나라기 내 앞에서 영원히 보전되고 네 왕위가 영원히 견고하리라 하셨다 하라", 삼하 7:16)을 소개한다(3-4절). 참고로 다윗 언약은 구약에서 5번 언급된다(삼하 23:5; 사 55:3; 렘 33:21; 대하 13:5; 21:7).

두 번째 찬양(5-8절)은 천상의 보좌에 앉아 계시는 야웨의 높은 위치를 묘사한다. 하나님은 천상의 존재들로 구성된 "거룩한 자들의 모임"에서 찬양을 받고 계신다(5절). 하나님은 그 어떤 신들과도 비교할 수 없는 탁월한 분이다(incomparability, "신들 중에서 여호와와 같은 자 누구리이까?", "주와 같이 능력 있는 이가 누구리이까?", 6-8절).

세 번째 찬양(9-12절)은 땅 위에서 하나님이 하시는 활동을 노래한다. 하나님은 "혼돈의 세력" 곧 "바다"와 "라합"을 다스리신다(9-10절). 라합은 창조의 질서를 위협하는 바다의 괴물을 암시한다.

9 여호와의 팔이여,

깨소서, 깨소서. 능력을 베푸소서.

옛날 옛시대에 깨신 것 같이 하소서.

라합을 저미시고

용을 찌르신 이가 어찌 주가 아니시며

10 바다를, 넓고 깊은 물을 말리시고

바다 깊은 곳에 길을 내어

구속받은 자들을 건너게 하신 이가

어찌 주가 아니시니이까?(사 51:9-10)

그리고 11-12절은 "온 세상" 곧 "하늘"과 "땅"이 하나님의 소유임을 밝힌다. "다볼"과 "헤르몬"은 높은 산으로서 하나님을 예배하는 장소였다(12절). 이 산들도 야웨의 이름을 찬양한다. 이들은 야웨 외의 다른 신들은 모른다.

네 번째 찬양(13-14절)은 역사 속에 나타나신 하나님의 활동을 노래한다. 13절의 "주의 팔", "주의 손", "주의 오른손"은 역사에 개입하시는 하나님의 권능을 보여주는 삼총사다.

2 주께서 **주의 손**으로 뭇 백성을 내쫓으시고
우리 조상들을 이 땅에 뿌리 박게 하시며
주께서 다른 민족들은 고달프게 하시고
우리 조상들은 번성하게 하셨나이다.
3 그들이 자기 칼로 땅을 얻어 차지함이 아니요,
그들의 팔이 그들을 구원함도 아니라.
오직 **주의 오른손**과 **주의 팔**과 주의 얼굴의 빛으로 하셨으니
주께서 그들을 기뻐하신 까닭이니이다(시 44:2-3).

하나님의 주요 속성인 "의(체데크)와 공의(미쉬파트)", "인자함(헤세드)과 진실함(에메트)"이 보좌 주위를 둘러싸고 있다(14절). 하나님이 앉으신 보좌의 두 기초는 바로 "체데크"와 "미쉬파트"다.

구름과 흑암이 그를 둘렀고

의(체데크)와 **공평**(미쉬파트)이 그의 보좌의 기초로다(시 97:2).

의와 공의는 하나님 나라의 이상이자 통치방식이다. 따라서 하나님을 따르는 백성은 의와 공의를 실천하는 삶을 살아야 한다.

다섯 번째 찬양(15-18절)은 하나님 백성의 입장에서 야웨가 세상의 왕이심을 기뻐하며 외치는 내용을 담고 있다. 하나님을 높이는 것은 행복에 이르는 길이다(15절). 하나님은 자신을 찬양하고 기뻐하는 사람들을 높여주신다(16절). 또한 그들의 힘이 되어 주신다(17절). 이처럼 야웨는 이스라엘의 보호자("우리의 방패")가 되신다(18a절).

우리 방패이신 하나님이여,

주께서 기름 부으신 자의 얼굴을 살펴 보옵소서(시 84:9).

야웨 하나님이 세계의 왕이심을 찬양하는 이 단락(1-18절)은 이스라엘의 왕 역시 그분에게 속해 있음을 언급하며 마무리된다(18b절).

2) 하나님의 신탁(19-37절)

19 그때에 주께서 환상 중에 주의 성도들에게 말씀하여 이르시기를

"내가 능력 있는 용사에게는 돕는 힘을 더하며

백성 중에서 택함 받은 자를 높였으되

20 내가 내 종 다윗을 찾아내어

나의 거룩한 기름을 그에게 부었도다.

21 내 손이 그와 함께 하여 견고하게 하고

내 팔이 그를 힘이 있게 하리로다.

22 원수가 그에게서 강탈하지 못하며

악한 자가 그를 곤고하게 못하리로다.

23 내가 그의 앞에서 그 대적들을 박멸하며

그를 미워하는 자들을 치려니와

24 나의 성실함과 인자함이 그와 함께 하리니

내 이름으로 말미암아 그의 뿔이 높아지리로다.

25 내가 또 그의 손을 바다 위에 놓으며

오른손을 강들 위에 놓으리니

26 그가 내게 부르기를

'주는 나의 아버지시요, 나의 하나님이시요,

나의 구원의 바위시라' 하리로다.

27 내가 또 그를 장자로 삼고

세상 왕들에게 지존자가 되게 하며

28 그를 위하여 나의 인자함을 영원히 지키고

그와 맺은 나의 언약을 굳게 세우며

29 또 그의 후손을 영구하게 하여

그의 왕위를 하늘의 날과 같게 하리로다.

30 만일 그의 자손이 내 법을 버리며

내 규례대로 행하지 아니하며

31 내 율례를 깨뜨리며

내 계명을 지키지 아니하면

32 내가 회초리로 그들의 죄를 다스리며

채찍으로 그들의 죄악을 벌하리로다.

33 그러나 나의 인자함을 그에게서 다 거두지는 아니하며

나의 성실함도 폐하지 아니하며

34 내 언약을 깨뜨리지 아니하고

내 입술에서 낸 것은 변하지 아니하리로다.

35 내가 나의 거룩함으로 한 번 맹세하였은즉

다윗에게 거짓말을 하지 아니할 것이라.

36 그의 후손이 장구하고

그의 왕위는 해 같이 내 앞에 항상 있으며

37 또 궁창의 확실한 증인인 달 같이

영원히 견고하게 되리라" 하셨도다. (셀라)

두 번째 단락(19-37절)은 이 시의 중심 단락으로서 하나님이 "주의 성도들"에게 주신 신탁을 기록한 내용이다. 19절의 "환상"(חָזוֹן, 하존: vision) 중에서 하나님의 말씀을 전달받은 "주의 성도들"은 나단과 다윗(삼하 7:17; 대상 17:15) 및 사무엘(삼상 16:12)을 가리킨다. 하나님이 환상 속에서 말씀하셨다는 사실은 다윗 왕조의 정당성을 강화한다. 19-20절은 다윗의 선택과 기름 부음에 관해 이야기한다(삼상 16:1-13). 21-25절은 하나님이 직접 세우신 왕이자 종인 다윗을 위해 행하신 일들을 자세히 알려준다. 또한 하나님은 다윗과 함께하시면서 그를 강하게 하셨다(21절). 또한 적들이 다윗을 강탈하지 못하게 하셨으며(22절),

다윗 앞에서 대적들을 박멸하셨다(23절). 이처럼 하나님은 성실함과 인자함으로 다윗을 존귀하게 하셨고(24절), 다윗의 손에 주변 나라를 맡기셨다(25절).

26-27절은 하나님이 전하시는 신탁의 중심에 해당된다. 이 구절은 언약의 당사자들이 돌아가면서 말하는 "언약의 선언"과도 같다. 다윗은 하나님을 "나의 아버지", "나의 하나님", "나의 구원의 바위"라고 부른다(26절). 이 세 표현은 다윗이 하나님을 전적으로 의지하고 있음을 보여준다. 하나님은 다윗을 "장자"로 삼으시고 세상의 왕들 가운데 "최고의 왕" 곧 "지존자"로 높이신다(27절). 하나님은 다윗을 "장자"(בְּכֹר, 베코르)로 세우시며 그 누구보다 특별하게 생각하시고 "지존자"(עֶלְיוֹן, 엘욘)로 삼으셔서 다른 세상 왕들과는 질적으로 다르게 대우해주신다.

28-34절은 앞선 언약의 선언을 좀 더 자세히 풀어주고 있다. 언약의 기간은 영구적이다(28절). 29절의 "하늘의 날과 같이"(כִּימֵי שָׁמָיִם, 키메 샤마임)라는 표현은 구약성경에서 오직 이곳에만 나온다. 이는 37절에 기록된 것과 같이 "끝없는 시간"을 의미한다. 따라서 다윗 왕조는 영원히 지속될 것이다. 왜냐하면 하나님의 언약은 영원한 언약이기 때문이다. 그러나 언약을 위반하면 "회초리"와 "채찍" 같은 "일시적인 처벌"이 주어질 것이다(30-32절). 그럼에도 불구하고 "하나님의 인자함"과 "하나님의 성실함"은 소진되지 않을 것이다(33-34절). 하나님의 언약이 잠시 중단된 것처럼 보일 수도 있지만 그 언약은 근본적으로 변치 않는다(삼하 7:12-15). 하나님은 "당신의 거룩함"에 기초하여 다윗 및 그의 후손과 맺은 언약을 영원히 지키실 것이다(35-37절). 하나님은 당

신의 입으로 하신 구두 약속(34절)을 맹세로 바꾸어 강조하고 확고히 하신다(35절). 그렇기 때문에 어떤 일이 있어도 다윗 왕조는 영원히 지속될 것이다.

3) 하나님을 향한 탄원(38-51절)

38 그러나 주께서 주의 기름 부음 받은 자에게 노하사
물리치셔서 버리셨으며
39 주의 종의 언약을 미워하사
그의 관을 땅에 던져 욕되게 하셨으며
40 그의 모든 울타리를 파괴하시며
그 요새를 무너뜨리셨으므로
41 길로 지나가는 자들에게 다 탈취를 당하며
그의 이웃에게 욕을 당하나이다.
42 주께서 그의 대적들의 오른손을 높이시고
그들의 모든 원수들은 기쁘게 하셨으나
43 그의 칼날은 둔하게 하사
그가 전장에서 더 이상 버티지 못하게 하셨으며
44 그의 영광을 그치게 하시고
그의 왕위를 땅에 엎으셨으며
45 그의 젊은 날들을 짧게 하시고
그를 수치로 덮으셨나이다. (셀라)
46 여호와여,

언제까지니이까? 스스로 영원히 숨기시리이까?

주의 노가 언제까지 불붙듯 하시겠나이까?

47 나의 때가 얼마나 짧은지 기억하소서.

주께서 모든 사람을 어찌 그리 허무하게 창조하셨는지요?

48 누가 살아서 죽음을 보지 아니하고

자기의 영혼을 스올의 권세에서 건지리이까? (셀라)

49 주여,

주의 성실하심으로 다윗에게 맹세하신 그 전의 인자하심이

어디 있나이까?

50 주는 주의 종들이 받은 비방을 기억하소서.

많은 민족의 비방이 내 품에 있사오니

51 여호와여,

이 비방은 주의 원수들이

주의 기름 부음 받은 자의 행동을 비방한 것이로소이다.

세 번째 단락(38-51절)은 하나님을 향한 고발(38-45절)과 탄원조의 질문(46-51절)으로 구성되어 있다. 하나님의 신탁(19-37절)은 이미 지나간 과거의 일이 되어 버렸다. 지금은 그때와 다른 절망적인 상황이다. 시인은 하나님의 구원 약속과 상반된 심판의 상황에 직면해 있다. 하나님의 기름 부음 받은 자는 그분께 버림받았고(38절) 언약은 파기되었다(39절). 또한 국가의 요새는 폐허가 되었으며(40절) 이웃 나라의 조롱거리가 되었다(41절). 심지어 대적들에게 굴복하고(42절) 전쟁에서 패배했으며(43절) 왕국은 무너졌고(44절) 수치로 가득하게 되었다(45절).

계속해서 탄원조의 질문이 이어진다. "하나님, 언제까지 숨어 계시렵니까? 영원토록입니까?"(46절) 시인은 하나님의 진노가 속히 끝나기를 간절히 소망한다. 그는 인생이 매우 짧다는 사실을 주께서 기억하시기를 원한다(47절). 잠시 이 땅에 살다가 죽을 인간의 입장에서 다음과 같이 생각해본다. "회복의 날이 언제 올까? 혹여 내가 죽음을 맞이한 이후에나 그날이 도래하지 않을까?"(48절) 시인은 하나님이 신탁을 통해 굳게 약속하시고(24절) 맹세하신(33절) "주의 성실하심과 인자하심이 도대체 어디에 있느냐?"고 따지듯이 묻는다(49절).

시인은 주께서 기름 부음을 받은 자에게 내리시는 고난과 수치에 대해 탄식하며 시를 마무리한다(50-51절). 하나님의 통치와 다윗 왕조는 하나로 묶여 있기 때문에 그들이 당하는 수치는 곧 하나님의 수치다. 그래서 "주의 원수들이 주의 기름 부음 받은 자의 행동을 비방한 것이로소이다"라고 말한다. 시인은 주의 종들이 당하는 모욕을 꼭 기억해달라고 간청한다. 이 시는 시편 88편처럼 명확한 해결책이 제시되지 않은 채 끝난다. 당혹감과 상처가 해소되지 않고 그대로 남아 있다. 시편집 제3권(73-89편)은 놀랍게도 하나님이 이스라엘을 버리심으로 마무리되는 두 개의 시편(88편과 89편)으로 끝난다.

4) 하나님을 향한 종결 찬양(52절)

52 여호와를 영원히 찬송할지어다. 아멘, 아멘.

이 시의 마지막 단락(52절)은 하나님에 대한 종결 찬양이다. 시편 89편의 종결 찬양은 시편 제3권을 마감하는 역할을 한다. 이 구절은 아마도 다섯 권의 시편집으로 편집될 때 추가되었을 것이다.

4. 메시지

이 시는 다윗 언약에 충실하신 하나님을 향한 찬양으로 시작하지만, 결국 다윗 왕조의 패망을 목도하게 된 기름 부음 받은 이의 탄식으로 끝난다. 국가적 재앙에 직면한 시인은 하나님께 잔인하리만큼 솔직한 태도로 질문한다. 그는 역사 속에 나타난 하나님의 행동 방식이 잘 이해되지 않는다. 그렇지만 하나님에 대한 믿음을 포기하지는 않는다. 시인은 하나님의 정의에 대항하여 일어나 그분의 침묵과 부재의 이유를 따져 물었다. 그러나 그 분노는 "믿음 안에서" 발생한 것이지 "믿음 밖에서" 일어난 것이 아니었다. 이 시는 우리에게 어떤 상황에서도 하나님과의 대화를 멈추지 말라고 가르친다. 심지어 하나님이 완전히 떠나버리신 것처럼 여겨지는 순간에도 계속 대화하라고 권면한다. 우리는 시인의 권고대로 "하나님이 없어"(ohne Gott) 보이는 상황에서도 "하나님 앞에"(vor Gott) 나아가 "하나님께"(zu Gott) 끊임없이 말을 걸어야 한다.

90편

지혜로운 마음:

"우리에게 우리 날 계수함을 가르치사"

1. 양식

시편 90편은 "공동체 탄원시"(psalm of a communal lament)로 분류될 수 있다. 또한 이 시는 모세와 관련된 유일한 시편으로서, 인생의 덧없음과 무상함을 탄원하는 내용을 담고 있다.

2. 구조

1) 1-2절: 영원한 창조주이신 하나님에 대한 신뢰
2) 3-10절: 덧없는 인생에 대한 탄원
3) 11-12절: 지혜로운 마음을 바라는 간구
4) 13-17절: 하나님의 은혜를 바라는 간구

3. 내용

1) 영원한 창조주이신 하나님에 대한 신뢰(1-2절)

1 주여,
주는 대대에 우리의 거처가 되셨나이다.
2 산이 생기기 전,
땅과 세계도 주께서 조성하시기 전,
곧 영원부터 영원까지
주는 하나님이시니이다.

이 단락에서 시인은 영원한 창조주이신 하나님에 대한 신뢰를 고백한다. 1절에 따르면 하나님은 태고부터 지금까지 변함없이 백성들의 "거처"(מָעוֹן, 마온: 피난처)가 되어주셨다.

> 주는 내가 항상 **피하여 숨을**(마온: 피난처) 바위가 되소서.
> 주께서 나를 구원하라 명령하셨으니
> 이는 주께서 나의 반석이시요,
> 나의 요새이심이니이다(시 71:3).

하나님은 "세상" 곧 "산들"(הָרִים, 하림), "땅"(אֶרֶץ, 에레츠), "세계"(תֵּבֵל, 테벨)가 창조되기 전 영원부터 영원까지 이미 존재하셨다(2절). 따라서 하나님의 위엄과 지혜는 그분이 유일하신 신(神)으로서 이전부터 살아 계시면서 아무도 알 수 없는 신비로 가려진 태고의 사건을 목격하신 독보적 증인이라는 점에서 더욱 명백해진다(욥 38:4b). 이 구절은 이스라엘의 하나님이 전 세계를 뛰어넘는 주권과 영원성을 지닌 분이심을 고백한다.

2) 덧없는 인생에 대한 탄원(3-10절)

> 3 주께서 사람을 티끌로 돌아가게 하시고
> 말씀하시기를
> "너희 인생들은 돌아가라" 하셨사오니
> 4 주의 목전에는 천 년이 지나간 어제 같으며

밤의 한 순간 같을 뿐임이니이다.

5 주께서 그들을 홍수처럼 쓸어가시나이다.

그들은 잠깐 자는 것 같으며

아침에 돋는 풀 같으니이다.

6 풀은 아침에 꽃이 피어 자라다가

저녁에는 시들어 마르나이다.

7 우리는 주의 노에 소멸되며

주의 분내심에 놀라나이다.

8 주께서 우리의 죄악을

주의 앞에 놓으시며

우리의 은밀한 죄를

주의 얼굴 빛 가운데에 두셨사오니

9 우리의 모든 날이 주의 분노 중에 지나가며

우리의 평생이 순식간에 다하였나이다.

10 우리의 연수가 칠십이요, 강건하면 팔십이라도

그 연수의 자랑은 수고와 슬픔뿐이요,

신속히 가니 우리가 날아가나이다.

3-10절은 덧없는 인생에 대한 탄원이다. 단락의 전반부(3-6절)는 창조주와 피조물의 관계를 다루고, 후반부(7-10절)는 거룩하신 분과 죄인의 관계를 묘사한다. 전반부에서는 "하나님의 무제한성"(무시간성/영원성)과 "인간의 제한성"(시간성/순간성)이 서로 대조된다. 창조주 하나님은 "사람"(אֱנוֹשׁ, 에노쉬)이 티끌로 돌아가고 "인생들"(בְּנֵי־אָדָם, 베네-아담)

도 죽음으로 돌아가도록 만드셨다(3절). "베네-아담"은 "비천한 자"를 뜻한다.

> 귀(베네 이쉬: 고귀한 자) **천**(베네 아담: 천한 자) 빈부를 막론하고
> 다 들을지어다(시 49:2).

> 아, 슬프도다. **사람**(베네-아담: 천한 자)은 입김이며
> 인생(베네 이쉬: 고귀한 자)도 속임수이니
> 저울에 달면 그들은 입김보다 가벼우리로다(시 62:9).

> 하나님에게 천 년은 지나간 어제나 밤의 한순간 같을 뿐이다(4절).
> 사랑하는 자들아, **주께는 하루가 천 년 같고 천 년이 하루 같다**는 이 한 가지를 잊지 말라(벧후 3:8).

"영원하신 하나님"과 대조적으로 "인생"은 "잠깐 자는 것"이나 "풀"과 같다(5절). 인생은 아침에 피었다가 저녁에 시드는 풀처럼 한순간에 사라져버린다(6절). 인간은 영원히 존속하는 하나님에 비하면 "하루살이" 존재에 불과하다. 이처럼 하나님의 무한한 시간과 인간의 유한한 시간이 극명한 대조를 이룬다.

후반부(7-10절)는 거룩하신 하나님과 죄인인 인간 사이의 관계를 묘사한다. 7-8절은 "죄의 삯은 사망"(롬 6:23)이라는 신약 말씀의 구약 버전이다. 왜 인간의 삶은 갑자기 사라지고 마는가? 인간의 죄로 인한 하나님의 진노 때문이다(7절).

모든 것을 아시는 하나님은 인간의 숨은 죄를 낱낱이 알고 계신다(8절). 인간은 본래 죽을 수밖에 없는 "사멸성"(mortality)과 "도덕성"(morality)의 문제를 지닌 존재다. 결국 죄를 지은 인간의 모든 날은 하나님의 진노 중에 순식간에 지나가며 인간의 한평생은 한숨처럼 사라진다(9절).

모든 인간은 죽음으로 이끄는 사멸성(死滅性)과 도덕적인 문제를 일으키는 죄성(罪性)으로 인해 단명하게 된다(10절). 천수를 누리더라도 인생은 수고와 고난으로 가득하며, 세월이 날아가듯이 모든 날도 금방 사라져 버린다.

진실로 **각 사람은 그림자 같이 다니고**
헛된 일로 소란하며 재물을 쌓으나
누가 거둘는지 알지 못하나이다(시 39:6).

칠십이나 팔십은 당시 평균 수명이 아니라, 특별한 사람에게만 주어지는 상한선의 기간인 "천수"(天壽)를 의미한다.

3) 지혜로운 마음을 바라는 간구(11-12절)

11 누가 주의 노여움의 능력을 알며
누가 주의 진노의 두려움을 알리이까?
12 우리에게 우리 날 계수함을 가르치사
지혜로운 마음을 얻게 하소서.

11-12절은 하나님께 지혜로운 마음을 달라고 간구하는 내용이다. 이 구절은 시의 중심에 해당된다. "누가 주의 노여움의 능력을 알며 누가 주의 진노의 두려움을 알리이까?"라는 수사의문문은 하나님에 대한 인간의 지식이 부족함을 드러냄으로써 인간에게 지혜가 필요하다는 사실을 암시한다.

백성들은 날수를 세는 것을 알게 됨으로써 지혜로운 마음을 얻을 수 있게 해달라고 간구한다(12절). 여기서 "지혜로운 마음"(לְבַב־חָכְמָה, 레바브 호크마)은 인생무상과 자신의 유한함을 인식하는 것이다. 이 시의 핵심 부분인 12절에 이르면 덧없고 죄스러운 인생에 대한 성찰(3-10절)이 주님이 현존하시는 복된 삶에 대한 간청(13-17절)으로 전환된다.

4) 하나님의 은혜를 바라는 간구(13-17절)

13 여호와여,

돌아오소서. 언제까지니이까?

주의 종들을 불쌍히 여기소서.

14 아침에 주의 인자하심이 우리를 만족하게 하사

우리를 일생 동안 즐겁고 기쁘게 하소서.

15 우리를 괴롭게 하신 날수대로와

우리가 화를 당한 연수대로

우리를 기쁘게 하소서.

16 주께서 행하신 일을 주의 종들에게 나타내시며

주의 영광을 그들의 자손에게 나타내소서.

17 주 우리 하나님의 은총을 우리에게 내리게 하사
우리의 손이 행한 일을 우리에게 견고하게 하소서.
우리의 손이 행한 일을 견고하게 하소서.

13-17절에서 시인은 하나님의 은혜를 바라며 간구한다. 이 단락을 보면 백성들은 오랫동안 곤란한 상황을 겪고 있는 것으로 추정된다. 그들은 이제 하나님이 돌아오시기만을 간구한다(13절). 왜냐하면 하나님은 인간을 허무함에서 구원하실 수 있는 유일한 분이기 때문이다.

그들은 아침마다 주의 인자하심으로 채워지기를 간구한다(14절). 아침은 하나님의 응답과 도움이 임하는 때다.

하나님이 그 성 중에 계시매
성이 흔들리지 아니할 것이라.
새벽에 하나님이 도우시리로다(시 46:5).

아침에 나로 하여금
주의 인자한 말씀을 듣게 하소서.
내가 주를 의뢰함이니이다.
내가 다닐 길을 알게 하소서.
내가 내 영혼을 주께 드림이니이다(시 143:8).

또한 아침은 밤의 재앙과 죽음이 물러나고 하나님의 생명력을 공급받는 시간이다.

백성은 그들이 겪은 고난의 기간만큼 기쁨의 시간이 오기를 갈망한다(15절). 자신의 후손들도 하나님이 행하시는 일을 직접 목도하기를 원한다(16절). 마지막으로 하나님의 은총으로 인해 자신들의 일이 견고하게 되기를 바란다(17절). 왜냐하면 하나님의 개입과 도움이 없이는 인간의 행위가 현실적으로 결실을 볼 수 없기 때문이다.

여호와께서 집을 세우지 아니하시면
세우는 자의 수고가 헛되며
여호와께서 성을 지키지 아니하시면
파수꾼의 깨어 있음이 헛되도다(시 127:1).

결국 죄 가운데 살다가 죽을 수밖에 없는 인간은 모름지기 하나님의 지혜 학교에서 늘 배우는 학생으로 살아야 한다. 하나님만이 주실 수 있는 "지혜로운 마음"은 자신의 한계를 아는 자에게 주어지는 상급이다. 또한 덧없고 나약한 인간의 한계를 정직하게 받아들이고 하나님이 언제든지 자신의 부족한 삶에 개입하실 수 있도록 그분을 향해 마음을 항상 열어두려는 태도를 갖춰야 한다. 이런 지혜로운 마음을 갖추면 절망적이고 덧없는 인생(3-10절)을 수용하고 더 나아가 하나님이 주시는 복된 삶(13-17절)을 바라보게 된다.

4. 메시지

이 시편을 처음 읽으면 엄청난 좌절감이 느껴진다. 하지만 자세히 들여다보면 확신과 소망으로 가득 찬 내용임을 알 수 있다. 인생은 눈 깜짝할 사이에 지나가고 삶은 고단하기 짝이 없다(시 90:9). 그럼에도 불구하고 무상한 인간은 영원하신 하나님 안에서만 진정한 삶과 희망을 발견할 수 있다(시 90:14). 오케스트라가 지휘자를 잘 따르면 아름다운 연주로 관객에게 감동을 줄 수 있지만 지휘자의 인도를 무시하면 듣기 싫은 소음만 만들어낼 가능성이 크다. 우리 삶도 마찬가지다. 지혜로운 삶은 하나님의 지휘를 잘 따르며 사는 것이다. 덧없는 인간이 진정한 존재의 의미를 찾기 위해서는 영원하고 거룩한 하나님과 연결되어야 한다.

> 15 그런즉 너희가 어떻게 행할지를 자세히 주의하여 지혜 없는 자 같이 하지 말고 오직 지혜 있는 자 같이 하여 16 세월을 아끼라. 때가 악하니라. 17 그러므로 어리석은 자가 되지 말고 **오직 주의 뜻이 무엇인가 이해하라**(엡 5:15-17).

왜냐하면 하나님의 축복만이 인생에 견고함을 더할 수 있기 때문이다. "지혜로운 마음"을 지닌 사람은 무상한 삶 속에서도 영원한 하나님의 현존을 경험함으로써 복된 삶을 누린다.

> 하나님께 가까이 함이 내게 복이라.

내가 주 여호와를 나의 피난처로 삼아

주의 모든 행적을 전파하리이다(시 73:28).

91편

신실한 자의 의심 없는 친밀감 유지:

“네 모든 길에서 너를 지키게 하심이라”

1. 양식

시편 91편은 "신뢰시"(psalm of trust)로 분류될 수 있다. 이 시는 하나님을 신뢰하는 사람이 다른 사람에게 하나님을 신뢰하라는 가르침을 전하는 독특한 형태를 지니고 있다.

2. 구조

1) 1-2절: 신뢰 고백(신뢰자의 목소리)
2) 3-13절: 구원 약속(증언자의 목소리)
3) 14-16절: 하나님의 신탁(하나님의 목소리)

3. 내용

1) 신뢰 고백(신뢰자의 목소리)(1-2절)

1 지존자의 은밀한 곳에 거주하며
전능자의 그늘 아래에 사는 자여,
2 나는 여호와를 향하여 말하기를
"그는 나의 피난처요, 나의 요새요,
내가 의뢰하는 하나님이라" 하리니

1-2절은 신뢰자의 목소리로 하나님을 신뢰한다는 고백을 전한다. 1절

은 신뢰를 고백하는 자를 소개하면서 그의 자격에 대해 언급한다. 그는 "지존자의 은밀한 곳"과 "전능자의 그늘" 아래에 사는 믿음의 사람이다. "지존자"(עֶלְיוֹן, 엘욘: The Most High)는 "지극히 높은 자"라는 뜻으로 하나님의 절대성을 강조하는 표현이다. "전능자"(שַׁדַּי, 샤다이: Almighty)는 하나님의 무한한 능력을 뜻한다. 지존자이자 전능자이신 야웨는 숨지 않으신다. 대신 신실한 자를 위해 "숨는 곳"(סֵתֶר, 세테르) 즉 "은밀한 장소"를 제공하신다.

이런 신뢰를 고백하는 시인은 하나님을 가리켜 "나의 피난처", "나의 요새", "내가 의뢰하는 하나님"이라고 칭한다(2절).

2) 구원 약속(증언자의 목소리)(3-13절)

3 이는 그가 너를 새 사냥꾼의 올무에서와
심한 전염병에서 건지실 것임이로다.
4 그가 너를 그의 깃으로 덮으시리니
네가 그의 날개 아래에 피하리로다.
그의 진실함은 방패와 손 방패가 되시나니
5 너는 밤에 찾아오는 공포와
낮에 날아드는 화살과
6 어두울 때 퍼지는 전염병과
밝을 때 닥쳐오는 재앙을 두려워하지 아니하리로다.
7 천 명이 네 왼쪽에서,
만 명이 네 오른쪽에서 엎드러지나

이 재앙이 네게 가까이 하지 못하리로다.

8 오직 너는 똑똑히 보리니

악인들의 보응을 네가 보리로다.

9 네가 말하기를

"여호와는 나의 피난처시라" 하고

지존자를 너의 거처로 삼았으므로

10 화가 네게 미치지 못하며

재앙이 네 장막에 가까이 오지 못하리니

11 그가 너를 위하여 그의 천사들을 명령하사

네 모든 길에서 너를 지키게 하심이라.

12 그들이 그들의 손으로 너를 붙들어

발이 돌에 부딪히지 아니하게 하리로다.

13 네가 사자와 독사를 밟으며

젊은 사자와 뱀을 발로 누르리로다.

3-13절은 증언자의 목소리로 하나님을 신뢰하는 자를 향한 구원의 약속을 들려준다. 그런데 이 단락에서는 인칭이 갑자기 바뀐다. 익명의 "1인칭"(나/I)이 "2인칭"(너/You)에게 구원을 약속한다. 아마도 이 1인칭은 1-2절의 신실한 자인 시인이고 2인칭은 9절의 또 다른 신실한 자로 보인다. 여기서 시인은 증언자로 나타난다. 이 단락은 3-8절, 9-13절 두 부분으로 나뉜다. 먼저 3-8절은 온갖 위험으로부터 신실한 자를 건지시는 하나님의 구원 행위를 묘사한다. 또한 9-13절은 천사들을 통해 신실한 자를 지키시는 하나님의 구원 행위를 진술한다.

하나님은 악인들이 숨겨 놓은 "올무"와 죽음의 위협을 암시하는 "심한 전염병"으로부터 신실한 자를 구원하실 것이다(3절). 하나님은 어미 새가 자신의 깃과 날개로 새끼 새를 보호하듯이(출 19:4; 신 32:11) 신실한 자를 돌보실 것이다(4a절). 또한 하나님의 진실함은 "방패와 손방패"같이 두려움에 떨고 있는 사람들을 보호하실 것이다(4b절). 시편 89편의 시인은 하나님의 "성실하심"(אֱמוּנָה, 에무나)을 의심했으나("주여, 주의 성실하심으로 다윗에게 맹세하신 그 전의 인자하심이 어디 있나이까?", 시 89:49), 91편의 시인은 하나님의 "진실함"(אֱמֶת, 에메트)을 믿어 의심치 않는다(4절).

5-6절은 중첩된 위험을 묘사한다. "밤의 공포"(5a절), "낮의 화살"(5b절), "어둠의 전염병"(6a절), "대낮의 재앙"(6b절)이 언급된다. 이는 하루 중 어느 때라도 일어날 수 있는 위험으로서 인생의 위험에 대한 포괄적인 진술이다. 하지만 온갖 위험한 것들도 신실한 자들을 두렵게 만들 수는 없다.

7-8절에 따르면 신실한 자는 죽음의 전쟁 한복판에서도 기적적인 방식으로 생존할 수 있다. 천 명, 만 명이 죽임을 당하는 피비린내 나는 전쟁터에서도 신실한 자는 안전할 것이다(7절). 이들은 안전한 곳에서 "악인들의 보응"을 보게 될 것이다(8절).

9절에서는 이 단락(3-13절)의 "2인칭"(너/You)의 정체가 드러난다. 이 사람은 "여호와를 피난처"로, "지존자를 거처"로 삼는 자다. 1-2절에 등장하는 "하나님을 신뢰하는 시인"처럼 하나님을 믿는 "또 다른 신실한 자"다. 즉 하나님의 은혜를 이미 경험한 신실한 자(시인)가 현재 곤경에 처한 또 다른 신실한 자에게 하나님을 증언하고 있다.

또한 10-13절을 보면, 야웨는 한 걸음 더 나아가 천사를 파견하신다. 이 천사는 신실한 자가 생명의 길에 이르기까지 보호하고 구원해야 할 의무를 부여받았다. 그렇기 때문에 어떤 화와 재앙도 신실한 자를 엄습하지 못할 것이다(10절).

하나님의 보호하심은 성소라는 특정 장소에 제한되지 않고, 하나님의 백성이 움직이는 모든 삶 속("네 모든 길에서")에서 멈춤 없이 작동된다(11절). 하나님은 천사들을 통해 신실한 자를 보호하신다.

> 여호와의 천사가 주를 경외하는 자를 둘러 진 치고
> 그들을 건지시는도다(시 34:7).

> 그들의 모든 환난에 동참하사
> 자기 앞의 사자로 하여금 그들을 구원하시며
> 그의 사랑과 그의 자비로 그들을 구원하시고
> 옛적 모든 날에 그들을 드시며 안으셨으나(사 63:9).

신실한 자는 천사들의 호위를 받아 돌과 충돌하는 일을 피할 수 있을 것이다(12절). 그리고 결국 "사자와 독사" 및 "젊은 사자와 뱀"으로 대표되는 모든 위험과 두려운 위협을 극복하고 굳게 설 것이다(13절).

3) 하나님의 신탁(하나님의 목소리)(14-16절)

14 (하나님이 이르시되)

"그가 나를 사랑한즉 내가 그를 건지리라.

그가 내 이름을 안즉 내가 그를 높이리라.

15 그가 내게 간구하리니 내가 그에게 응답하리라.

그들이 환난 당할 때에 내가 그와 함께 하여

그를 건지고 영화롭게 하리라.

16 내가 그를 장수하게 함으로 그를 만족하게 하며

나의 구원을 그에게 보이리라" 하시도다.

14-16절은 신실한 자에게 하나님의 목소리로 전하는 구원의 약속이다. 14절의 "하나님이 이르시되"라는 표현은 히브리어 원문에 기록되어 있지 않다. 이 첨언은 단락의 주어인 "나(I)"가 시편 저자가 아닌 하나님임을 명시해준다. 하나님은 신실한 자가 "그분의 이름을 알고 사랑을 고백하며 간구할 때" 응답하신다(14-15절). 여기서 하나님의 응답은 "건지리라", "높이리라", "응답하리라", "영화롭게 하리라" "만족하게 하며" "구원을 보이리라"는 여러 가지 동사로 표현된다. 이렇게 동사를 반복 사용한 것은 하나님의 구원 신탁을 강조하기 위함이다. 하나님은 신실한 자들을 구원하고 보호하실 뿐만 아니라 그들에게 인생의 충만함과 인생의 행복을 주시겠다고 약속하신다. 구조와 주제로 볼 때 이 단락의 핵심은 "야웨의 함께하심"(עִמָּנוּ אֵל, 임마누엘)으로서, 중앙에 위치한 "환란 당할 때에 내가 그와 함께 하여"라는 표현이 이를 잘 드러내고 있다.

4. 메시지

시인은 인생의 길을 걷다가 절망적이고 위험한 순간을 만나더라도 하나님의 보호하심을 확신하며 증언하라고 가르친다. 그러나 그의 확신에 찬 태도는 신앙을 미신적인 방향으로 왜곡시킬 위험성이 있다. 이런 위험성은 신약성경에도 소개된 바 있다. 사탄은 이 구절을 인용하면서 예수님을 시험한다.

> 5 이에 마귀가 예수를 거룩한 성으로 데려다가 성전 꼭대기에 세우고
> 6 이르되 "네가 만일 하나님의 아들이어든 뛰어내리라." 기록되었으되
> "그가 너를 위하여 그의 사자들을 명하시리니
> 그들이 손으로 너를 받들어
> 발이 돌에 부딪치지 않게 하리로다" 하였느니라.
> 7 예수께서 이르시되 또 기록되었으되
> "주 너의 하나님을 시험하지 말라" 하였느니라 하시니(마 4:5-7).

사탄은 시험을 통해 하나님의 자유로운 주권을 개인적인 의지로 변질시키려고 했다. 진정한 신앙인은 하나님을 시험하거나 그분의 신실하심을 증명하려고 하지 않는다. 신실한 자는 당장 기도 응답을 받지 못하더라도 "하나님이 나와 함께하신다"라는 믿음을 붙잡고 산다.

> 내 안에 거하라. 나도 너희 안에 거하리라. 가지가 포도나무에 붙어 있지 아니하면 스스로 열매를 맺을 수 없음 같이 너희도 내 안에 있지 아니하

면 그러하리라(요 15:4).

“사랑하고 이름을 알며 간구하는” 삶을 살면서 “하나님과의 친밀감”을 소망하다 보면, 지존자이자 전능자이시며 어미 새와 같으신 하나님의 개입이 시작될 것이다.

92편

악인을 낮추시고 의인을 높이시는 역전의 하나님:

"여호와의 집에 심겼음이여"

1. 양식

시편 92편은 "개인 감사시"(psalm of an individual thanksgiving)로 분류될 수 있다. 이 시는 적들의 패배를 이끌어내신 야웨의 구원 행위를 감사하는 노래로서, 안식일과 관련된 표제를 지닌 유일한 시편이다.

2. 구조

1) 1-5절: 하나님의 일반적인 구원 행위에 대한 찬양
2) 6-9절: 악인들에 대한 하나님의 심판
3) 10-15절: 하나님의 특별한 구원에 대한 감사

3. 내용

1) 하나님의 일반적인 구원 행위에 대한 찬양(1-5절)

1-3 지존자여,
십현금과 비파와 수금으로 여호와께 감사하며
주의 이름을 찬양하고 아침마다 주의 인자하심을 알리며
밤마다 주의 성실하심을 베풂이 좋으니이다.
4 여호와여,
주께서 행하신 일로 나를 기쁘게 하셨으니
주의 손이 행하신 일로 말미암아 내가 높이 외치리이다.

5 여호와여,

주께서 행하신 일이 어찌 그리 크신지요?

주의 생각이 매우 깊으시니이다.

이 단락에서 시인은 하나님이 행하신 일반적인 구원의 행위를 찬양한다. 참고로 우리말 성경에서는 1-3절이 함께 묶여 있어서 절(節) 구분이 잘 안 된다. 시인은 온갖 악기들(십현금, 비파와 수금)을 동원하여 하나님이 행하신 구원에 감사를 드리고 그분의 이름을 찬양한다. 또한 그는 아침마다 하나님의 인자하심을, 저녁마다 하나님의 성실하심을 알린다. "아침과 저녁" 곧 하루 종일 하나님의 은혜를 전한다. 여기서 "인자하심"(חֶסֶד, 헤세드)은 하나님이 백성을 대하시는 자세(많은 은혜를 베푸심)를, "성실하심"(אֱמוּנָה, 에무나)은 이 자세의 지속성(꾸준하심)을 강조한다. 여기서 시인은 "감사"하며 "찬양"하고 "알리는" 행위를 통해 주의 성실하심이 "좋다"(טוֹב, 토브)고 고백한다.

우리말 성경에는 생략되었지만 4절은 이유를 나타내는 접속사 "키"(כִּי: "왜냐하면")로 시작된다. 시인은 감사하고 찬양하는 것이 왜 좋은지를 설명한다. 4절의 "주께서 행하신 일"은 앞 절에 나오는 주의 인자하심과 성실하심을 가리킨다. 시인이 찬양하는 이유는 하나님께서 인자하심과 성실하심으로 자신을 기쁘게 하셨기 때문이다. 그는 주의 손이 행하신 일들로 인해 기뻐 외친다.

시인의 구체적인 찬양 내용은 5절에 소개된다. 그는 하나님의 행동이 너무나 위대하며 그분의 의도가 매우 심오하다고 외친다. 하나님의 계획은 인간이 감히 다 헤아릴 수 없다.

7 악인은 그의 길을,

불의한 자는 그의 생각을 버리고 여호와께로 돌아오라.

그리하면 그가 긍휼히 여기시리라.

우리 하나님께로 돌아오라.

그가 너그럽게 용서하시리라.

8 "이는 내 생각이 너희의 생각과 다르며

내 길은 너희의 길과 다름이니라."

여호와의 말씀이니라.

9 "이는 하늘이 땅보다 높음 같이

내 길은 너희의 길보다 높으며

내 생각은 너희의 생각보다 높음이니라"(사 55:7-9).

깊도다. 하나님의 지혜와 지식의 풍성함이여,

그의 판단은 헤아리지 못할 것이며

그의 길은 찾지 못할 것이로다(롬 11:33).

2) 악인들에 대한 하나님의 심판(6-9절)

6 어리석은 자도 알지 못하며

무지한 자도 이를 깨닫지 못하나이다.

7 악인들은 풀 같이 자라고

악을 행하는 자들은 다 흥왕할지라도

영원히 멸망하리이다.

8 여호와여,

주는 영원토록 지존하시니이다.

9 여호와여,

주의 원수들은 패망하리이다.

정녕 주의 원수들은 패망하리니

죄악을 행하는 자들은 다 흩어지리이다.

6-9절에서 시인은 악인들에 대한 하나님의 심판을 진술한다. 어리석은 자와 무지한 자는 하나님의 심오한 뜻을 알지 못한다(6절). 하나님의 행하심은 이런 자들에게 철저히 감추어져 있다.

7절에서는 악인들의 운명이 언급된다. 현재 성공을 거두고 있지만 그들에겐 미래가 없다. 근동의 여름 햇볕은 너무나 강렬하여 아침에 싹튼 식물이 낮에 말라버리고 곧 타서 사라진다. 악인들도 이와 비슷하게 일시적으로 왕성하게 자라고 흥왕할지라도 순식간에 영원히 멸망할 것이다.

높은 곳에 계신 하나님은 영원토록 지존하시기 때문에 악인들을 결코 좌시하지 않고 그들의 미래를 허용하시지 않는다(8절). 주께서 영원히 다스리신다는 것은 일시적으로 잘 나가는 악인들이 언젠가 졸지에 멸망할 것이라는 뜻이다.

이 세상의 악인들은 하나님의 원수이기도 하다(9절). 하나님의 원수들은 때가 되면 하나님의 심판을 받아 모두 흩어질 것이다.

3) 하나님의 특별한 구원에 대한 감사(10-15절)

10 그러나 주께서 내 뿔을 들소의 뿔 같이 높이셨으며

내게 신선한 기름을 부으셨나이다.

11 내 원수들이 보응 받는 것을 내 눈으로 보며 일어나

나를 치는 행악자들이 보응 받는 것을 내 귀로 들었도다.

12 의인은 종려나무 같이 번성하며

레바논의 백향목 같이 성장하리로다.

13 이는 여호와의 집에 심겼음이여,

우리 하나님의 뜰 안에서 번성하리로다.

14 그는 늙어도 여전히 결실하며

진액이 풍족하고 빛이 청청하니

15 여호와의 정직하심과 나의 바위 되심과

그에게는 불의가 없음이 선포되리로다.

10-15절은 하나님의 특별한 구원에 대해 감사하는 내용이다. 10절의 "뿔"은 힘을 상징한다.

한나가 기도하여 이르되

"내 마음이 여호와로 말미암아 즐거워하며

내 뿔이 여호와로 말미암아 높아졌으며

내 입이 내 원수들을 향하여 크게 열렸으니

이는 내가 주의 구원으로 말미암아 기뻐함이니이다"(삼상 2:1).

4 내가 오만한 자들에게 오만하게 행하지 말라 하며

악인들에게 **뿔**을 들지 말라 하였노니

5 너희 **뿔**을 높이 들지 말며

교만한 목으로 말하지 말지어다(시 75:4-5).

"뿔을 높여주는 것"은 생명력을 회복시킨다는 뜻이다. "신선한 기름을 붓는 것"은 승리의 축제가 벌어질 때 하는 행위 중 하나로서, 여기서는 변화된 상황을 상징하는 표현으로 쓰였다.

주께서 내 원수의 목전에서

내게 상을 차려 주시고

기름을 내 머리에 부으셨으니

내 잔이 넘치나이다(시 23:5).

왕은 정의를 사랑하고 악을 미워하시니

그러므로 하나님 곧 왕의 하나님이 **즐거움의 기름을 왕에게 부어**

왕의 동료보다 뛰어나게 하셨나이다(시 45:7).

바닥에 누워 있었던 자가 다시 일어나 당당히 걸을 수 있게 되었다. 하나님은 억울하게 당한 백성들 앞에서 보란 듯이 그들의 원수를 처벌하신다(11절).

악인은 풀같이 흥왕하지만 의인은 종려나무와 백향목처럼 번성한다(12절). 성경에서 의인은 나무로 비유되곤 한다.

그는 시냇가에 심은 **나무**가
철을 따라 열매를 맺으며
그 잎사귀가 마르지 아니함 같으니
그가 하는 모든 일이 다 형통하리로다(시 1:3).

그러나 나는 하나님의 집에 있는 **푸른 감람나무** 같음이여,
하나님의 인자하심을 영원히 의지하리로다(시 52:8).

7 그러나 무릇 여호와를 의지하며
여호와를 의뢰하는 그 사람은 복을 받을 것이라.
8 그는 물 가에 심어진 **나무**가 그 뿌리를 강변에 뻗치고
더위가 올지라도 두려워하지 아니하며
그 잎이 청청하며 가무는 해에도 걱정이 없고
결실이 그치지 아니함 같으리라(렘 17:7-8).

악인은 잠시 번성하다가 순식간에 사라지지만, 의인은 차원이 다른 번성을 누리며 오랫동안 생명을 누릴 것이다. 종려나무와 백향목은 생산성과 안정성을 상징한다.

이 나무들은 예루살렘 성전 안에 있는 하나님의 뜰에 뿌리를 내리고 번성한다(13절). 하나님의 임재가 식물이 성장하고 번성하는 데 필요한 자양분이 된 것이다. 의인들은 이런 은혜를 입어 생산적인 미래를 누릴 것이다(14절). 나이가 들어도 계속 번성하여 기름지고 싱싱한 상태를 유지하면서 "하나님은 정직하시고 나의 바위가 되시며 그분에

게는 불의가 없다"는 사실을 전할 것이다(15절). 하나님은 의인들에게 견고함과 받침대를 제공하는 "바위"(צוּר, 추르: 반석)가 되어주시기 때문이다.

4. 메시지

하나님의 주권적 다스림은 우주와 역사 속에서뿐만 아니라 한 개인의 삶 속에서도 확증된다. 이것이 바로 시편 92편이 우리에게 주는 교훈이다. 악인들은 늘 존재하며 심지어 행복한 삶을 영위하곤 한다. 그러나 단언컨대 그들의 종말은 멸망이다. 의인도 불행한 삶을 살 수 있다. 자주 발견되는 일이다. 그런데 악인과 의인의 뿌리는 확연히 다르다. 악인은 풀이지만 의인은 나무다. 따라서 우리가 "여호와의 집" 이나 "하나님의 뜰" 안에 머물고 있는가는 매우 중요한 문제다. 인생의 흥망성쇠는 야웨의 집에 그 뿌리를 두고 있는가 그렇지 않은가에 달려 있기 때문이다. "주의 성전이나 처소 안에" 있는 사람은 과거의 불행과 현재의 고단함이 있더라도 결국 미래의 소망을 향해 천천히 지속적으로 나아간다. 역전의 하나님을 믿는다면 그리고 야웨의 정의로우심을 믿는다면 정의로움을 포기해서는 안 된다. 왜냐하면 하나님은 불의를 허락하시지 않기 때문이다.

93편

혼돈의 문을 막아주시는 하나님:
"많은 물소리와 바다의 큰 파도보다 크니이다"

1. 양식

시편 93편은 "야웨 왕권시"(Yahweh-kingship psalm)로 분류된다. 이 시편의 시인은 야웨께서 왕으로서 이 세상을 다스리고 계심을 찬양한다. 참고로 "제왕시"(royal psalms)가 "인간 왕"에 관해 말한다면 야웨 왕권시는 "야웨 왕"에 대해 노래한다.

2. 구조

1) 1-2절: 야웨의 왕권에 대한 환호
2) 3-4절: 야웨의 전쟁과 승리에 대한 찬양
3) 5절: 야웨의 율법과 성전에 대한 찬양

3. 내용

1) 1-2절: 야웨의 왕권에 대한 환호

1 여호와께서 다스리시니 스스로 권위를 입으셨도다.
여호와께서 능력의 옷을 입으시며 띠를 띠셨으므로
세계도 견고히 서서 흔들리지 아니하는도다.
2 주의 보좌는 예로부터 견고히 섰으며
주는 영원부터 계셨나이다.

1-2절은 야웨의 왕권에 대한 환호를 표현한다. 1절의 "여호와께서 다스리시니"(יְהוָה מָלָךְ, 야웨 말라크)는 "여호와는 왕이시다"(Yahweh is king) 또는 "여호와가 왕이 되셨다"(Yahweh has become king)라는 뜻이다. 이 시의 첫 번째 구절은 야웨의 왕권 통치를 선언한다. 여기서 야웨는 세 가지를 입으셨다. 첫째, 야웨는 "권위"를 입으셨다. 둘째, 야웨는 "능력의 옷"을 입으셨다. 셋째, 야웨는 "띠"를 띠셨다. 옷은 계급, 신분, 자격을 상징하며 그 옷을 입은 자의 특성을 보여준다. 그런데 그 권위와 능력의 옷은 야웨 스스로 입으신 것이다. 그 누구도 하나님께 권위와 능력을 부여할 수 없기 때문이다.

1 내 영혼아, 여호와를 송축하라.
여호와 나의 하나님이여,
주는 심히 위대하시며
존귀와 권위로 옷 입으셨나이다.
2 주께서 옷을 입음 같이 빛을 입으시며
하늘을 휘장 같이 치시며(시 104:1-2).

공의를 갑옷으로 삼으시며
구원을 자기의 머리에 써서 투구로 삼으시며
보복을 속옷으로 삼으시며
열심을 입어 겉옷으로 삼으시고(사 59:17).

여기서 "옷을 입는 것"은 의식에 따른 예복을 입는 것이 아니라 전쟁

장비를 갖추는 행동으로 보인다.

> 이에 사울이 자기 군복을 다윗에게 입히고 놋 투구를 그의 머리에 씌우고 또 그에게 갑옷을 입히매(삼상 17:38).

특히 "띠를 띠다"는 표현은 악과 전쟁을 벌일 준비가 되었음을 나타낸다. 권위와 능력의 옷을 입고 띠를 띠신 하나님이 신적 전사(divine warrior)로서 세상을 다스리고 계시기 때문에 세상이 흔들림 없이 견고하게 존재할 수 있다. 창조주는 세상을 창조한 이후에도 그 세계의 "보존자"(conservatio)이자 "관리자"(gubernatio)로서의 역할을 수행하신다.

2절의 "보좌"(כִּסֵּא, 키세)는 "그 자리에 앉아 있는 왕의 권능"을 나타내는 상징이다. 하나님의 통치는 "예로부터" 그리고 "영원부터" 시작된 일이다. 하나님은 인간이 인식할 수 있는 과거보다 더 오랜 때부터 왕으로서 세상을 통치하고 계신다.

2) 야웨의 전쟁과 승리에 대한 찬양(3-4절)

> 3 여호와여,
> 큰 물이 소리를 높였고
> 큰 물이 그 소리를 높였으니
> 큰 물이 그 물결을 높이나이다.
> 4 높이 계신 여호와의 능력은
> 많은 물 소리와 바다의 큰 파도보다 크니이다.

3-4절은 야웨의 전쟁과 승리를 찬양한다. 이 단락은 야웨께서 창조의 질서를 파멸시키는 혼돈의 세력과의 싸움에서 승리하신 것을 묘사한다. 3절의 "큰 물", 4절의 "많은 물소리"와 "바다의 큰 파도"는 혼돈의 세력을 상징한다. 혼돈과 무질서가 창조주께 반역함으로써 하나님이 다스리시는 세상의 질서와 경계선을 위협한다(3절). 역사와 자연계의 흑암 세력들은 이처럼 계속 소음을 만들어내고 세상을 어지럽히며 어둡게 만든다.

그러나 "높이 계신 여호와의 능력"은 혼돈의 세력들보다 훨씬 더 강하다(4절). "높이 계신 여호와"는 모든 세상 위에 계신 하나님의 탁월성을 칭송하는 표현이다. 무질서가 아무리 수위를 높여도 하나님이 정하신 경계선을 위협할 수는 없다. 어떤 상황에서도 야웨의 왕권은 꿈쩍하지 않는다. 오히려 야웨 하나님은 높은 곳에 서신 채 무질서와 혼돈의 세력을 물리치신다.

3) 야웨의 율법과 성전에 대한 찬양(5절)

5 여호와여,
주의 증거들이 매우 확실하고
거룩함이 주의 집에 합당하니
여호와는 영원무궁하시리이다.

5절은 야웨의 "율법"과 "성전"에 대해 찬양한다. 율법과 성전은 이 땅에서 야웨를 대리(代理)한다. "주의 증거들"은 하나님의 의지를 표명한

"율법"을 가리킨다.

여호와의 율법은 완전하여
영혼을 소성시키며
여호와의 증거는 확실하여
우둔한 자를 지혜롭게 하며(시 19:7).

하나님의 율법은 매우 신실하다. "주의 집"(בֵּיתְךָ, 베트카: 성전)에 놓인 하나님의 보좌(2절)는 "높은 곳" 즉 "하나님의 산"에 자리하고 있다(4절). 신적인 왕은 그곳에서 공동체의 사회적이고 종교적인 생활을 규율하는 판결이나 법령을 선포한다. "거룩함"(קֹדֶשׁ, 코데쉬)이 하나님의 성전을 장식한다. 인간 통치자들과 달리 야웨 왕은 모든 타락으로부터 완전히 분리된 거룩하신 분이다. "절대 권력은 필경 부패할 수밖에 없다"는 말과는 달리 야웨 왕의 권력은 매우 신실하며 절대로 부패하지 않는다. "여호와는 영원무궁하시다"라는 표현은 시편의 전형적인 언어로서 무제한적 기간을 강조한다.

그가 생명을 구하매
주께서 그에게 주셨으니
곧 **영원한** 장수로소이다(시 21:4).

내 평생에 선하심과 인자하심이 반드시 나를 따르리니
내가 여호와의 집에 **영원히** 살리로다(시 23:6).

이 말씀처럼 야웨의 왕권 통치는 영원히 이어질 것이다.

4. 메시지

악한 세력은 끊임없이 으르렁대면서 세상을 두드려댄다. 혼돈은 우리 안으로 침투할 기회를 호시탐탐 노린다. 우리는 이토록 정신없는 세상 한복판에 놓여 있다. 이런 상황에서도 야웨를 찬양하고 그분의 통치를 선포하는 시인을 보면 현실과 동떨어져 사는 사람 같다. 그는 주변 상황에 아랑곳하지 않고 하나님이야말로 이 땅을 통치하시고 인생을 새롭게 하시는 왕이라고 외친다. 그의 말대로 야웨 하나님은 창조주인 동시에 이 세상의 관리자다. 창조주가 아니면 누가 이 창조된 질서를 온전히 보존할 수 있단 말인가! 오직 하나님만이 우리의 삶을 힘들고 지치게 하는 큰 물소리와 큰 파도를 잠재우실 수 있다. 우리는 혼돈의 세력을 잠잠케 하시는 하나님의 위대한 승리를 기념하면서 동시에 그 세력이 완전히 소멸되기를 기원한다. 하나님의 승리를 축하함과 동시에 우리에게 예비된 축복의 미래를 준비하는 것이다. 이처럼 그리스도인들은 예수의 부활을 통해 악이 정복되고 새로운 세상이 창조되는 광경을 본다.

94편

의인들의 정당한 호소인 복수의 기도:

"복수하시는 하나님이여, 빛을 비추어 주소서"

1. 양식

시편 94편은 "공동체 탄원시"(psalm of a communal lament)로 분류된다. 이 시는 승승장구하는 악인들로 인해 고통당하는 의인들이 정의의 하나님께 자신들을 대신하여 복수해달라고 탄원하는 내용을 담고 있다. 탄원자는 악인들이 반드시 심판받으리라는 확신을 갖고 있다.

2. 구조

1) 1-2절: 하나님을 향한 간구
2) 3-7절: 악인들로 인한 탄원
3) 8-11절: 악인들에게 주는 경고
4) 12-15절: 의인들을 위한 권면
5) 16-21절: 개인적인 탄원
6) 22-23절: 하나님에 대한 신뢰의 확신

3. 내용

1) 하나님을 향한 간구(1-2절)

[1] 여호와여,
복수하시는 하나님이여,
복수하시는 하나님이여,

빛을 비추어 주소서.

2 세계를 심판하시는 주여,

일어나사 교만한 자들에게 마땅한 벌을 주소서.

1-2절에서 시인은 하나님을 부르며 친히 교만한 자들을 심판해달라고 간구한다. 시인은 야웨를 "복수하시는 하나님"이라고 부른다(1절). "복수하시는 하나님"이라는 표현은 구약성경에서 오직 이곳에만 등장한다. "복수"는 어떤 일이 정상적인 법률 절차로 처리되지 못할 때 정의를 실현하기 위해 사용된 수단이었다. 그러나 인간이 섣불리 스스로 복수에 나서선 안 된다. 복수는 하나님이 하시는 일이다.

그들이 실족할 그 때에 **내가 보복하리라.**

그들의 환난날이 가까우니

그들에게 닥칠 그 일이 속히 오리로다(신 32:35).

너는 "악을 갚겠다" 말하지 말고

여호와를 기다리라.

그가 너를 구원하시리라(잠 20:22).

내 사랑하는 자들아, **너희가 친히 원수를 갚지 말고 하나님의 진노하심에 맡기라.** 기록되었으되 "원수 갚는 것이 내게 있으니 **내가 갚으리라**"고 주께서 말씀하시니라(롬 12:19).

게다가 하나님은 "이 세계(הָאָרֶץ, 하아레츠)를 심판하시는 주"가 되신다(2절). 시인은 이 땅의 "교만한 자들에게 마땅한 벌을 주소서"라고 간구한다. 하나님을 의지하지 않고 신 행세를 하며 사는 이에게 임하게 될 "마땅한 벌"은 그들의 행위에 대한 인과응보적 결과다.

2) 악인들로 인한 탄원(3-7절)

3 여호와여,
악인이 언제까지,
악인이 언제까지
개가를 부르리이까?
4 그들이 마구 지껄이며
오만하게 떠들며
죄악을 행하는 자들이 다 자만하나이다.
5 여호와여,
그들이 주의 백성을 짓밟으며
주의 소유를 곤고하게 하며
6 과부와 나그네를 죽이며
고아들을 살해하며
7 말하기를
"여호와가 보지 못하며
야곱의 하나님이 알아차리지 못하리라" 하나이다.

3-7절은 악인들의 오만함과 그들의 죄악으로 고통 받는 시인의 탄원이다. 이 단락은 심판을 통한 하나님의 개입이 필요한 이유를 설명한다. 이 세상에서는 악인들이 늘 승리하고 있는 것처럼 보인다. 그들은 하나님을 찬양하기는커녕 자신의 힘과 성공을 자랑하는 데 정신이 팔린 상태다(3-4절). 심지어 하나님의 통치를 무시하고 "하나님의 가족"인 "주의 백성"과 "주의 소유"를 짓밟는 일도 주저하지 않는다(5절).

악인들의 주된 희생자는 과부와 나그네 및 고아들이다(6절). 억울한 약자들의 울부짖음을 들어주시는 것은 하나님의 의무이기도 하다.

> 23 여러 해 후에 애굽 왕은 죽었고 이스라엘 자손은 고된 노동으로 말미암아 탄식하며 부르짖으니 그 고된 노동으로 말미암아 **부르짖는 소리가 하나님께 상달된지라.** 24 하나님이 그들의 **고통 소리를 들으시고** 하나님이 아브라함과 이삭과 야곱에게 세운 그의 언약을 기억하사 25 하나님이 이스라엘 자손을 돌보셨고 하나님이 그들을 기억하셨더라(출 2:23-25).

그러나 악인들은 그런 하나님이 존재하지 않는다고 여긴다(7절). 그들이 보기에 하나님은 이 땅의 일에 전혀 관여하지 않는 분이다. 그들은 "하나님 없이도 이 세상의 모든 것이 잘 돌아간다"(without God everything is possible)는 "실제적 무신론자"(practical atheist)의 가치관을 갖고 있다. 그런 까닭에 약자를 존중하지 않고(5-6절) 하나님을 존경하지도 않는다(7절).

3) 악인들에게 주는 경고(8-11절)

8 백성 중의 어리석은 자들아,

너희는 생각하라.

무지한 자들아,

너희가 언제나 지혜로울까?

9 귀를 지으신 이가 듣지 아니하시랴?

눈을 만드신 이가 보지 아니하시랴?

10 뭇 백성을 징벌하시는 이

곧 지식으로 사람을 교훈하시는 이가

징벌하지 아니하시랴?

11 여호와께서는

사람의 생각이 허무함을 아시느니라.

8-11절은 하나님의 심판을 가벼이 여기는 어리석은 자들을 향한 경고다. 1-7절에 등장한 기도의 목소리는 8-11절에서 훈계의 목소리로 바뀐다. 여기서 악인들은 "어리석은 자들"과 "무지한 자들"로 불린다(8절). "어리석은 자들"은 짐승처럼 사리 판단을 제대로 하지 못하는 사람들을 일컫는다.

어리석은 자도 알지 못하며

무지한 자도 이를 깨닫지 못하나이다(시 92:6).

"무지한 자들"은 지혜가 부족한 미련한 사람들을 가리킨다.

> 그러나 그는 지혜 있는 자도 죽고
> 어리석고 **무지한 자**도 함께 망하며
> 그들의 재물은 남에게 남겨 두고
> 떠나는 것을 보게 되리로다(시 49:10).

하나님은 사람이 하는 "모든 말"을 듣고 그들이 하는 "모든 일"을 지켜보신다(9절).

그러다가 결국 "이 세상 모든 백성"(גּוֹיִם, 고임)을 징벌하신다(10절). 시인은 "하나님의 전지(全知)하심"과 "사람의 허무함"을 대조한다(11절). 하나님은 인간의 생각, 계획, 의도를 완벽하게 파악하고 계신다. 인간의 완전한 자율(autonomy)은 하나님의 관찰 앞에서 그저 환상에 지나지 않는다. 악인은 "잘못된 신관"(7절)과 "잘못된 인간관"(11절)을 가지고 있다.

4) 의인들을 위한 권면(12-15절)

> 12 여호와여,
> 주로부터 징벌을 받으며
> 주의 법으로 교훈하심을 받는 자가 복이 있나니
> 13 이런 사람에게는 환난의 날을 피하게 하사
> 악인을 위하여 구덩이를 팔 때까지 평안을 주시리이다.

14 여호와께서는 자기 백성을 버리지 아니하시며
자기의 소유를 외면하지 아니하시리로다.
15 심판이 의로 돌아가리니
마음이 정직한 자가 다 따르리로다.

12-15절은 고난의 시기에 하나님의 교훈에 순종하는 의인들을 격려하는 내용이다. 이 단락에서 시인은 악인들에게 고정했던 시선을 의인들에게로 돌린다. "하나님의 율법"(תּוֹרָה, 토라)으로 가르침을 얻고 그 기준에 따라 "교훈" 곧 "징벌"을 받는 자는 복이 있다(12절). 여기서 "징벌하다"(יסר, 야사르)는 "훈계하다/훈련시키다"라는 의미다.

여호와께서 강한 손으로 내게 알려 주시며
이 백성의 길로 가지 말 것을
내게 **깨우쳐**(יסר, 야사르) 이르시되(사 8:11).

하나님의 훈계와 교훈을 잘 들으면 환난을 피할 수 있다(13절). 왜냐하면 하나님은 당신의 백성과 소유를 버리거나 외면하시지 않기 때문이다(14절). 그 결과 "의"(צֶדֶק, 체데크)와 정의가 완전히 회복될 것이다(15절).

5) 개인적인 탄원(16-21절)

16 누가 나를 위하여 일어나서 행악자들을 치며

누가 나를 위하여 일어나서 악행하는 자들을 칠까?

17 여호와께서 내게 도움이 되지 아니하셨더면

내 영혼이 벌써 침묵 속에 잠겼으리로다.

18 여호와여,

나의 발이 미끄러진다고 말할 때에

주의 인자하심이 나를 붙드셨사오며

19 내 속에 근심이 많을 때에

주의 위안이 내 영혼을 즐겁게 하시나이다.

20 율례를 빙자하고 재난을 꾸미는 악한 재판장이

어찌 주와 어울리리이까?

21 그들이 모여 의인의 영혼을 치려 하며

무죄한 자를 정죄하여 피를 흘리려 하나

16-21절은 시인의 개인적인 탄원이다. 시인은 자신을 보호해줄 변호인과 재판관이 절실히 필요하다(16절). 그는 생명이 위협받는 상황에서 하나님의 도우심과 인자하심으로 간신히 건짐을 받았다(17-18절). 17절의 "침묵 속"은 죽은 자들이 가는 스올을 가리키며 죽음의 침묵을 말한다.

죽은 자들은 여호와를 찬양하지 못하나니

적막한 데로 내려가는 자들은

아무도 찬양하지 못하리로다(시 115:17).

하나님의 통치는 착취 사회의 위협을 제거하는 강력한 해독제가 된다.

시인은 내적으로 깊은 근심에 빠졌을 때도 하나님의 위로에 의지해 어려움을 극복할 수 있었다(19절). 시인은 자의적이고 전횡적인 사법 담당자의 횡포로 사법적 살인을 당할 처지에 놓인 현실을 탄원한다(20-21절). 여기서 악인들의 정체가 한층 분명히 드러난다. 그들은 통치력과 조직력을 맘껏 이용하여 정의를 집행해야 할 법관들마저 악의 도구로 이용한다. 그 결과 온갖 죄악이 권력의 자리를 차지하게 되었다.

6) 하나님에 대한 신뢰의 확신(22-23절)

22 여호와는 나의 요새이시요,
나의 하나님은 내가 피할 반석이시라.
23 그들의 죄악을 그들에게로 되돌리시며
그들의 악으로 말미암아 그들을 끊으시리니
여호와 우리 하나님이 그들을 끊으시리로다.

22-23절은 하나님께서 악인들의 심판자가 되실 것을 굳게 믿고 고백하는 내용이다. 시인은 야웨 하나님이 "나의 요새"이자 "내가 피할 반석"이심을 믿는다(22절). 이 단락은 야웨께서 결국 악인을 없애실 것이라는 확신의 고백으로 마무리된다(23절).

시인은 앞서 1-2절에서 밝힌 간구가 성취될 것이라고 확신한다. 이는 하나님이 세상을 바로 잡으실 것이라는 믿음의 표현이다. 여기서

“나의 하나님”(22절)은 “우리의 하나님”(23절)으로 바뀐다. 신뢰가 개인에서 공동체의 고백으로 확대된 것이다.

4. 메시지

우리는 세상에서 악인들이 잘 먹고 잘 사는 모습을 자주 목격한다. 이로 인해 실족하는 의인들이 적지 않다. 그러나 하나님은 여전히 이 세계를 다스리고 계신다. 억울한 시인은 이 땅의 심판자가 되시는 하나님께 악인을 심판해달라고 호소한다. 그러면서 자신이 직접 복수하지 않는 것이 지혜로운 행동임을 고백한다. “어리석고 무지한 자”는 스스로 나서서 복수할 방법을 찾는다. 하나님을 온전히 믿지 못하기 때문이다. 성경에 대한 근본적인 확신이 있어야 하나님을 붙들고 복수와 심판을 간구할 수 있다. 우리는 기도 안에서 모든 것을 하나님께 아뢸 수 있다. 우리의 아버지이자 어머니가 되시는 하나님께 아뢰지 못할 말이 무엇인가! 정의로 세상을 다스리시는 하나님은 그분의 영토에서 악이 성행하는 것을 그리 오래 방관하시지 않을 것이다.

95편

하나님의 경고도 귀담아듣는 예배의 자리:

"너희가 오늘 그의 음성을 듣거든"

1. 양식

시편 95편은 "찬양시"(psalm of praise)로 분류된다. 이 시는 세상을 창조하고 통치하시는 하나님을 찬양하라는 촉구 뒤에 찬양의 이유를 제시하는 전형적인 찬양시의 구조를 갖추고 있다. 그러나 예언자적 신탁이 첨부되어 있어서 일반적인 찬양시와는 다르게 보인다.

2. 구조

1) 1-5절: 절기 축제에서의 환호 촉구
2) 6-7a절: 성소 입장 촉구
3) 7b-11절: 경고성 권고인 예언자적 신탁

3. 내용

1) 절기 축제에서의 환호 촉구(1-5절)

1 오라, 우리가 여호와께 노래하며
우리의 구원의 반석을 향하여 즐거이 외치자.
2 우리가 감사함으로 그 앞에 나아가며
시를 지어 즐거이 그를 노래하자.
3 여호와는 크신 하나님이시요,
모든 신들보다 크신 왕이시기 때문이로다.

4 땅의 깊은 곳이 그의 손 안에 있으며
산들의 높은 곳도 그의 것이로다.
5 바다도 그의 것이라. 그가 만드셨고,
육지도 그의 손이 지으셨도다.

1-5절은 절기 축제에서 환호를 촉구하는 내용이다. 이 단락은 "찬양의 촉구"(1-2절)와 "찬양의 이유"(3-5절)로 구성되어 있다. 1절의 "오라"(הלך, 할라크)는 성소로 향하는 행렬의 모습을 반영한다. 2절의 "나아가며"(קדם, 카담)는 성소 행렬이 예배 장소의 입구에 가까워졌음을 드러낸다. 반면 6절의 "오라"(בוא, 보)는 행렬이 예배의 장소 안으로 진입하고 있음을 알려준다.

1절의 "노래하며"와 "즐거이 외치자"는 기쁨에 겨워 큰소리를 내는 것을 의미한다. 시인은 "감사"(תּוֹדָה, 토다)와 "시"(זָמִיר, 자미르: 찬양)로 주님을 함께 찬양하자고 말한다(2절).

이어지는 3-5절은 찬양의 이유에 해당된다. 3절의 첫 단어는 "왜냐하면"(כִּי, 키)인데 우리말 성경에는 이 단어가 생략되었다. 하지만 이 소단락(3-5절)은 찬양의 이유를 말하고 있기 때문에 이 단어를 살려서 해석하는 것이 더 적절하다. 즉 야웨 하나님은 세계를 창조하신 "크신 하나님"이며 "모든 신들보다 크신 왕"으로서 만물을 주재하시는 분이기 때문에 우리의 환호를 받으시기에 합당하다(3절).

이어서 시인은 땅의 영역으로 눈을 돌린다(4-5절). 4절의 "땅의 깊은 곳"(세상의 가장 깊은 곳)과 "산들의 높은 곳"(세상의 가장 높은 곳)은 수직적 차원에서 이 세상이 모두 하나님의 소유임을 드러내는 말이다.

5절의 "바다"와 "육지"는 수평적 차원에서 이 세상이 모두 하나님의 창조물임을 선포하는 표현이다. 시인은 이 단락에서 야웨 하나님이 온 세상의 창조자(creator)임을 강조함으로써 그분을 향한 찬양에 동참할 것을 권한다.

2) 성소 입장 촉구(6-7a절)

> 6 오라, 우리가 굽혀 경배하며
> 우리를 지으신 여호와 앞에 무릎을 꿇자.
> 7a 그는 우리의 하나님이시요,
> 우리는 그가 기르시는 백성이며
> 그의 손이 돌보시는 양이기 때문이라.

6-7a절은 성소 입장을 촉구하는 내용이다. 이 부분도 "찬양의 촉구"(6절)와 "찬양의 이유"(7a절)로 구성되어 있다. 6절의 "굽혀", "경배하며", "무릎을 꿇자"는 성소 밖에 있던 사람들이 "하나님 앞"(성소)에 다가가는 경배의 자세를 묘사하는 것으로서, 예배자의 내적 태도를 외적으로 드러내는 장치다.

7a절의 첫 단어도 "왜냐하면"(כִּי, 키)인데 우리말 성경에는 이 단어 역시 생략되어 있다. 시인이 찬양하는 이유는 야웨께서 "우리의 하나님"이시고 "우리는 그가 기르시는 백성"이자 "그의 손이 돌보시는 양"이기 때문이다. "우리의 하나님"(leader)과 "우리는 그가 기르시는 백성"(provider)이라는 표현은 둘 사이의 언약 관계를 의미한다.

"그러나 그날 후에 내가 이스라엘 집과 맺을 언약은 이러하니 곧 내가 나의 법을 그들의 속에 두며 그들의 마음에 기록하여 **나는 그들의 하나님이 되고 그들은 내 백성이 될 것이라**." 여호와의 말씀이니라(렘 31:33).

"그의 손이 돌보시는 양"(protector)은 목양적 이미지(요 10:1-14)와 함께 왕의 이미지를 내포하고 있다. 왕이신 하나님은 백성들을 다스리고 인도하시며 부양하시고 보호하신다.

주의 백성을 양 떼 같이
모세와 아론의 손으로 인도하셨나이다(시 77:20).

그가 자기 백성은 양 같이 인도하여 내시고
광야에서 양 떼 같이 지도하셨도다(시 78:52).

요셉을 양 떼 같이 인도하시는 이스라엘의 목자여,
귀를 기울이소서.
그룹 사이에 좌정하신 이여,
빛을 비추소서(시 80:1).

이처럼 야웨 하나님은 역사를 통틀어 언약 백성을 책임지는 구속자(redeemer)로서의 역할을 훌륭히 수행하셨다.

3) 경고성 권고인 예언자적 신탁(7b-11절)

> 7b 너희가 오늘 그의 음성을 듣거든
> 8 너희는 므리바에서와 같이
> 또 광야의 맛사에서 지냈던 날과 같이
> 너희 마음을 완악하게 하지 말지어다.
> 9 그때에 너희 조상들이 내가 행한 일을 보고서도
> 나를 시험하고 조사하였도다.
> 10 내가 사십 년 동안 그 세대로 말미암아 근심하여 이르기를
> "그들은 마음이 미혹된 백성이라
> 내 길을 알지 못한다" 하였도다.
> 11 그러므로 내가 노하여 맹세하기를
> "그들은 내 안식에 들어오지 못하리라" 하였도다.

이 단락에서는 갑자기 예언자적 신탁이 등장한다("너희가 오늘 그의 음성을 듣거든", 7b절). 이 "오늘"(הַיּוֹם, 하욤)은 과거와 현재를 연결하면서 하나님의 말씀을 지금 당장 들어야 한다는 긴박성을 강조한다.

> 2 우리 하나님 여호와께서 호렙 산에서 우리와 언약을 세우셨나니 3 이 언약은 여호와께서 우리 조상들과 세우신 것이 아니요, **오늘** 여기 살아 있는 우리 곧 우리와 세우신 것이라(신 5:2-3).

언약 백성이 해야 할 일은 "하나님의 음성 듣기"다.

8절에서 시인은 과거의 사건을 끄집어낸다. 그것은 바로 므리바와 맛사의 사건이다. 이곳에서 그들은 서로 다투고 하나님을 시험하였다(출 17:1-7). "므리바"는 "다툼", "맛사"는 "시험"이라는 문자적 의미를 지니고 있다.

> 그가 그곳 이름을 **맛사** 또는 **므리바**라 불렀으니 이는 이스라엘 자손이 **다투었음**이요 또는 그들이 여호와를 **시험하여** 이르기를 "여호와께서 우리 중에 계신가 안 계신가?" 하였음이더라(출 17:7).

> 레위에 대하여는 일렀으되
> 주의 둠밈과 우림이 주의 경건한 자에게 있도다.
> 주께서 그를 **맛사에서 시험하시고**
> **므리바 물 가에서 그와 다투셨도다**(신 33:8).

성경의 기록을 통해 알 수 있듯이 므리바는 하나님을 거역하는 "다툼의 장소"(place of strife)였으며 맛사는 하나님을 "시험하는 장소"(place of testing)였다.

광야의 조상들은 하나님의 위대한 구원 행위(홍해의 기적)를 목격했음에도 불구하고 하나님을 시험하고 끊임없이 조사하려 들었다(9절). 보통은 하나님이 인간을 시험하신다(아브라함과 욥의 경우, "우리를 시험에 빠지지 않게 하시고"라는 주기도문 구절). 인간을 시험하는 것은 오직 하나님에게 주어진 특권이다.

> 그 일 후에 하나님이 아브라함을 **시험하시려고** 그를 부르시되 "아브라함아!" 하시니 그가 이르되 "내가 여기 있나이다"(창 22:1).

> 모세가 백성에게 이르되 "두려워하지 말라. 하나님이 임하심은 너희를 **시험하고** 너희로 경외하여 범죄하지 않게 하려 하심이니라"(출 20:20).

> 네 하나님 여호와께서 이 사십 년 동안에 네게 광야 길을 걷게 하신 것을 기억하라. 이는 너를 낮추시며 너를 **시험하사** 네 마음이 어떠한지 그 명령을 지키는지 지키지 않는지 알려 하심이라(신 8:2).

그러나 광야 세대의 인간은 감히 하나님을 시험하였다.

이들의 완악함은 40년에 이르는 광야 생활 내내 지속되었다(10절). "근심하여"는 "역겹게 느끼다"라는 뜻이다. 마음이 미혹된 백성의 행실은 하나님을 역겹게 할 정도였다. 하나님은 노하셔서 그들이 결코 "하나님의 안식"에 들어오지 못할 것이라고 맹세하셨다(11절). "안식"(מְנוּחָה, 메누하)은 가나안 땅을 향한 출애굽 여정의 목적지였다.

> 너희가 너희 하나님 여호와께서 주시는 **안식**(מְנוּחָה, 메누하)과 기업에 아직은 이르지 못하였거니와(신 12:9).

> 여호와를 찬송할지로다. 그가 말씀하신 대로 그의 백성 이스라엘에게 **태평**(מְנוּחָה, 메누하)을 주셨으니 그 종 모세를 통하여 무릇 말씀하신 그 모든 좋은 약속이 하나도 이루어지지 아니함이 없도다(왕상 8:56).

언약 백성이 하나님께 순종하지 않으면 “하나님의 안식”인 “성전과 약속의 땅”에 들어가지 못할 것이다. 이 시는 미해결의 결론으로 끝나기 때문에 청자나 독자 스스로 결론을 도출해야 한다. 이 마지막 단락은 이스라엘 조상들이 저지른 실수를 반복하지 말라는 일종의 경고를 전한다.

4. 메시지

이 시에 등장하는 야웨 신앙인들은 거룩한 예배에 참여하고 있었다. 그런데 뜬금없이 하나님께 온전히 헌신하는 삶을 살라는 예언적인 경고를 듣게 된다. 예배의 자리는 무엇보다도 하나님의 말씀을 듣는 자리다. 예배당은 단순히 기분을 전환하거나 위로를 받는 곳이 아니라 하나님 앞에서 우리의 삶을 진지하게 숙고하는 장소다. 철저한 신뢰와 순종을 요구하는 하나님의 요청을 우리가 얼마나 청종하는지에 따라 우리의 삶도 달라진다. 이 시는 예배와 삶이 깊이 연관되어 있다는 사실을 다시금 일깨워준다. 찬양과 경배로 가득한 예배의 자리는 하나님의 따끔하고 준엄한 경고를 듣는 시간이기도 하다. 하나님의 말씀을 삶으로 살아내지 못한다면 제아무리 경건한 예배자라 할지라도 “하나님의 면전” 곧 “하나님의 안식”에서 제외될 것이다. 예배자들은 때로 냉정하게 응대하시는 하나님의 책망 소리에도 귀를 기울여야 한다. 우리의 찬양에 책망으로 응대하시는 하나님이 가끔은 서운하게 여겨질지라도 말이다. 어쩌면 책망의 말씀이 깨달아질 때 비로소 온전한 예배를 드렸다고 할 수 있을 것이다.

96편

공평과 의와 진실하심으로 세워진 하나님 나라:

"그가 만민을 공평하게 심판하시리라"

1. 양식

시편 96편은 "야웨 왕권시"(Yahweh-kingship psalm)로 분류된다. 이 시편의 시인은 열방을 향해 왕이신 야웨께서 이 세상을 다스리고 계심을 선포한다.

2. 구조

1) 1-6절: 온 땅을 향한 찬양 요청과 그 이유
2) 7-13절: 이방 민족들과 자연 만물들을 향한 찬양 요청과 그 이유

3. 내용

1) 온 땅을 향한 찬양 요청과 그 이유(1-6절)

1 새 노래로 여호와께 노래하라.
온 땅이여, 여호와께 노래할지어다.
2 여호와께 노래하여 그의 이름을 송축하며
그의 구원을 날마다 전파할지어다.
3 그의 영광을 백성들 가운데에,
그의 기이한 행적을 만민 가운데에 선포할지어다.
4 여호와는 위대하시니 지극히 찬양할 것이요,

모든 신들보다 경외할 것임이여.

5 만국의 모든 신들은 우상들이지만

여호와께서는 하늘을 지으셨음이로다.

6 존귀와 위엄이 그의 앞에 있으며

능력과 아름다움이 그의 성소에 있도다.

첫 단락에서 시인은 온 땅을 향해 찬양하라고 외치며 그 이유를 제시한다. 1-3절은 찬양을 요청하는 내용이다. 시인은 온 땅을 향해 "여호와께 노래하라"(שִׁירוּ לַיהוָה, 쉬루 라야웨)라는 삼중 명령을 전한 다음(1-2a절), 곧바로 "송축하라", "전파하라", "선포하라"고 말한다(2b-3절).

1절의 "새 노래"(שִׁיר חָדָשׁ, 쉬르 하다쉬)는 야웨께서 이 세상을 새롭게 통치하심을 뜻하는 표현으로서 창조 질서의 회복을 의미한다. 2절의 "전파할지어다"(בַּשְּׂרוּ, 바스루)는 본래 "새로운 소식을 전하다"라는 뜻이다. 이 동사는 특별히 하나님으로부터 "좋은 소식/복된 소식"이 온다는 뜻을 내포하고 있는데, "복음"(gospel)을 전하는 것으로 이해해도 무방하다.

9 **아름다운 소식**을 시온에 전하는 자여,

너는 높은 산에 오르라.

아름다운 소식을 예루살렘에 전하는 자여,

너는 힘써 소리를 높이라.

두려워하지 말고

소리를 높여 유다의 성읍들에게 이르기를

"너희의 하나님을 보라" 하라.

10 보라,

주 여호와께서 장차 강한 자로 임하실 것이요,

친히 그의 팔로 다스리실 것이라.

보라,

상급이 그에게 있고

보응이 그의 앞에 있으며

11 그는 목자 같이 양 떼를 먹이시며

어린 양을 그 팔로 모아 품에 안으시며

젖먹이는 암컷들을 온순히 인도하시리로다(사 40:9-11).

이 말씀처럼 하나님이 이 땅을 새롭게 하심을 노래하라는 것이다. "세상의 모든 나라"(גּוֹיִם, 고임: "백성들")와 "민족들"(עַמִּים, 아밈: "만민")도 새 노래로 야웨 하나님을 찬양해야 한다(3절).

4-6절은 찬양에 대한 이유를 말한다. 4절과 5절의 첫 단어는 히브리어 "키"(כִּי: "왜냐하면")인데 우리말 성경에는 이 단어가 생략되어 있다. 시인에 따르면 야웨는 그 어떤 신보다도 위대하신 분이기 때문에 우리가 경배와 찬양을 올려야 한다(4절).

또한 만국의 모든 신들은 무익한 우상에 불과하지만, 야웨 하나님은 세상을 만드신 창조주이기 때문에 찬양받으시기에 합당하다(5절). 5절에 나오는 "만국"은 본래 정관사 "그"(the)가 붙은 "그 만국"(הָעַמִּים, 하아밈)으로서, 3절에서 언급한 "그 만민"(הָעַמִּים, 하아밈)을 가리킨다. 만국 백성은 우상에 지나지 않는 모든 신들을 거부하고 야웨 하나님만을 찬양해야 한다. 따라서 야웨를 찬양하는 것은 다른 모든 신들의 권리와 요구를 거부하는 것과 같다.

6절은 첫 번째 단락의 결론에 해당한다. 야웨는 성소에서 "존귀와 위엄 그리고 능력과 아름다움" 가운데 현존하신다. 우리가 야웨를 찬양하는 이유는 그분의 위대하심 때문이다. 오직 위대한 하나님이신 야웨만이 찬양과 경외의 대상이 될 수 있다.

2) 이방 민족들과 자연 만물들을 향한 찬양 요청과 그 이유(7-13절)

7 만국의 족속들아,

영광과 권능을 여호와께 돌릴지어다.

여호와께 돌릴지어다.

8 여호와의 이름에 합당한 영광을 그에게 돌릴지어다.

예물을 들고 그의 궁정에 들어갈지어다.

9 아름답고 거룩한 것으로 여호와께 예배할지어다.

온 땅이여 그 앞에서 떨지어다.

10 모든 나라 가운데서 이르기를

"여호와께서 다스리시니

세계가 굳게 서고 흔들리지 않으리라.

그가 만민을 공평하게 심판하시리라" 할지로다.

11 하늘은 기뻐하고 땅은 즐거워하며

바다와 거기에 충만한 것이 외치고

12 밭과 그 가운데에 있는 모든 것은 즐거워할지로다.

그때 숲의 모든 나무들이

여호와 앞에서 즐거이 노래하리니

13 그가 임하시되

땅을 심판하러 임하실 것임이라.

그가 의로 세계를 심판하시며

그의 진실하심으로 백성을 심판하시리로다.

이 단락에서 시인은 이방 민족들과 자연 만물들에게 찬양을 요청하는 이유를 밝힌다. 1-2a절에서 "여호와께 노래하라"(שִׁירוּ לַיהוָה, 쉬루 라야웨)라는 삼중 명령으로 서두를 연 것처럼, 여기서도 "여호와께 돌릴지어다"(הָבוּ לַיהוָה, 하부 라야웨)라는 삼중 명령을 선포한다. 시인의 권고에 따르면 "만국의 족속들"은 하나님의 이름에 합당한 영광을 주님께 돌려야 한다. 또한 예물을 들고 "그의 궁정"인 "성전의 뜰"에 들어가야 한다(8b절).

9절에 언급된 "예배하라"는 "권위 앞에서 엎드리라"는 의미이며, "그 앞에서 떨지어다"라는 명령은 하나님의 거룩하심 앞에 압도된 상태로 "경의를 표하라"는 뜻이다.

10절은 이 시의 절정이자 구약성경 전체의 핵심적인 메시지다. 야웨는 이스라엘뿐만 아니라 온 세상을 다스리시는 왕이다(사 2:2-4; 미 4:1-4). 모든 열방들은 이 찬양을 통해 야웨 하나님께서 세상을 온전히 통치하고 계신다는 메시지를 들어야 한다. 이 선포에는 세 가지 사실이 포함되어 있다.

첫째, 하나님은 온 세상을 통치하신다.

둘째, 하나님의 통치는 이 세상에 안정을 가져온다.

셋째, 하나님은 모든 만민을 공평한 기준으로 심판하신다.

하나님의 통치는 모두를 위한 것으로서, 선민사상에 매몰된 백성이나 특정한 피부색을 가진 민족에게만 국한되지 않는다.

11-12절은 자연 만물들을 향해 하나님을 찬양하라고 요청한다. 드디어 하나님의 명령 대상이 창조세계 전체로 확장된다. 여기서는 "하늘, 땅, 바다, 바다에 충만한 것들, 밭, 밭에 있는 모든 것들, 숲의 모든 나무들"이라는 일곱 가지 자연 만물이 소개되는데, 숫자 7은 하나님이 창조하신 세상 전체와 그 세상의 완벽함을 강조하는 장치다. 이제 모든 자연 만물들이 야웨를 송축하는 데 동참하라는 요청을 받는다. 하나님의 나라는 인간 세계를 뛰어넘는다. 하나님은 직접 창조하신 "인간"과 "자연"과 "온 우주"(하늘과 땅)를 모두 품고 그것들을 통치하신다.

13절은 이 단락의 결론으로서 하나님을 찬양해야 하는 이유를 제시한다. 하나님은 "땅"(자연)과 "세계"(우주)와 "만민들"(עַמִּים, 아밈: 백성)을 "의"와 "진실하심"으로 심판하시기 때문에 온 우주 만물은 그분을 찬양해야 한다. 여기서 "심판하다"(שׁפט, 샤파트)는 하나님의 세상 통치를 표현한다. 시인은 "그가 임하시되"(כִּי בָא, 키 바)와 "임하실 것이다"(כִּי בָא, 키 바)라는 말을 거듭 사용함으로써 심판자이신 하나님이 곧 오실 것임을 강조한다. 그분이 이 땅에 임하시면 "모든 사람과 자연과 우주"를 "공평과 의와 진실하심"으로 통치하실 것이다.

4. 메시지

현재 이 땅 위의 모든 피조물은 "혼돈의 세력"이 "환경 파괴/화학적 파괴/산림 벌채" 등의 방법을 사용하여 창조세계를 무너뜨리는 모습을 직접 목도하고 있다. 여기에 더해 인간의 온갖 탐욕과 불의가 온 창조세계를 오염시키고 있다. 이로 인해 고통받는 자연 만물은 주님의 재림을 학수고대하고 있다.

> 19 피조물이 고대하는 바는 하나님의 아들들이 나타나는 것이니 20 피조물이 허무한 데 굴복하는 것은 자기 뜻이 아니요, 오직 굴복하게 하시는 이로 말미암음이라. 21 그 바라는 것은 피조물도 썩어짐의 종 노릇 한 데서 해방되어 하나님의 자녀들의 영광의 자유에 이르는 것이니라. 22 피조물이 다 이제까지 함께 탄식하며 함께 고통을 겪고 있는 것을 우리가 아느니라(롬 8:19-22).

주님이 세상을 심판하시는 날이 도래하면 주님의 백성뿐만 아니라 자연과 우주도 회복될 것이다. 그래서 시인은 모든 피조물들을 향해 세상을 구원하고 온전케 하시는 하나님의 새로운 통치를 즐거워하라고 촉구한다.

야웨 하나님의 통치는 창조세계에 안정과 공평한 질서를 가져온다. 하나님의 통치(하나님 나라)는 공평과 의와 진실하심으로 이루어진다. 따라서 이 시는 기억하는 동시에 기대한다. 시인은 이미 오신 하나님의 통치를 기억함과 동시에 공평과 의와 진실하심으로 이 땅을 새롭게 다스리실 하나님을 기대한다. 하나님의 통치는 이미 시작되었고 여전히 지속되고 있으며 어느 날 완성될 것이다. 우리는 이미 곳곳에서 작동하고 있는 하나님 나라를 이 땅 위에 조금씩 드러내는 일에 부름을 받았다.

97편

미래에 임할 하나님 나라를 “오늘” 누리며 기뻐하는 삶:

“의인이여, 여호와로 말미암아 기뻐하며”

1. 양식

시편 97편은 "야웨 왕권시"(Yahweh-kingship psalm)로 분류된다. 이 시의 시인은 야웨가 왕으로서 온 세상을 온전히 다스리실 것임을 선포한다. 그러면서 앞으로 도래할 야웨의 왕권 통치를 앞당겨 기뻐하라고 권면한다.

2. 구조

1) 1-6절: 야웨의 왕권 선포와 하늘 왕의 신현현(神顯現)
2) 7-9절: 신현현에 대한 반응
3) 10-12절: 신현현의 현재적 적용

3. 내용

1 여호와께서 다스리시나니
땅은 즐거워하며 허다한 섬은 기뻐할지어다.
2 구름과 흑암이 그를 둘렀고
의와 공평이 그의 보좌의 기초로다.
3 불이 그의 앞에서 나와
사방의 대적들을 불사르시는도다.
4 그의 번개가 세계를 비추니
땅이 보고 떨었도다.

5 산들이 여호와의 앞,

곧 온 땅의 주 앞에서 밀랍 같이 녹았도다.

6 하늘이 그의 의를 선포하니

모든 백성이 그의 영광을 보았도다.

1-6절은 야웨의 왕권을 선포하고 하늘 왕의 "신현현"(神顯現) 곧 "하나님의 나타나심"을 묘사한다. 1절의 첫 문장은 이 시편의 중심 주제다. "여호와께서 다스리시나니"(יְהוָה מָלָךְ, 야웨 말라크)는 야웨의 왕권이 종말론적으로 완성될 것을 선포하는 표현이다. "땅"과 "허다한 섬"은 동의적 평행구를 이루고 있다. "허다한 섬들"(אִיִּים רַבִּים, 이임 라빔)은 아마도 이방 나라들을 가리킬 것이다.

그는 쇠하지 아니하며

낙담하지 아니하고

세상에 정의를 세우기에 이르리니

섬들이 그 교훈을 앙망하리라(사 42:4).

"땅과 허다한 섬" 즉 "온 세계"는 하나님의 나타나심을 볼 것이며 그로 인해 즐거워하고 기뻐할 것이다.

온 세상의 왕은 "구름과 흑암"에 둘러싸여 있다(2a절). "구름과 흑암"이 하나님을 감추고 있는데, 이는 하나님의 초월성과 그분에 대한 접근 불가능성을 상징적으로 드러낸다.

11 너희가 가까이 나아와서 산 아래에 서니 그 산에 불이 붙어 불길이 충천하고 어둠과 **구름과 흑암**이 덮였는데 12 여호와께서 불길 중에서 너희에게 말씀하시되 음성뿐이므로 너희가 그 말소리만 듣고 형상은 보지 못하였느니라(신 4:11-12).

여호와께서 이 모든 말씀을 산 위 불 가운데, **구름 가운데, 흑암 가운데**에서 큰 음성으로 너희 총회에 이르신 후에 더 말씀하지 아니하시고 그것을 두 돌판에 써서 내게 주셨느니라(신 5:22).

의(צֶדֶק, 체데크)와 공평(מִשְׁפָּט, 미쉬파트)은 여호와께서 앉아 계신 보좌의 기초로서 야웨의 통치 원리다(2b절).

의(צֶדֶק, 체데크)와 **공의**(מִשְׁפָּט, 미쉬파트)가 주의 보좌의 기초라.
인자함과 진실함이 주 앞에 있나이다(시 89:14).

즉 하나님의 통치는 의와 공평을 실현하기 위한 것이다. "의"(צֶדֶק, 체데크)란 "옳고 그름에 대한 기준"을, "공평"(מִשְׁפָּט, 미쉬파트)은 "법(기준)의 공평한 적용"을 강조하는 가치다.

하늘에 계신 하나님이 이 땅에 임하시면 "하나님의 대적들"은 심판을 받을 것이다(3절). 이들은 하나님이 세우신 우주 질서를 거역함으로써 하나님의 통치 원칙을 거부한다.

4절의 "번개가 비추고 땅이 떠는 것"은 "지진 현상"을 암시한다.

5절의 "산들이 녹고 있다"는 화산이 폭발하여 마그마가 흐르는 광경을 묘사하는 표현으로서, 온 세상이 야웨의 통치 안에 있다는 의미를 담고 있다.

6절은 신현현 사건의 절정을 묘사한다. "하늘"은 "포고자"(布告者)이자 "우주적 증인"의 자격으로 현현하신 "하나님의 의"를 선포한다. 이를 통해 "하나님의 영광"이 "모든 백성" 곧 "온 세상 사람들"에게 펼쳐진다. "하늘"과 "모든 백성"은 하나님의 피조물을 가리킨다. 한마디로 하나님의 임재가 온 세상에 가득하다는 뜻이다.

2) 신현현에 대한 반응(7-9절)

7 조각한 신상을 섬기며
허무한 것으로 자랑하는 자는
다 수치를 당할 것이라.
너희 신들아,
여호와께 경배할지어다.
8 여호와여,
시온이 주의 심판을 듣고 기뻐하며
유다의 딸들이 즐거워하였나이다.
9 여호와여,
주는 온 땅 위에 지존하시고
모든 신들보다 위에 계시니이다.

7-9절은 신현현에 대한 반응을 묘사한다. 야웨 하나님이 이 땅에 현현

하셔서 주님의 영광이 온 세상을 가득 채우면 제일 먼저 우상숭배자들이 수치를 당하게 될 것이다(7a절). "모든 신들"(כָּל-אֱלֹהִים, 콜-엘로힘: 우리말 성경은 "신들아"로 번역됨)이 야웨를 경배할 것이기 때문이다(7b절). 그러므로 우상들은 신들에 대한 야웨 하나님의 왕권을 인정해야 한다. 우상들은 신이 아니다. 그들이 지녔다고 알려진 신성은 거짓이다. 이 사실이 만천하에 폭로된다.

이때 시온과 유다 백성은 하나님의 공평한 심판을 보고 기뻐하며 즐거워한다(8절). 9절은 "왜냐하면"(כִּי, 키)이라는 말로 시작함으로써 시온과 유다 백성이 기뻐하는 이유를 제시한다. "주는 온 땅 위에 지존하시고 모든 신들보다 위에 계시기 때문이다." 야웨는 "이 세상"(עַל-כָּל-הָאָרֶץ, 알-콜-하아레츠: "모든 땅 위에")뿐만 아니라 신들이 거주하는 "하늘"(עַל-כָּל-אֱלֹהִים, 알-콜-엘로힘: "모든 신들보다 위에")에서도 비교할 자가 없는 독보적인 분이다. 오직 야웨만이 참 하나님이 되신다.

3) 신현현의 현재적 적용(10-12절)

10 여호와를 사랑하는 너희여,

악을 미워하라.

그가 그의 성도의 영혼을 보전하사

악인의 손에서 건지시느니라.

11 의인을 위하여 빛을 뿌리고

마음이 정직한 자를 위하여

기쁨을 뿌리시는도다.

12 의인이여,

너희는 여호와로 말미암아 기뻐하며

그의 거룩한 이름에 감사할지어다.

앞 단락의 8절에서는 하나님의 심판을 기뻐하게 될 백성이 등장하는데, 10-12절은 그 백성이 누구인지를 구체적으로 규정한다. 여기서 말하는 "하나님의 백성"은 바로 시온과 유대 백성을 뜻한다. "여호와를 사랑하는 자들"과 "성도들"(חֲסִידִים, 하시딤)(10절), "의인"(צַדִּיק, 차디크, 단수)과 "마음이 정직한 자"(11절), "의인들"(צַדִּיקִים, 차디킴, 복수)(12절)은 종말에 완성될 신현현을 오늘의 삶으로 앞당겨 적용하며 사는 사람들이다.

10a절의 "사랑하다"(אהב, 아하브)는 특정한 신에 대한 깊은 애정을 바탕으로 배타적 충성을 맹세하는 행위를 말한다.

> 너는 마음을 다하고 뜻을 다하고 힘을 다하여 네 하나님 여호와를 사랑하라(신 6:5).

하나님을 사랑하는 자는 하나님이 원하시는 대로 행한다.

> 곧 내가 오늘 네게 명령하여 "네 **하나님 여호와를 사랑하고** 그 모든 길로 행하며 **그의 명령과 규례와 법도를 지키라**"하는 것이라. 그리하면 네가 생존하며 번성할 것이요, 또 네 하나님 여호와께서 네가 가서 차지할 땅에서 네게 복을 주실 것임이니라(신 30:16).

너희가 **나를 사랑하면 나의 계명을 지키리라**(요 14:15).

또한 하나님을 사랑하면 악을 원수처럼 여기게 된다. 하나님을 사랑하고 악을 미워하는 사람은 악인이 가득한 세계에서도 두려움 없이 살아갈 수 있다. 하나님께서 이런 "성도들"을 보호하시고 "악인의 손"에서 구원하시기 때문이다(10b절).

또한 하나님은 "의인을 위하여 빛을 뿌리신다"(11a절). 여기서 "빛"(אוֹר, 오르)은 구원으로 표현되는 하나님의 은혜를 의미한다. 씨는 눈에 잘 보이지 않지만 한 번 뿌려지면 끊임없이 자라서 결국 꽃으로 활짝 피어난다. 의인은 하나님이 뿌리신 빛을 자기 내면에서 이런 방식으로 경험한다. "마음이 정직한 자들"의 내면에 뿌려진 기쁨도 씨처럼 자라고 있다(11b절).

따라서 "빛의 씨"와 "기쁨의 씨"를 품고 사는 "의인들"은 이제부터 "여호와로 말미암은 기쁨"을 경험하게 것이다(12절). 1절에 따르면 온 땅은 야웨의 세계 왕권이 온전히 성취될 "미래"에 가서야 이런 기쁨을 경험할 수 있다. 반면 야웨 안에 머무는 의인들은 그 기쁨을 지금 경험하면서 주님께 감사를 올린다.

4. 메시지

하나님이 세상을 다스리신다는 "야웨의 왕권 통치 신앙"은 의인들에게 진정한 소망이 된다. 하지만 실제 삶에서 발생하는 사건들을 보면 하나님이 과연 세상을 통치하고 계신 게 맞는지 의심이 든다. 시인은 종말에 가면 그분의 통치가 확연히 드러날 것이라고 말한다. "온 땅"이 "여호와의 통치하심을 기뻐하라"는 부름을 받는다(1절). 그러나 이 부름에 기뻐하며 응답하는 땅은 오직 "시온과 유다"뿐이다(8절). 이들 중에서도 주님을 사랑하고 악을 미워하는 "의인들"만이 기뻐할 수 있다(12절). 이런 의인들의 내면에는 하나님이 심어놓으신 "빛의 씨"와 "기쁨의 씨"가 자라고 있다. 이들은 미래에 완성될 하나님의 통치를 앞당겨 지금 이 순간 누리면서 기뻐하고 감사하는 삶을 산다. 하나님이 통치하시는 하나님 나라를 지금, 이곳에서 경험하며 사는 것이 신앙인의 특권이다. 또한 이를 깨닫고 미래를 앞당겨 오늘의 현실로 누리고 감사하면서 사는 삶이 하나님 나라 백성의 참된 삶이다.

98편

혼돈을 질서로 만드는 삶:

“그가 땅을 심판하러 임하실 것임이로다”

1. 양식

시편 98편은 "야웨 왕권시"(Yahweh-kingship psalm)로 분류된다. 이 시는 "왕이신 여호와"(6절)라는 표현을 사용함으로써 야웨의 왕 되심을 선포한다.

2. 구조

1) 1-3절: 이스라엘을 향한 찬양 요청
2) 4-6절: 이방 민족을 향한 찬양 요청
3) 7-9절: 자연계와 세계를 향한 찬양 요청

3. 내용

1) 이스라엘을 향한 찬양 요청(1-3절)

1 새 노래로 여호와께 찬송하라.
그는 기이한 일을 행하사
그의 오른손과 거룩한 팔로
자기를 위하여 구원을 베푸셨음이로다.
2 여호와께서 그의 구원을 알게 하시며
그의 공의를 뭇 나라의 목전에서 명백히 나타내셨도다.
3 그가 이스라엘의 집에 베푸신 인자와 성실을 기억하셨으므로

땅 끝까지 이르는 모든 것이
우리 하나님의 구원을 보았도다.

1-3절은 이스라엘을 향해 찬양을 요청하는 내용이다. 1a절은 찬양의 요청, 1b-3절은 찬양의 이유가 된다.

1a절의 "새 노래로 여호와께 찬송하라"는 말은 시편 96:1과 이사야 42:10에도 나오는 표현이다.

새 노래로 여호와께 노래하라.
온 땅이여, 여호와께 노래할지어다(시 96:1).

항해하는 자들과
바다 가운데의 만물과 섬들과 거기에 사는 사람들아,
여호와께 새 노래로 노래하며
땅 끝에서부터 찬송하라(사 42:10).

1b절은 "왜냐하면"(כִּי, 키)이라는 접속사로 시작하지만 우리말 성경에는 이 표현이 생략되었다. 앞서 언급한 대로 이 접속사는 1a절의 찬양 요청에 대한 이유를 설명하기 때문에 "왜냐하면"을 살려서 번역하는 것이 더 적절하다. 찬양을 요청하는 이유는 야웨께서 "기이한 일"을 행하셨기 때문이다. 이 "기이한 일"은 이스라엘에게 구원을 베푸신 하나님의 행위를 가리킨다. "그의 오른손"은 이집트로부터의 구원을 암시한다.

여호와여,

주의 오른손이 권능으로 영광을 나타내시니이다.

여호와여,

주의 오른손이 원수를 부수시니이다(출 15:6).

주께서 오른손을 드신즉

땅이 그들을 삼켰나이다(출 15:12).

따라서 "기이한 일"이란 출애굽 사건 이후에 하나님이 행하신 여러 구원 사건을 포괄한다. "새로운 노래"는 야웨가 하신 기이한 일에 대한 반응이다.

2-3절은 1절에서 간략하게 언급한 내용을 상술한다. 야웨의 구원은 추상적이지 않은 실제적인 시간과 공간에서, 그것도 "뭇 나라"인 "열방 민족들"이 보는 앞에서 행사되었다. 하나님이 이스라엘 백성을 구원하신 목적은 하나님의 "공의"(צְדָקָה, 체다카)를 모든 민족에게 드러내시기 위함이다(2절).

시인은 3절에서 첫 번째 단락의 대상이 누구인지 분명히 밝히는데, 이는 바로 "이스라엘의 집"이다. 구약에서 "하나님의 기억하심"은 항상 사람들을 위한 은혜와 구원으로 이어진다.

15 내가 나와 너희와 및 육체를 가진 모든 생물 사이의 **내 언약을 기억하리니** 다시는 물이 모든 육체를 멸하는 홍수가 되지 아니할지라. 16 무지개가 구름 사이에 있으리니 내가 보고 나 하나님과 모든 육체를 가진 땅

> 의 모든 생물 사이의 **영원한 언약을 기억하리라**(창 9:15-16).

> 서원하여 이르되 "만군의 여호와여, 만일 주의 여종의 고통을 돌보시고 **나를 기억하사** 주의 여종을 잊지 아니하시고 주의 여종에게 아들을 주시면 내가 그의 평생에 그를 여호와께 드리고 삭도를 그의 머리에 대지 아니하겠나이다"(삼상 1:11).

하나님의 구원은 "지역적"("이스라엘의 집")인 동시에 "세계적"("뭇 나라"와 "땅 끝까지 이르는 모든 것")이다. "뭇 나라"(הַגּוֹיִם, 하고임, 2절)와 "땅 끝까지 이르는 모든 것(사람)"(3절)들도 하나님과 그분의 위대하신 행적을 보아 알고 있다.

2) 이방 민족을 향한 찬양 요청(4-6절)

> 4 온 땅이여, 여호와께 즐거이 소리칠지어다.
> 소리 내어 즐겁게 노래하며 찬송할지어다.
> 5 수금으로 여호와를 노래하라.
> 수금과 음성으로 노래할지어다.
> 6 나팔과 호각 소리로
> 왕이신 여호와 앞에 즐겁게 소리칠지어다.

4-6절은 이방 민족들을 향해 찬양을 요청하는 내용이다. 이 단락에서는 찬양의 이유가 드러나지 않은 채 모두 명령형으로 표현된다. 즉 열

정적인 찬양만을 요구하는 것이다. 4절은 "일반적인 권고", 5-6절은 보다 "구체적인 권고"다. 시인은 "온 땅"을 향해 찬양하라고 촉구한다(4절). "온 땅"(כָּל־הָאָרֶץ, 콜-하아레츠)은 이방 민족을 가리킨다. "여호와께 즐거이 소리칠지어다"(הָרִיעוּ, 하리우)는 보통 전쟁터에서 외치는 함성, 왕에 대한 찬사, 축제의 환호성을 의미하는데, 여기서는 "승리의 함성" 혹은 "승리의 외침"을 뜻한다.

> 너 예루살렘의 황폐한 곳들아,
> 기쁜 소리를 내어 함께 노래할지어다.
> 이는 여호와께서 그의 백성을 위로하셨고
> 예루살렘을 구속하셨음이라(사 52:9).

이때 이방 민족들도 야웨의 승리를 축하하는 자리에 초대된다. 시편을 보면 찬양할 때는 보통 악기를 같이 연주한다.

> 2 **수금**으로 여호와께 감사하고
> **열 줄 비파**로 찬송할지어다.
> 3 새 노래로 그를 노래하며
> 즐거운 소리로 아름답게 연주할지어다(시 33:2-3; 참조. 시 81:2-3; 149:3; 150:3-5).

시인은 즐겁게 소리를 지르고(4a절), 기뻐하며 노래하고(4b절), 온갖 악기를 동원하여 찬양하라고 요청한다(5-6절). 사람들은 일반적으로 음악을 연주함으로써 내면의 여러 감정을 겉으로 표현한다. 여기서는 "수금과 음성"(5절), "나팔과 호각(뿔 나팔) 소리"(6절)가 언급된다. 이렇게 다양한 악기가 함께 연주되면서 예식이 거행되는 모습이 묘사된다. 시인은 이방 민족들을 향해 이처럼 즐거운 모습으로 예루살렘의 축제 절기에 참여하라고 권고한다. 세상의 모든 나라는 왕이신 야웨의 백성(신하)이기 때문이다.

이는 만군의 여호와께서 복 주시며 이르시되
"내 백성 애굽이여,
내 손으로 지은 앗수르여,
나의 기업 이스라엘이여,
복이 있을지어다" 하실 것임이라(사 19:25).

이방 민족들도 새로이 영접하게 된 신적인 주인(왕)을 기쁨으로 노래하며 환영하는 자리에 초대된다.

3) 자연계와 세계를 향한 찬양 요청(7-9절)

7 바다와 거기 충만한 것과
세계와 그중에 거주하는 자는
다 외칠지어다.
8 여호와 앞에서 큰 물은 박수할지어다.
산악이 함께 즐겁게 노래할지어다.

9 그가 땅을 심판하러 임하실 것임이로다.

그가 의로 세계를 판단하시며

공평으로 그의 백성을 심판하시리로다.

7-9절은 자연계와 세계를 향해 찬양하라는 시인의 요청을 담고 있다. 7-8절은 찬양의 요청이고, 9절은 찬양의 이유가 된다. 7-8절에서는 모든 자연계가 의인화되어 표현된다. 이 단락에서는 찬양을 요청받은 대상이 "모든 피조물" 즉 자연계와 세계를 구성하고 있는 삼라만상으로 확대된다(7절). 바다와 그 안에 있는 모든 생명과 세상 중에 거하는 모든 생명체와 사람들이 주님을 찬양할 것을 권유받는다. 인간의 목소리만으로는 하나님을 찬양하기에 역부족이다. 이제는 창조세계가 총동원되어 창조주를 찬양하는 합창에 합류한다.

"큰물"과 "산악"도 "박수"를 보내고 목소리를 더한다(8절). "박수"는 고무된 기쁨을 명백하게 드러내는 몸짓이다.

너희는 기쁨으로 나아가며

평안히 인도함을 받을 것이요,

산들과 언덕들이 너희 앞에서 노래를 발하고

들의 모든 나무가 **손뼉을 칠 것이며**(사 55:12).

너희 만민들아, **손바닥을 치고**

즐거운 소리로 하나님께 외칠지어다(시 47:1).

9절의 첫 문장을 문자적으로 해석하면 "그가 땅을 심판하러 임하셨다"가 된다. 여기서 "임하다"(בוא, 보)는 동사 완료형이며, 구체적으로 하나님의 임재가 확실함을 표현하는 "예언적 완료형"(prophetic perfect)이다. 이는 이미 발생한 사건이 아니라 앞으로 일어날 미래적 사건을 확신하는 표현이다. 또한 "심판하다"(שׁפט, 샤파트)는 악행을 벌하는 사법적 처벌뿐만 아니라 분쟁과 갈등을 영구적으로 종식시키고 참된 평화를 세우는 작업을 의미하기도 한다. "공평으로 그의 백성을 심판하시리로다"에서 "그의 백성"은 "민족들"(עַמִּים, 아밈)로 번역해야 한다. 전 세계의 왕이신 야웨는 "세계"와 "민족들"을 의와 공평으로 심판하실 것이다. 하나님의 의와 공평은 오늘날 세상에 만연한 모든 불평등을 균등하게 만든다. 따라서 하나님의 심판은 이 세상을 통치하시는 하나님의 긍정적이고 강렬한 의지의 표명이기도 하다.

4. 메시지

이 시의 시인은 세계의 심판관으로 오실 왕이신 야웨 하나님을 찬양하라는 요청을 전한다. 혼돈은 늘 삶의 질서와 온전함을 위협한다. 이런 혼돈이 문을 두드리고 있는 이 세상에 공평한 심판관이 오신다는 약속은 사람들에게 희망을 준다. 하나님은 혼돈의 세력을 무력화시키심으로써 세계와 인간 공동체의 질서를 바로 세우신다. 또한 속임수와 자기기만을 용서하지 않으시고 그런 일을 행한 자들을 심판하신다. 기독교 전통에서 이 시는 그리스도의 탄생을 축하하고 환호하는 성탄절 찬양으로 여겨지기도 한다. 이 새로운 노래는 성탄 전야의 거룩한 밤에 전 세계를 향해 구원자의 오심을 기뻐하라고 촉구한다. 주님의 오심을 축하하라(*Jubilate Domino*)! 의롭고 공평한 심판관이신 하나님을 찬양하는 사람은 세상의 혼돈에 맞섬으로써 질서를 세우는 일에 앞장설 수 있다.

99편

하나님의 심판조차 찬양하는 영성:

“여호와 우리 하나님은 거룩하심이로다”

1. 양식

시편 99편은 "야웨 왕권시"(Yahweh-kingship psalm)로 분류된다. 이 시는 야웨의 왕 되심을 찬양하는 야웨 왕권시 중 마지막 시에 해당된다(시 47, 93, 96, 97, 98, 99편). 이 시는 "여호와께서 다스리시니"(1절)라는 표현으로 시작한다.

2. 구조

1) 1-3절: 시온에 임하신 왕 야웨에 대한 찬양 요청
2) 4-5절: 정의와 공의를 행하시는 야웨에 대한 찬양 요청
3) 6-9절: 기도에 응답하시는 야웨에 대한 찬양 요청

3. 내용

1) 시온에 임하신 왕 야웨에 대한 찬양 요청(1-3절)

1 여호와께서 다스리시니 만민이 떨 것이요,
여호와께서 그룹 사이에 좌정하시니
땅이 흔들릴 것이로다.
2 시온에 계시는 여호와는 위대하시고
모든 민족보다 높으시도다.
3 주의 크고 두려운 이름을 찬송할지니

그는 거룩하심이로다.

1-3절에서 시인은 시온에 임하신 왕 야웨를 찬양하라고 요청한다. 1절의 "여호와께서 다스리시니"(יְהוָה מָלָךְ, 야웨 말라크)는 "여호와가 왕이 되셨다" 혹은 "여호와는 왕이시다"라는 뜻이다. 또한 "그룹"(כְּרוּבִים, 케루빔)은 "인간의 얼굴", "사자의 몸", "독수리의 날개"를 가진 존재다. "그룹"은 고대 근동에서 왕의 보좌를 관리하는 역할을 맡았다. "만민이 떨고 땅이 흔들리는" 모습은 하나님의 무제한적인 절대 권력을 경험한 창조세계의 반응을 묘사한다.

2절에서 왕이신 야웨는 "시온"에 계신다. 이 야웨는 "모든 민족"보다 높으신 분이다. 하나님의 왕권은 이스라엘에 국한되지 않고 모든 민족들에게로 확장된다. 하나님의 통치는 지역적인 동시에 우주적이다. 이 특성은 하나님의 왕권 통치가 지닌 특수성과 보편성을 강조한다.

3절에서 시인은 "주의 이름"을 찬양하자고 한다. 그런데 주의 이름은 "크고 두렵다." 왜냐하면 하나님은 거룩하시기 때문이다. 히브리인들은"거룩"(קָדוֹשׁ, 카도쉬)이라는 표현에 "떨어져 있음/분리/구분"의 의미가 내포되어 있다고 여겼다. 야웨는 그 어떤 피조물과도 비교할 수 없는 전혀 다른 존재라는 점에서 "떨어져 있는 분"이다. 동시에 "세상으로부터"(from) 떨어져 있는 분이 아니라 "세상 안에서"(to) 떨어져 있는 분이다. 따라서 "거룩"은 "분리적 태도"가 아니라 "관계적 태도"다. 야웨 하나님은 독특한 방식으로 세계와 관계를 맺고 계신다. 하나님은 세상과 "구분"된 분이지만 그렇다고 "분리"되어 계신 분도 아니다. 이스라엘 백성들은 이런 하나님의 속성을 본받아 "분리"가 아닌

"구분"을 지향하는 삶의 태도를 갖춰야 한다.

2) 정의와 공의를 행하시는 야웨에 대한 찬양 요청(4-5절)

> 4 능력 있는 왕은 정의를 사랑하느니라.
> 주께서 공의를 견고하게 세우시고
> 주께서 야곱에게 정의와 공의를 행하시나이다.
> 5 너희는 여호와 우리 하나님을 높여
> 그의 발등상 앞에서 경배할지어다.
> 그는 거룩하시도다.

4-5절에서 시인은 정의와 공의를 행하시는 야웨를 찬양하라고 요구한다. 4절은 "관계적 태도로서의 거룩"이라는 개념에 상응하여, 야웨를 이 세상에 정의와 공의를 세우시는 분으로 묘사한다. 왕이신 야웨는 우선 "야곱에게" 즉 이스라엘에게 정의와 공의를 행하신다. 하나님의 왕권 통치는 윤리적인 기반 위에서 이루어진다. "하나님의 왕적 권위"는 군사적 힘이 아닌 정의에 대한 헌신에 근거를 둔다. "정의를 사랑하는 것"은 정의가 성취될 수 있도록 자신의 권능을 헌신적으로 사용한다는 뜻이다. 하나님의 왕권 통치의 근본 원리는 "정의"(미쉬파트)와 "공의"(체다카)다.

> **의(체데크)**와 **공의(미쉬파트)**가 주의 보좌의 기초라.
> 인자함과 진실함이 주 앞에 있나이다(시 89:14).

구름과 흑암이 그를 둘렀고

의(**체데크**)와 **공평**(**미쉬파트**)이 그의 보좌의 기초로다(시 97:2).

하나님은 자신이 창조하신 이 우주가 정의롭게 작동되도록 관리하고 계신다.

5절의 "여호와 하나님을 높여"에서 "높이다"(רום, 룸)는 경의를 표하고 숭배하는 행동을 가리킨다. "그의 발등상"은 예루살렘 성전에 있는 "법궤"를 말한다.

여호와께서 이와 같이 말씀하시되

"하늘은 나의 보좌요,

땅은 **나의 발판**이니

너희가 나를 위하여 무슨 집을 지으랴?

내가 안식할 처소가 어디랴?"(사 66:1)

슬프다. 주께서 어찌 그리 진노하사

딸 시온을 구름으로 덮으셨는가?

이스라엘의 아름다움을 하늘에서 땅에 던지셨음이여,

그의 진노의 날에 **그의 발판**을 기억하지 아니하셨도다(애 2:1).

법궤는 지성소 안에 놓여 있다. 따라서 구약에서 법궤는 하나님과 가장 근접한 지점을 뜻한다. 시인은 공동체를 향해 왕이신 야웨 "바로 앞에서", "그분과 함께하는" 삶을 받아들이고 공동체의 모든 영역에서 정의와 공의를 실현하는 길을 살아내라고 요청한다.

3) 기도에 응답하시는 야웨에 대한 찬양 요청(6-9절)

6 그의 제사장들 중에는 모세와 아론이 있고
그의 이름을 부르는 자들 중에는 사무엘이 있도다.
그들이 여호와께 간구하매 응답하셨도다.
7 여호와께서 구름 기둥 가운데서 그들에게 말씀하시니
그들은 그가 그들에게 주신 증거와 율례를 지켰도다.
8 여호와, 우리 하나님이여,
주께서는 그들에게 응답하셨고
그들의 행한 대로 갚기는 하셨으나
그들을 용서하신 하나님이시니이다.
9 너희는 여호와 우리 하나님을 높이고
그 성산에서 예배할지어다.
여호와 우리 하나님은 거룩하심이로다.

시인은 이어서 기도에 응답하시는 야웨를 찬양하라고 말한다(6-9절). 그러면서 모세, 아론, 사무엘을 언급한다(6절). 이 셋은 이스라엘 역사에서 기도하는 지도자로 기억되었다(모세: 출 32-34장; 아론: 민 16장; 사무엘: 삼상 7, 12장). 또한 그들은 강력한 중보 기도자였으며 하나님의 응답을 받았던 인물들이다.

7절의 "구름 기둥"은 이스라엘 백성이 광야에 머무는 동안 하나님의 임재를 나타내는 가시적인 상징이었다.

> 모세가 회막에 들어갈 때에 **구름 기둥**이 내려 회막 문에 서며 여호와께서 모세와 말씀하시니 (출 33:9).

> 여호와께서 **구름 기둥** 가운데로부터 강림하사 장막 문에 서시고 아론과 미리암을 부르시는지라. 그 두 사람이 나아가매(민 12:5).

> 여호와께서 **구름 기둥** 가운데에서 장막에 나타나시고 구름 기둥은 장막 문 위에 머물러 있더라(신 31:15).

하나님은 이들에게 나타나셔서 친히 응답해주셨다. 이들은 야웨의 "증거"와 "율례"를 실천하는 삶을 살았다. 7절에 기록된 "증거"(עֵדוּת, 에두트)는 하나님이 이스라엘에게 주신 명령을 가리키는 일반적인 용어다.

> 여호와께서 **증거**를 야곱에게 세우시며
> 법도를 이스라엘에게 정하시고
> 우리 조상들에게 명령하사
> 그들의 자손에게 알리라 하셨으니(시 78:5).

이처럼 "증거"와 "율례"는 하나님의 명령을 말한다. 하나님은 높이 계신 분임에도 불구하고 백성의 삶에 직접 찾아오셔서 그들과 깊은 관계를 맺고자 하신다.

시인은 하나님을 "행한 대로 갚으시는 분"이자 "용서하시는 분"으로 묘사한다(8절). 하나님의 이런 성품은 이미 시내 광야에서 드러난 바 있다.

> 6 여호와께서 그의 앞으로 지나시며 선포하시되 "여호와라, 여호와라. 자비롭고 은혜롭고 노하기를 더디하고 인자와 진실이 많은 하나님이라. 7 인자를 천대까지 베풀며 악과 과실과 죄를 용서하리라. 그러나 벌을 면제하지는 아니하고 아버지의 악행을 자손 삼사 대까지 **보응하리라**(출 34:6-7).

그렇지만 그분에 대한 순종의 중요성이 간과되어서는 안 된다(7b절). 불순종으로 인한 책임은 면할 수 없다(8b절). 시인은 하나님의 용서하심을 쉽고 당연한 것으로 여겨서는 안 된다고 경고한다.

9절에서 시인은 하나님을 높이고 "성산" 곧 "거룩한 산"에서 경배하라고 요청한다. 그리고 "여호와 우리 하나님은 거룩하심이로다"라는 찬양으로 이 시를 마무리한다. 시편 99편에는 "그는 거룩하심이로다"라는 후렴구가 세 번이나 등장한다(3, 5, 9절). 따라서 이 시의 중심 주제는 "하나님의 거룩하심"이라 할 수 있다. 특별히 이 단락에서는 거룩하신 하나님의 응답하심, 용서하심, 복수하심을 찬양한다.

4. 메시지

시인은 우리가 하나님이 보여주시는 모든 행적 곧 "은혜의 행적"("용서하시는 분": 사랑)과 "징계의 행적"("행한 대로 갚는 분": 정의)을 모두 찬양해야 함을 상기시킨다. 이스라엘의 역사를 보면 하나님은 백성의 기도에 응답하시고 그들이 지은 죄를 용서해주시면서도 죄에 대한 책임을 무겁게 물으셨다. 우리는 은혜로우신 하나님과 심판하시는 하나님을 모두 찬양해야 한다.

> 20 욥이 일어나 겉옷을 찢고 머리털을 밀고 땅에 엎드려 예배하며 21 이르되 "내가 모태에서 알몸으로 나왔사온즉 또한 알몸이 그리로 돌아가올지라. **주신 이도 여호와시요 거두신 이도 여호와시오니 여호와의 이름이 찬송을 받으실지니이다"** 하고(욥 1:20-21).

> 그가 이르되 "그대의 말이 한 어리석은 여자의 말 같도다. 우리가 하나님께 **복**을 받았은즉 **화**도 받지 아니하겠느냐?" 하고 **이 모든 일에 욥이 입술로 범죄하지 아니하니라**(욥 2:10).

찬양은 중대한 일이다. 따라서 우리는 무엇보다도 깊은 묵상을 통해 하나님의 심판까지도 감사히 찬양할 수 있을 정도의 영성을 갖출 필요가 있다(심판 송영, Gerichtsdoxologie).

100편

이 땅에서 하나님 나라 맛보기:

“여호와가 우리 하나님이신 줄 너희는 알지어다”

1. 양식

시편 100편은 "찬양시"(psalm of praise)로 분류된다. 이 시는 찬양시의 전형적 요소인 "찬양 요청과 이유"로 구성되어 있다.

2. 구조

1) 1-3절: 찬양 요청과 찬양의 이유
2) 4-5절: 찬양 요청과 찬양의 이유

3. 내용

1) 찬양 요청과 찬양의 이유(1-3절)

1 온 땅이여,
여호와께 즐거운 찬송을 부를지어다.
2 기쁨으로 여호와를 섬기며 노래하면서
그의 앞에 나아갈지어다.
3 여호와가 우리 하나님이신 줄 너희는 알지어다.
그는 우리를 지으신 이요,
우리는 그의 것이니 그의 백성이요,
그의 기르시는 양이로다.

1-3절은 찬양 요청(1-3a절)과 그 이유(3b절)로 이루어져 있다. 또한 이 시편 전체에는 전체적으로 "완전수"인 "7"로 구성된 일곱 개의 복수형(複數形) 명령문이 나온다.

첫째, "부를 지어다"(make a joyful noise, 1절).

둘째, "섬기라"(worship).

셋째, "나아갈지어다"(come, 2절).

넷째, "알지어다"(know, 3절).

다섯째, "들어가라"(enter).

여섯째, 감사하라"(give thanks).

일곱째, "송축할지어다"(bless, 4절).

시인은 우선 "온 땅"(כָּל־הָאָרֶץ, 콜-하아레츠: "온 세상")을 향해 야웨를 찬양하라는 권면으로 시작한다(1절). 여기서 "즐거운 찬송을 부를지어다"라는 말은 "하리우"(הָרִיעוּ)라는 히브리어 한 단어로 되어 있다. 히브리어는 굴절어에 속하기 때문에 동사의 기본형에 인칭 어미와 목적격 어미 등이 결합되어 한 단어 한 문장을 형성할 수 있다. 이 동사의 원형인 "루아"는 "소리치다/외치다/함성을 올리다"(shout triumphantly)라는 의미다.

온 땅이여,

하나님께 **즐거운 소리를 낼지어다**(הָרִיעוּ, 하리우)(시 66:1).

온 땅이여, 여호와께 **즐거이 소리칠지어다**(הָרִיעוּ, 하리우).
소리 내어 즐겁게 노래하며 찬송할지어다(시 98:4).

나팔과 호각 소리로
왕이신 여호와 앞에 **즐겁게 소리칠지어다**(הָרִיעוּ, 하리우)(시 98:6).

시인은 열방의 모든 백성에게 사람이 낼 수 있는 "최고의 큰 소리" 곧 "승리의 함성"으로 하나님께 외치라고 명령한다.

2절의 "여호와를 섬기며"에서 "섬기다"(עבד, 아바드)는 "예배하다"라는 뜻으로 쓰인 것 같다. 또한 "나아가다"의 히브리어 동사는 "보"(בוא)다. 이는 성전으로 들어가는 행위와 연관된다. "그의 앞에"(לְפָנָיו, 레파나브)라는 표현은 하나님이 예루살렘 성전에 현존해 계심을 나타낸다. 따라서 이 구절은 열방의 백성에게 하나님이 계시는 성전에서 예배하라고 요청하는 내용으로 해석할 수 있다.

3a절의 "여호와가 우리 하나님이신 줄 너희는 알지어다"는 히브리어 원문을 직역하면 "여호와 그분(הוּא, 후)이 하나님이시라는 것을 알라"는 뜻이다. 여기서 "그분"(הוּא, 후)은 강조의 의미로 쓰인 인칭대명사다. 이를 고려하여 문장을 다시 해석하면 "여호와 한 분만 참 하나님이시다"라는 의미가 된다. "알지어다"는 지적인 앎만 추구하라는 뜻이 아니다. 히브리어 단어 "알다"(ידע, 야다)는 이론적 앎과 실천적 앎을 모두 포함한다. 즉 하나님의 계명을 따르고 그분의 뜻을 행할 때 비로소 그분을 안다고 말할 수 있다.

1 이스라엘 자손들아, 여호와의 말씀을 들으라.

여호와께서 이 땅 주민과 논쟁하시나니

이 땅에는 진실도 없고 인애도 없고 **하나님을 아는 지식도 없고**

2 오직 **저주**와 **속임**과 **살인**과 **도둑질**과 **간음**뿐이요,

포악하여 피가 피를 뒤이음이라.

3 그러므로 이 땅이 슬퍼하며

거기 사는 자와 들짐승과 공중에 나는 새가 다 쇠잔할 것이요,

바다의 고기도 없어지리라.

4 그러나 어떤 사람이든지 다투지도 말며

책망하지도 말라.

네 백성들이 제사장과 다투는 자처럼 되었음이니라(호 4:1-4).

이 구절은 이 시편의 "구조적 중심"이자 "신학적 심장"이라고 할 수 있다. 하나님이 어떤 분인지 알면 자연스레 마음 깊은 곳에서 경외심이 우러나온다. 그래서 하나님을 아는 참 지식에서 진정한 예배와 경배가 싹튼다고 하는 것이다.

3b절은 찬양의 이유를 제시한다. 온 땅이 하나님을 찬양해야 하는 이유는 열방 민족들도 하나님의 백성이기 때문이다. 이 구절에 나오는 "우리"는 이스라엘과 열방 민족들 모두를 지칭한다. 이스라엘과 열방 민족들은 모두 "하나님의 피조물"이자 "하나님의 소유"이며 "하나님의 백성"이고 "하나님이 기르시는 양"이다. 특히 "그의 기르시는 양"이라는 표현은 히브리어 관용어로서 목자이신 하나님께서 일꾼이나 다른 사람들에게 양을 맡기지 않고 직접 기르신다는 뜻이다.

하나님이여,

주께서 어찌하여 우리를 영원히 버리시나이까?

어찌하여 **주께서 기르시는 양**을 향하여

진노의 연기를 뿜으시나이까?(시 74:1; 참조. 시 79:13; 95:7; 렘 23:1; 겔 34:31)

놀랍게도 "나는 네 하나님이고 너는 나의 백성이다"라는 하나님과 이스라엘의 특별한 관계를 보여주는 언약 공식이 여기서 보편화되고 있다. 이방 민족들도 이 언약 공식에 포함된다. 이스라엘 백성뿐만 아니라 온 세상의 이방 백성도 모두 하나님의 언약 백성이 된다. 이 관점에서 본다면 이 시편은 소위 "초교파적 교회 통합(에큐메니칼) 운동"의 정수를 보여주는 찬송이라 할 수 있겠다.

2) 찬양 요청과 찬양의 이유(4-5절)

4 감사함으로 그의 문에 들어가며

찬송함으로 그의 궁정에 들어가서

그에게 감사하며

그의 이름을 송축할지어다.

5 여호와는 선하시니

그의 인자하심이 영원하고

그의 성실하심이 대대에 이르리로다.

4-5절은 1-3절과 비슷하게 찬양 요청(4절)과 그 이유(5절)로 구성되어

있다. 4절에 따르면 모든 열방 민족들도 초대를 받아 성전에 입장할 수 있게 되었다. 시편에서 "감사하라"(הוֹדוּ, 호두)는 표현은 하나님이 자신을 어떻게 구원하셨으며 찬양의 대상이 되셨는지를 고백하거나 선언하라는 권고다. 성전의 문이 열방을 향해 활짝 열려 있기 때문에 누구나 성전에 들어갈 수 있다. 이제 온 땅의 백성들이 하나님의 문으로 들어와서 그분을 찬양할 수 있다.

> 6 또 여호와와 연합하여 그를 섬기며
> 여호와의 이름을 사랑하며 그의 종이 되며
> 안식일을 지켜 더럽히지 아니하며
> **나의 언약을 굳게 지키는 이방인마다**
> 7 내가 곧 그들을 나의 성산으로 인도하여
> 기도하는 내 집에서 그들을 기쁘게 할 것이며
> 그들의 번제와 희생을 나의 제단에서 기꺼이 받게 되리니
> 이는 **내 집은 만민이 기도하는 집**이라 일컬음이 될 것임이라(사 56:6-7).

5절에는 찬양하는 이유가 언급된다. 우리는 여호와의 선하심, 인자하심, 성실하심으로 인해 그분을 찬양한다. "선하심"(טוֹב, 토브), "인자하심"(חֶסֶד, 헤세드), "성실하심"(אֱמוּנָה, 에무나)이 함께 묶인 형태로 나오는 것은 성경에서 이곳이 유일하다.

고대 근동의 신들은 인간을 선하게 대하지 않았다. 그들은 인간을 괴롭히고 이용하려고 했다. 이런 배경에서 "여호와는 선하시다"라는 고백은 매우 파격적인 선언이다. 이 고백은 이스라엘 신앙의 핵심

을 요약하는 특유의 신조이기도 하다. 그런 면에서 이 구절은 "작은 신론(神論)"(eine kleine Gotteslehre)이라고 할 수 있다. "하나님의 선하심"은 이스라엘을 넘어 모든 인류에게 확장되며 "하나님의 인자하심"은 시간의 한계에 묶이지 않고 영원히 지속되고 "하나님의 성실하심"은 대를 이어 그 영향을 발휘할 것이다.

4. 메시지

찬양은 단순한 노래나 감정 표출의 도구가 아니다. 찬양은 우리의 충성이 누구를 향하고 있는지를 명확히 보여주는 지표다. 따라서 찬양과 예배는 우리가 어떤 권세를 신뢰하고 섬기는지를 드러냄과 동시에 우리의 삶의 방향을 결정짓는다. 이런 면에서 예배는 중요한 사회적 행위라고 할 수 있다. 이스라엘과 열방 민족들이 창조주이시자 이 땅의 보존자가 되시는 야웨 하나님을 예배할 때 "평화와 질서의 세계"(Welt-Friedens-Ordnung)가 이 땅에 가시적으로 펼쳐질 것이다. 온 인류가 하나님 안에서 하나 되는 순간 하나님 나라가 이 땅에 현실로 임할 것이다. 또한 각 개인이 하나님 나라의 가치관을 삶 속에서 실천하게 되면 인류가 하나님 나라를 앞서 맛보고 그것을 누리며 살게 될 것이다.

참고문헌

김이곤. 『시편(1): 1-60편』. 대한기독교서회 창립 100주년 기념 성서주석; 서울: 대한기독교서회, 2007.

김정우. 『시편주석(1)』. 서울: 총신대학교출판부, 2005(개정판).

김정우. 『시편주석(2)』. 서울: 총신대학교출판부, 2005.

김정우. 『시편주석(3)』. 서울: 총신대학교출판부, 2010.

김태경. 『시편(3): 90-150편』. 대한기독교서회 창립 100주년 기념 성서주석; 서울: 대한기독교서회, 2011.

데이비스, 엘런 F. 『하나님의 진심: 구약성경, 천천히 다시 읽기』. 양혜원 역. 서울: 복있는사람, 2017.

드클레세-왈포드, 낸시/롤프 제이콥슨/베스 라닐 태너. 『NICOT 시편』. 강대이 역. 서울: 부흥과개혁사, 2019.

로스, 앨런. 『예배와 영성: 앨런 로스의 시편 강해를 위한 주석 I (1-41편)』. 정옥배 역. 서울: 디모데, 2015.

로스, 앨런. 『예배와 영성: 앨런 로스의 시편 강해를 위한 주석 II (42-89편)』 김수영 역. 서울: 디모데, 2016.

로스, 앨런. 『예배와 영성: 앨런 로스의 시편 강해를 위한 주석 III (90-150편)』 김수영 역. 서울: 디모데, 2018.

루이스, C. S. 『시편사색』. 이종태 역. 서울: 홍성사, 2019.

메이스, 제임스 L. 『시편』. 신정균 역. 현대성서주석; 서울: 한국장로교출판사, 2002.

바이저, A. 『시편(1)』. 김이곤 역. 국제성서주석; 서울: 한국신학연구소, 1992.

바이저, A. 『시편(2)』. 김이곤 역. 국제성서주석; 서울: 한국신학연구소, 1992.

본회퍼, 디트리히. 『본회퍼의 시편 이해: 기도의 책』. 최진경 역. 서울: 홍성사, 2019.

송병현. 『시편(1): 1-41편』. 엑스포지멘터리; 서울: 도서출판이엠, 2018.

송병현. 『시편(2): 42-89편』. 엑스포지멘터리; 서울: 도서출판이엠, 2019.

송병현. 『시편(3): 90-150편』. 엑스포지멘터리; 서울: 도서출판이엠, 2019.

안소근. 『시편: 이스라엘의 찬양 위에 좌정하신 분』. 서울: 생활성서사, 2011.

알렌, C. 레슬리. 『시편 101-150』. 손석태 역. WBC 성경주석; 서울: 솔로몬, 2001.

오경웅. 『시편사색』. 송대선 옮김 · 해설. 의왕: 꽃자리, 2019.

유선명. 『유목사의 시편묵상』. 서울: 대서, 2019.

이환진. 『시편(2): 61-89편』. 대한기독교서회 창립 100주년 기념 성서주석; 서울: 대한기독교서회, 2010.

전봉순. 『시편 1-41편』. 거룩한 독서를 위한 구약성경 주해; 서울: 바오로딸, 2015.

전봉순. 『시편 42-89편』. 거룩한 독서를 위한 구약성경 주해; 서울: 바오로딸, 2016.

전봉순. 『시편 90-150편』. 거룩한 독서를 위한 구약성경 주해; 서울: 바오로딸, 2022.

천사무엘(외). 『구약학자들의 시편 설교』. 서울: 한들출판사, 2018.

크레이기, 피터. 『시편 1-50』. 손석태 역. WBC 성경주석; 서울: 솔로몬, 2000.

테이트, 마빈 E. 『시편 51-100』. 손석태 역. WBC 성경주석; 서울: 솔로몬, 2002.

하우어워스, 스탠리/윌리엄 윌리몬. 『주여, 기도를 가르쳐 주소서』. 이종태 역. 서울: 복있는사람, 2006.

Anderson, A. A. *The Book of Psalms* Ⅰ(1-72). The New Century Bible Commentary; Grand Rapids: Eerdmans, 1972.

Anderson, A. A. *The Book of Psalms* Ⅱ(73-150). The New Century Bible Commentary; Grand Rapids: Eerdmans, 1972.

Brueggemann, W. "Psalms and the Life of Faith: A Suggested Typology of Function." *JSOT* 17(1980), 3-32.

Brueggemann, W./W. H. Bellinger, Jr. *Psalms.* New Cambridge Bible Commentary; New York: Cambridge University Press, 2014.

Clifford, R. J. *Psalms 1-72.* Abingdon Old Testament Commentaries; Nashville: Abingdon Press, 2002.

Clifford, R. J. *Psalms 73-150.* Abingdon Old Testament Commentaries; Nashville: Abingdon Press, 2003.

Davidson, R. *The Vitality of Worship: A Commentary on the Book of Psalms.* Grand Rapids: Eerdmans, 1998.

Deissler, A. *Die Psalmen.* Düsseldorf: Patmos Verlag, 1993.

Estes, D. J. *Psalms 73-150.* The New American Commentary; Nashville: B&H Publishing Group, 2019.

Fohrer, G. *Psalmen.* Berlin: Walter de Gruyter, 1993.

Gerstenberger, E. S. *Psalms part 1 with an Introduction to Cultic Poetry.* FOTL; Grand Rapids, Michigan: Eerdmans, 1988.

Gerstenberger, E. S. *Psalms Part 2 and Lamentations.* FOTL; Grand Rapids, Michigan: Eerdmans, 2001.

Goldingay, J. *Psalms Volume 1: Psalms 1-41*. Baker Commentary on the Old Testament Wisdom and Psalms; Grand Rapids: Baker Academic, 2006.

Goldingay, J. *Psalms Volume 2: Psalms 42-89*. Baker Commentary on the Old Testament Wisdom and Psalms; Grand Rapids: Baker Academic, 2007.

Goldingay, J. *Psalms Volume 3: Psalms 90-150*. Baker Commentary on the Old Testament Wisdom and Psalms; Grand Rapids: Baker Academic, 2008.

Hossfeld, F.-J./E. Zenger, *Die Psalmen: Psalm 1-50.* Die Neue Echter Bibel; Würzburg: Echter Verlag, 1993.

Hossfeld, F.-J./E. Zenger. *Die Psalmen: Psalm 51-100.* Die Neue Echter Bibel; Würzburg: Echter Verlag, 2002.

Hossfeld, F.-J./E. Zenger. *Die Psalmen: Psalm 101-150.* Die Neue Echter Bibel; Würzburg: Echter Verlag, 2012.

Kraus, H.-J. *Psalmen 1. Teilband Psalmen 1-59.* Biblischer Kommentar Altes Testament; Neukirchen-Vluyn: Neukirchener Verlag, 61989.

Kraus, H.-J. *Psalmen 2. Teilband Psalmen 60-150.* Biblischer Kommentar Altes Testament; Neukirchen-Vluyn: Neukirchener Verlag, 61989.

Limburg, J. *Psalms.* Westminster Bible Companion; Louisiville, Kentucky: Westminster John Knox Press, 2000.

Oeming, M. *Das Buch der Psalmen: Psalm 1-41.* Neuer Stuttgarter Kommentar Altes Testament; Stuttgart: Verlag Katholische Bibelwerk, 2000.

Oeming M./J. Vette. *Das Buch der Psalmen: Psalm 42-89.* Neuer Stuttgarter Kommentar Altes Testament; Stuttgart: Verlag Katholische Bibelwerk, 2010.

Oeming M./J. Vette. *Das Buch der Psalmen: Psalm 90-151.* Neuer Stuttgarter Kommentar Altes Testament; Stuttgart: Verlag Katholische Bibelwerk, 2016.

Schaefer, K. *Psalms.* Berit Olam: Studies in Hebrew Narrative & Poetry. Collegeville, Minnesota: The Liturgical Press, 2001.

Seybold, K. *Die Psalmen.* Handbuch zum Alten Testament; Tübingen: Mohr Siebeck, 1996.

Terrien, S. *The Psalms: Strophic Structure and Theological Commentary.* The Eerdmans Critical Commentary; Grand Rapids, Michigan: Eerdmans, 2003.

Weber, B. *Werkbuch Psalmen Ⅰ: Die Psalmen 1 bis 72.* Stuttgart: Kohlhammer, 2001.

Weber, B. *Werkbuch Psalmen Ⅱ: Die Psalmen 73 bis 150.* Stuttgart: Kohlhammer, 2003.

시인의 영성2: 시편 51-100편 해설과 묵상

1쇄 발행 2022년 9월 5일
2쇄 발행 2024년 7월 8일

지은이 차준희
펴낸이 김요한
펴낸곳 새물결플러스

편 집 왕희광 정인철 노재현 이형일 나유영 노동래
디자인 황진주 김은경
마케팅 박성민
총 무 김명화 이성순
영 상 최정호
아카데미 차상희

홈페이지 www.holywaveplus.com
이메일 hwpbooks@hwpbooks.com
출판등록 2008년 8월 21일 제2008-24호
주 소 (우) 04114 서울시 마포구 신촌로28가길 29
전 화 02) 2652-3161
팩 스 02) 2652-3191

ISBN 979-11-6129-237-3 93230

책값은 뒤표지에 있습니다.